PROCESSOS ORGANIZACIONAIS & MÉTODOS

O GEN | Grupo Editorial Nacional – maior plataforma editorial brasileira no segmento científico, técnico e profissional – publica conteúdos nas áreas de ciências sociais aplicadas, exatas, humanas, jurídicas e da saúde, além de prover serviços direcionados à educação continuada e à preparação para concursos.

As editoras que integram o GEN, das mais respeitadas no mercado editorial, construíram catálogos inigualáveis, com obras decisivas para a formação acadêmica e o aperfeiçoamento de várias gerações de profissionais e estudantes, tendo se tornado sinônimo de qualidade e seriedade.

A missão do GEN e dos núcleos de conteúdo que o compõem é prover a melhor informação científica e distribuí-la de maneira flexível e conveniente, a preços justos, gerando benefícios e servindo a autores, docentes, livreiros, funcionários, colaboradores e acionistas.

Nosso comportamento ético incondicional e nossa responsabilidade social e ambiental são reforçados pela natureza educacional de nossa atividade e dão sustentabilidade ao crescimento contínuo e à rentabilidade do grupo.

TADEU CRUZ

PROCESSOS ORGANIZACIONAIS & MÉTODOS

BPM & TECNOLOGIAS DA INFORMAÇÃO

METODOLOGIA DOMP™

DESAFIOS DA REVOLUÇÃO 4.0

5ª EDIÇÃO

- O autor deste livro e a editora empenharam seus melhores esforços para assegurar que as informações e os procedimentos apresentados no texto estejam em acordo com os padrões aceitos à época da publicação, *e todos os dados foram atualizados pelo autor até a data de fechamento do livro.* Entretanto, tendo em conta a evolução das ciências, as atualizações legislativas, as mudanças regulamentares governamentais e o constante fluxo de novas informações sobre os temas que constam do livro, recomendamos enfaticamente que os leitores consultem sempre outras fontes fidedignas, de modo a se certificarem de que as informações contidas no texto estão corretas e de que não houve alterações nas recomendações ou na legislação regulamentadora.
- Data do fechamento do livro: 13/03/2020
- O autor e a editora se empenharam para citar adequadamente e dar o devido crédito a todos os detentores de direitos autorais de qualquer material utilizado neste livro, dispondo-se a possíveis acertos posteriores caso, inadvertida e involuntariamente, a identificação de algum deles tenha sido omitida.
- **Atendimento ao cliente: (11) 5080-0751 | faleconosco@grupogen.com.br**
- Direitos exclusivos para a língua portuguesa
  Copyright © 2021 by
  Editora Atlas Ltda.
  Uma editora integrante do GEN | Grupo Editorial Nacional
  Travessa do Ouvidor, 11
  Rio de Janeiro – RJ – 20040-040
  www.grupogen.com.br
- Reservados todos os direitos. É proibida a duplicação ou reprodução deste volume, no todo ou em parte, em quaisquer formas ou por quaisquer meios (eletrônico, mecânico, gravação, fotocópia, distribuição pela Internet ou outros), sem permissão, por escrito, da Editora Atlas Ltda.
- Capa: Caio Cardoso
- Editoração eletrônica: Caio Cardoso
- Ficha catalográfica

CIP-BRASIL. CATALOGAÇÃO NA PUBLICAÇÃO
SINDICATO NACIONAL DOS EDITORES DE LIVROS, RJ

C965s
5. ed.
Cruz, Tadeu
Processos organizacionais & métodos : BPM & tecnologias da informação, metodologia DOMP, desafios da revolução 4.0 / Tadeu Cruz. – 5. ed. – São Paulo : Atlas, 2021.

256 p. ; 24 cm.

Inclui bibliografia e índice
ISBN 978-85-97-02403-6

1. Administração de empresas. 2. Organização e métodos. 3. Controle de processo. 4. Sistemas de informação gerencial. 5. Gerenciamento de recursos da informação. I. Título.

20-63102
CDD: 658.4038
CDU: 658:004.78

Meri Gleice Rodrigues de Souza – Bibliotecária CRB-7/6439

*Dedico à cidade de São Paulo,
em agradecimento e como
prova do meu eterno amor por ela.*

Kosi oba kan afí olórun!*
(Não há outro senhor senão Deus!)

---

* Na tradicional religião *yorùbá* e em outras religiões afrodescentes, o Ser Supremo é *Olódùmarè*, que vive em uma dimensão "paralela" à nossa, conhecida como *òrun*. Por isso, também aclamado de *Olórun*, Senhor do *Òrun*. *Olórun* é o Criador do *Òrun*, o universo conhecido e ou ainda desconhecido por nós, os mundos sobrenaturais, e do *Àiyé*, a terra onde vivemos. É o Ser Superior e Criador dos *Òrisà* e do Homem. Embora reconhecido e louvado como o Ser Supremo, para Ele não existe culto direto nem templo individual. De acordo com os mitos da criação *yorùbá*, Ele delega poderes aos *Òrisà*, em especial a *Òrínsànlá*, conhecido entre nós como *Oxalá*, o grande *òrisà funfun* (linha branca), o primeiro a ser criado, também chamado de *Òrisà-nlá* e, principalmente, de *Obàtálá*, em terras *yorùbá*.

MARCAS REGISTRADAS

Todos os nomes, todas as marcas registradas e todos os direitos de uso, de bens e de serviços, citados neste livro pertencem aos seus respectivos proprietários.

Todos os direitos autorais foram citados, todas as fontes de dados e informações foram referenciadas e todos os créditos foram dados.

Se houver alguma omissão, ela não terá sido intencional.

SOBRE O AUTOR

Graduado em Filosofia (1975) e em Administração de Empresas pela Universidade São Marcos (1982), **Tadeu Cruz** tem especialização em *System Software* e em *Data Communication Software* pelo Cologne International Training Centre, Colônia – Alemanha (1980). Ainda na área tecnológica, cursou outra especialização em *System Engineering* pela Hewlett Packard de México (1987). Em 2005, tornou-se mestre em Engenharia de Produção – Pesquisa Operacional e Gerência da Produção pelo Instituto Alberto Luiz Coimbra de Pós-Graduação e Pesquisa de Engenharia – Coppe-UFRJ. Participou de mais de 140 cursos de curta duração em diversos países e no Brasil.

Trabalhou como consultor de Tecnologia de Informação e de Gerência de Processos e Projetos em países como Alemanha, Angola, Argentina, Chile, Estados Unidos, Moçambique, Paraguai, Uruguai e Venezuela. Ex-professor da Universidade Presbiteriana Mackenzie, Escola de Engenharia, no curso de Engenharia de Produção, e criador da Metodologia DOMP™ para mapeamento, análise, modelagem, implantação e gerenciamento de processos de negócio, utilizada em dezenas de empresas em vários países e referenciada em centenas de trabalhos acadêmicos.

Cruz é autor de 34 livros técnicos (três em coautoria, dos quais um escrito no idioma inglês), sete livros de poesias e um livro de contos.

PREFÁCIO

Durante muito tempo, as empresas tiveram Organização & Métodos como um departamento separado em suas estruturas, geralmente como uma gerência subordinada a algum diretor. No entanto, o tempo foi paulatinamente acabando com aquele império. Dia após dia, a "caixinha" com as letras O&M foi deixando de existir nos organogramas das empresas, e o pior é que não houve ninguém que se dispusesse a defender sua existência.

O que terá acontecido?

O mundo evoluiu e O&M deixou de existir na forma como a praticávamos, ou, melhor dizendo, na forma como a maioria não a praticava. Parece paradoxal, mas não é. No decorrer do livro, você vai entender o porquê.

Na década de 1990, a mais prestigiosa escola de Administração do mundo, a Wharton, fez uma reengenharia nos conteúdos programáticos de seus cursos, a fim de adequá-los aos novos tempos. Na verdade, ela foi uma das primeiras escolas de administração a se preocupar em ter cursos que refletissem as necessidades dos profissionais que estavam sendo formados em face das expectativas das empresas que iriam contratá-los depois.

Durante mais de quatro anos, na década de 2000, dei aulas no curso de Engenharia de Produção da Universidade Presbiteriana Mackenzie, e somente durante esse tempo os alunos do sétimo período tiveram uma disciplina que lhes ensinou mapeamento, análise, modelagem, implantação e gerenciamento de processos de negócio e uma metodologia para fazê-lo, a Metodologia DOMP™, criada por mim há mais de 30 anos.

Meu interesse principal neste livro é expor duas faces de uma mesma moeda, ou seja, como a O&M era praticada e no que ela se transformou. Com isso, espero contribuir para que o nosso pensamento crítico possa ser despertado e exercitado, o que, sem dúvida, será de inestimável ajuda na nossa vida profissional.

Quero começar formulando as seguintes perguntas:

- Você sabe o que é O&M? Sim, com o verbo no presente, porque O&M está mais viva do que nunca, uma vez que sem organização e métodos não há como trabalharmos processos de negócio.
- Quem se lembra do departamento de O&M? Aquele que existiu nas décadas de 1970 e 1980?
- Você sabe o que é O&M atualmente? Ou sabe como O&M é importante nos dias atuais?
- Você conhece alguma empresa que tenha um departamento de O&M?
- O que substituiu Organização & Métodos na empresa atual?

Seguindo a ordem acima, se suas respostas foram:

- "Não sei".

- "Não me lembro".
- "Não sei".
- "Não conheço".
- "Nunca ouvi falar".

Você vai achar este livro muito útil.

Entretanto, se suas respostas foram diferentes das listadas, se você sabe o que foi ou é O&M, conhece alguma empresa que ainda tenha um departamento de O&M, acha que O&M não morreu e que jamais será substituída por qualquer outra prática, então você terá neste livro material para aprofundar seus conhecimentos e, se não aceitar as ideias aqui contidas, poder polemizar com maior conhecimento de outras visões a respeito do assunto.

Com este livro, espero contribuir para atualizar a abordagem nas cadeiras de O&M que ainda existem nas grades curriculares e fornecer subsídios para as de Análise de Processos, nos cursos de Administração, Sistemas de Informação, Engenharia de Produção e afins, nem sempre atinados com o que se passa no mundo real dos negócios.

O livro mostra a história da disciplina chamada O&M, como ela evoluiu e como sobreviveu, "aos trancos e barrancos", dentro das organizações e traz a evolução das práticas existentes em O&M. Mostra, também, como as empresas "deram a volta por cima" e se beneficiaram das novas tecnologias para atingir níveis de excelência jamais alcançados antes. Veremos também como a ISO 9000, e agora a nova versão, a ISO 9001:2015, foram atualizadas para refletir, explicitamente, a orientação a processos de negócio.

A Tecnologia da Informação, componente fundamental na administração atual, é tratada neste livro como suporte aos processos de negócio, jamais como fim em si mesma, tal como era vista há alguns anos. Além disso, são analisados temas como a utilização das novas tecnologias para a reengenharia dos processos, os novos suportes aos novos fluxos da informação, as novas estruturas organizacionais e os novos paradigmas na arte de produzir bens e serviços.

Tecnologias da Informação entram no último capítulo do livro. É imperdoável um analista de processos não entender desse assunto. Para mim, é inconcebível, já que processos bem documentados são a base para o desenvolvimento de sistemas de informações, gerenciais ou operacionais, bem projetados, desenvolvidos e programados.

Um analista de sistemas (e um programador de sistemas muito mais) pode não entender de mapeamento, análise, modelagem e implantação dos processos de negócio, mas jamais um analista de processos pode ser ignorante sobre Tecnologias da Informação.

Independentemente do que possa dizer quem acha que Organização & Métodos continua sendo praticada, e a despeito de ela ter ou não a mesma importância dentro do contexto evolucionário das organizações atuais, vamos colocar os pés no chão e tratar de tirar o melhor proveito possível da Organização & Métodos como a conhecemos hoje e de como integrá-la a novas Tecnologias da Informação.

O principal objetivo deste livro, porém, é que ele sirva de texto básico para as cadeiras pertinentes dos cursos de graduação e pós-graduação de Administração de Empresas, Análise de Sistemas, Engenharia de Produção e afins e sirva também de leitura de atualização para todos os profissionais que queiram de alguma forma estar atualizados com processos de negócio e Tecnologias da Informação.

Mapeamento, análise, modelagem e implantação dos processos de negócio só se fazem com Método & Organização.

Tadeu Cruz

Material Suplementar

Para leitores
- Planilha para criação do *Gráfico de controle*.

Para docentes
- *Sugestões de respostas às Questões* (restrito a docentes cadastrados).

O acesso ao material suplementar é gratuito. Basta que o leitor se cadastre e faça seu *login* em nosso *site* (www.grupogen.com.br), clicando em GEN-IO, no menu superior do lado direito.

O acesso ao material suplementar *online* fica disponível até seis meses após a edição do livro ser retirada do mercado.

Caso haja alguma mudança no sistema ou dificuldade de acesso, entre em contato conosco (gendigital@grupogen.com.br).

GEN-IO (GEN | Informação Online) é o ambiente virtual de aprendizagem do GEN | Grupo Editorial Nacional

SUMÁRIO

CASO INTRODUTÓRIO
O CASO PALMEIRA, 1
Como tudo aconteceu, 2
Questões para debate, 4

CAPÍTULO 1
PEQUENA HISTÓRIA DA ADMINISTRAÇÃO, 5

- **1.1** Como tudo começou, 6
- **1.2** A pré-história, 6
- **1.3** A descoberta do fogo e da cerâmica, 9
- **1.4** Outras especializações e divisões do trabalho, 9
- **1.5** China, 10
- **1.6** Padronização e metrologia na antiga China, 11
- **1.7** Israel – o Templo de Salomão, 12
- **1.8** Civilização grega, 12
- **1.9** Outras civilizações, 13
- **1.10** Teorias da administração, 13
- **1.11** Escola Clássica, 14
    - 1.11.1 Frederick Winslow Taylor, 14
    - 1.11.2 Fábrica da Volvo em Uddevalla, na Suécia, 16
    - 1.11.3 Henri Fayol, 18
    - 1.11.4 Princípios gerais de administração de Fayol, 18
- **1.12** Escola de Relações Humanas, 20
- **1.13** Escola Estruturalista, 23
- **1.14** Escola Sistêmica, 24
- **1.15** Abordagem das contingências, 25
- **1.16** Maturana e Varela, 26
- **1.17** Peter Drucker, 27
- **1.18** Conclusões, 28

Resumo gerencial, 29
Resumo esquemático, 30
Questões para debate, 30
Exercícios, 31

CAPÍTULO 2

ESTRUTURAS ORGANIZACIONAIS E SEUS RELACIONAMENTOS, 33

2.1 A Revolução Industrial, 34
2.2 Estruturas formais e informais, 36
2.3 Estruturas formais, 37
2.4 Estruturas mais usadas, 37
2.5 Organização em linha, 37
2.6 Organização funcional, 38
2.7 Um pouco mais sobre funções, 39
2.8 Organização em linha e assessoria, 41
2.9 Organizações departamentalizadas, 41
2.10 Estrutura baseada em comissões, ou colegiada, 43
2.11 Estrutura matricial, 43
2.12 Estrutura circular ou radial, 44
2.13 Estrutura em célula, 45
2.14 Conclusões, 45
Resumo gerencial, 46
Resumo esquemático, 46
Questões para debate, 47
Exercícios, 48

CAPÍTULO 3

INTRODUÇÃO AO NOVO MUNDO, 49

3.1 A década de 1990, 50
3.2 Efeitos positivos da globalização, 52
3.3 Efeitos negativos da globalização, 53
3.4 Organização Mundial do Comércio (OMC), 54
3.5 Papel do administrador neste novo cenário, 54
3.6 Novas estruturas organizacionais, 55
3.7 Modelo de relacionamento cíclico, 56
3.8 Empresa virtual, 57
3.9 Empresa virtual eletrônica, 59
3.10 Estrutura orientada a processo, 60
3.11 Estrutura física orientada a processo, 62
3.12 Estrutura lógica orientada a processo, 63
3.13 Estrutura física e lógica orientada a processo, 63
3.14 Estrutura orientada a processo parcial, 63
3.15 Consórcio modular, 64
3.16 A empresa terceirizada, 65
3.17 Novas terceirizações, 67
3.18 *Business Process Outsourcing* (BPO), 68
3.19 *Knowledge Process Outsourcing* (KPO), 70
3.20 A fábrica sem fábrica, 73
3.21 Evolução da fábrica sem fábrica, 74
3.22 Grupos de interesse, 75

3.23 Consórcios, 75
3.24 Conclusões, 76
Resumo gerencial, 76
Resumo esquemático, 77
Questões para debate, 77
Exercícios, 78

CAPÍTULO 4
REVOLUÇÃO 4.0, 79

4.1 Introdução à Revolução 4.0, 80
4.2 Estrutura em rede, 80
4.3 Princípios das estruturas em rede, 84
4.4 Impacto da automatização do trabalho no quadro de funcionários das empresas, 86
4.5 Algumas novas tecnologias de grande impacto nas nossas vidas, 87
    4.5.1 *Bots*, 87
    4.5.2 *Robotic Process Automation* (RPA), 88
    4.5.3 Proteína animal "fabricada" por máquinas, 89
4.6 O espaço profundo e as nossas deficiências cotidianas, 91
4.7 A explosão dos dados, 91
4.8 *Data Warehouse* e *Business Intelligence*, 94
4.9 *Data mining* e análise multidimensional, 95
4.10 *Enterprise Content Management* (ECM), 95
4.11 Gerenciador de conteúdo, 96
4.12 Gerenciador de portal, 97
4.13 Gerenciador de pesquisas, 97
4.14 Gerenciador de relacionamento, 98
4.15 Gerenciador de documentos, 98
4.16 Captura de documentos, 99
4.17 Captura, geração e distribuição de relatórios, 99
4.18 Gerenciador de mídias, 100
4.19 Lei Geral de Proteção de Dados Pessoais (LGPD), 100
4.20 Conclusões, 102
Resumo gerencial, 103
Resumo esquemático, 104
Questões para debate, 104
Exercícios, 105

CAPÍTULO 5
PROCESSOS, ORGANIZAÇÃO & MÉTODOS, 107

5.1 Técnicas tradicionais de análise de O&M, 108
5.2 Rotinas, 109
5.3 Objetivos de O&M, 110
5.4 Etapas para o estudo das rotinas, 111
5.5 Sequência para analisar as rotinas, 111
5.6 Técnicas e tipos de fluxogramas, 112

5.6.1 Fluxograma simples, 112
5.6.2 Fluxograma sintético, 112
5.6.3 Fluxograma de bloco, 113
5.6.4 Fluxograma vertical, 114
5.6.5 Outros fluxogramas, 115
5.7 Processos, Organização & Métodos, 116
5.8 Entender o processo, 117
5.9 Diferença entre existir e ocorrer, 119
5.10 Atividade, 120
5.11 Instruções, 120
5.12 Papel funcional, 121
5.13 Recursos, 121
5.14 Tecnologias, 121
5.15 Insumos, 122
5.16 Dados e Informações, 122
5.17 Tempos, 122
5.18 Metas, 122
5.19 Clientes, 122
5.20 Documentação de processos, 125
5.20.1 Ferramentas para levantar e documentar processos, 125
5.20.2 Primeira fase do mapeamento: documentar as atividades, 125
5.20.3 Pontos positivos inerentes à entrevista, 128
5.20.4 Pontos negativos inerentes à entrevista, 129
5.20.5 *Stress* em entrevistas, 129
5.20.6 Importância da entrevista, 129
5.20.7 Pesquisa qualitativa verbal, 130
5.20.8 Pesquisa qualitativa visual, 130
5.20.9 Fontes de pesquisa, 130
5.20.10 Questionário, 132
5.20.11 Pontos positivos inerentes ao questionário, 132
5.20.12 Pontos negativos inerentes ao questionário, 133
5.20.13 Observação em campo, 133
5.21 Documentar o processo e suas atividades, 134
5.22 Roteiro para listar e agrupar as atividades, 137
5.22.1 Documentar o eventOgrama, as entradas e saídas das atividades do processo, 138
5.22.2 Documentar os procedimentos, processOgrama, de cada atividade, 140
5.23 Analisar o processo, 141
5.24 SWOT, 142
5.25 Melhorias e soluções, 143
5.26 Tipos básicos de implantação, 145
5.27 Tipos de operacionalização, 145
5.28 Conclusões, 146
Resumo gerencial, 146
Resumo esquemático, 147
Questões para debate, 148
Exercícios, 148

CAPÍTULO 6
NOÇÕES BÁSICAS SOBRE QUALIDADE, 149

6.1 Conceitos, 150
6.2 O que é qualidade?, 150
6.3 Princípios da qualidade, 150
6.4 Padronização de procedimentos, 151
6.5 Indicadores de Desempenho (ID), 152
6.6 Objetivos, metas e métricas, 152
6.7 Outros tipos de indicadores de *performance*, 153
6.8 Definição de prioridades, 154
6.9 Oportunidade, 155
6.10 Sistemas de Gestão da Qualidade (SGQ), 155
6.11 Documentação do sistema de gestão da qualidade, 155
6.12 Auditoria do sistema de gestão da qualidade, 156
6.13 Ferramentas e técnicas de suporte, 156
6.14 Procedimentos Operacionais Padrão (POP), 157
6.15 Metodologias para gerenciamento e melhoria de processos, 159
    6.15.1 *Plan, Do, Check, Act* (PDCA), 159
    6.15.2 Passos do PDCA, 160
    6.15.3 Roteiro para a criação de PDCA, 160
    6.15.4 Metodologia de Análise e Solução de Problemas (MASP), 160
    6.15.5 5W2H, 163
    6.15.6 5S, 163
    6.15.7 *Benchmarking*, 164
6.16 Metodologia DOMP™, 167
    6.16.1 As quatro dimensões da Metodologia DOMP™, 167
    6.16.2 Dimensão planejamento estratégico, 168
    6.16.3 Dimensão gerência de projetos, 169
    6.16.4 Dimensão gerência de processos de negócio, 169
    6.16.5 Dimensão inovação – *Design Thinking*, 169
6.17 Principais ferramentas de controle e gestão de processos, 170
    6.17.1 Diagrama de causa e efeito – Ishikawa, 170
    6.17.2 Gráfico de tendência, 171
    6.17.3 Gráfico de dispersão, 173
    6.17.4 Histograma, 174
    6.17.5 Gráfico de Controle (GC), 175
    6.17.6 Diagrama de Pareto, 177
    6.17.7 *Balanced Scorecard* (BSC), 178
6.18 Normas da qualidade, 180
6.19 Qualidade total, 180
6.20 Manual de política da qualidade, 182
6.21 Princípios da qualidade, 183
6.22 Normas da qualidade, 183
    6.22.1 Princípios de gestão da qualidade, 184
    6.22.2 Terminologia usada pela ISO, 184

6.22.3 A NBR ISO 9001, 185

6.22.4 Auditorias, 187

6.22.5 Formulário para auditoria, 188

6.22.6 Formulário de não conformidade/ação corretiva, 189

6.22.7 A NBR ISO 10015, 190

6.23 Ferramentas e técnicas de suporte, 190

6.24 Implantando um sistema da qualidade, 191

6.25 Sugestões para implantar um sistema da qualidade, 191

6.26 Sistema de gestão ambiental, 192

6.26.1 Normas da série NBR ISO 14000, 192

6.26.2 Outras normas da família 14000, 193

6.27 Conclusões, 194

Resumo gerencial, 194

Resumo esquemático, 195

Questões para debate, 195

Exercícios, 196

CAPÍTULO 7
GESTÃO DE RISCOS E A METODOLOGIA DOMP™, 197

7.1 Riscos, causas e efeitos, 198

7.2 A norma OHSAS 18000, 199

7.3 Criação dos mapas de riscos, 201

7.4 Metodologia DOMP™ e os mapas de riscos, 201

7.5 Riscos e suas consequências, 205

7.6 Sistemas de gestão de riscos, 207

7.7 Métodos de avaliação de riscos, 207

7.7.1 Métodos de avaliação de riscos *a posteriori*, 208

7.7.2 Métodos de avaliação de riscos proativos ou *a priori*, 208

7.7.3 Inspeções de segurança, 209

7.8 Conclusões, 210

Resumo gerencial, 211

Resumo esquemático, 211

Questões para debate, 211

Exercícios, 212

CAPÍTULO 8
INTRODUÇÃO À GERÊNCIA DO CONHECIMENTO, 213

8.1 Introdução ao *Knowledge Management* (KM), 214

8.2 Início, 214

8.3 Conceito de conhecimento, 214

8.4 Tipos de conhecimento, 215

8.5 Conhecimentos quanto ao uso, 215

8.6 *Enterprise Content Management* (ECM), 216

8.7 Tipos de ECM, 217

8.8 Como implantar gerência do conhecimento & gerência do conteúdo, 217

8.9 Criação de um plano estratégico, 218
8.10 Perguntas, 218
8.11 Conclusões, 219
Resumo gerencial, 219
Resumo esquemático, 220
Questões para debate, 220
Exercícios, 221

RESPOSTAS DOS EXERCÍCIOS, 223

REFERÊNCIAS, 227

ÍNDICE ALFABÉTICO, 231

CASO INTRODUTÓRIO

O CASO PALMEIRA

OBJETIVOS DO CASO INTRODUTÓRIO

- Apresentar um caso real sobre mal-entendidos entre dois profissionais.
- Discutir onde estavam as causas dos desentendimentos.
- Entender a importância da comunicação correta.
- Compreender como mal--entendidos podem comprometer o trabalho.

PARA COMEÇAR

Os acontecimentos que vou narrar foram presenciados por mim há muito tempo, mais precisamente no tempo quando Organização e Métodos (O&M) ainda tinha uma presença forte em muitas empresas.

Alguns leitores vão achar que inventei esta história somente para quebrar o gelo.

Mas não é nada disso.

Os fatos aqui relatados são verdadeiros e servem para ilustrar o papel que O&M tem no dia a dia das empresas.

Evidentemente, os nomes dos personagens foram trocados.

COMO TUDO ACONTECEU

Certo dia, um gerente de Organização & Métodos deu a seguinte tarefa para um dos seus funcionários:

– "Seu" Palmeira, preciso que o senhor assuma essa tarefa.

– Sim, chefe. Sou todo ouvidos, pode falar.

– O senhor vai levantar o fluxo atual de informações no departamento de compras. Quero o fluxo completo, descrito e desenhado graficamente.

– Certo, chefe.

– Quero todos os passos levantados, desde o momento em que o usuário entrega a requisição de compra no departamento de compras até a hora em que o material chega na recepção. Entendeu, "seu" Palmeira?

– Sim – disse o senhor Palmeira, já fazendo menção de se levantar da cadeira para começar imediatamente o trabalho pedido.

– Calma, "seu" Palmeira, calma – disse o chefe. – Ainda não terminei de explicar a tarefa.

– Tem mais tarefa, chefe?

O chefe, sem responder diretamente à pergunta, continuou:

– Depois que o senhor levantar a situação atual do departamento de compras, eu quero que o senhor desenhe um novo fluxo de informações levando em consideração o novo sistema que o pessoal de sistemas está desenvolvendo. Entendido?

– Sim – disse "seu" Palmeira. – Posso começar já?

– O senhor está envolvido com alguma outra tarefa?

– Sim, mas não é nada muito importante.

– Então, pode começar imediatamente – disse o chefe, dispensando "seu" Palmeira.

Nessa época, eu era Gerente de Suporte Técnico, uma especialidade que, além de precisar lidar com todas as áreas da empresa, dava prestígio e dinheiro. Ademais, permitia-me estar sempre andando e visitando todas as áreas a fim de me certificar de que tudo estava correndo dentro da normalidade no que dizia respeito ao uso dos recursos de processamento de dados.

Além dessa mobilidade, que me proporcionou colecionar inúmeras histórias, pude acompanhar esse caso de modo particularmente especial por sentar-me numa área contígua à área de O&M. Por isso, algum tempo depois, para minha surpresa, vi "seu" Palmeira voltar com o trabalho pronto debaixo do braço. O José Roberto, que era o gerente de O&M, disse:

– Tá pronto, "seu" Palmeira?

– Tá pronto, chefe.

– Deixe-me ver.

José Roberto pegou a pasta das mãos do "seu" Palmeira e, colocando-a sobre sua mesa, examinou-a por algum tempo. Primeiro examinou o fluxo atual, depois examinou o novo fluxo proposto pelo "seu" Palmeira. Colocou os dois em cima da mesa, um ao lado do outro, e olhou para ambos de forma comparativa. A mesma quantidade de folhas que tinha um tinha o outro.

De longe eu observava a cena com interesse.

O novo fluxo não diferia muito do antigo; pelo menos em tamanho, ambos eram iguais. O fluxo antigo ocupava umas cinco páginas de papel tamanho A4, o novo também.

E ambos estavam muito desenhados.

Depois de algum tempo em silêncio, estudando os dois fluxos, José Roberto disse:

– "Seu" Palmeira, o senhor precisa reduzir esse fluxo novo. Ele está muito grande.

– Como assim, reduzir? – perguntou.

– Tente reduzi-lo para que ocupe no máximo uma ou duas páginas – explicou sucintamente o chefe.

"Seu" Palmeira levantou-se, pegou a pasta e, dando a entender que tinha compreendido tudo o que o "Zé" Roberto pedira, afastou-se.

Aquela cena me chamou a atenção por dois fatos.

O primeiro foi o de "seu" Palmeira ter desenhado dois fluxos praticamente idênticos, tanto o velho quanto o novo tinham sido desenhados com o mesmo número de atividades.

O segundo foi a maneira pela qual o "Zé" Roberto tinha pedido que "seu" Palmeira racionalizasse o novo fluxo.

"... reduzir para no máximo uma ou duas páginas...", deve ter ficado remoendo consigo mesmo "seu" Palmeira.

Algum tempo depois, "seu" Palmeira voltou com a mesma pasta debaixo do braço e, colocando-a sobre a mesa do chefe, disse:

– Pronto, chefe, já fiz o que o senhor pediu.

– Deixe-me ver.

– Tá aqui, ó. Reduzi o fluxo novo a apenas uma página.

Nesse momento, vi o José Roberto ficar branco, azul, roxo, vermelho, creio que de raiva. Colocou as duas mãos na cabeça e, apoiando-as na mesa, permaneceu assim por um instante, quieto.

Eu não sabia se ele estava pensando, rezando ou chorando. Levantei-me e fui até sua mesa, caminhando de um jeito meio displicente, como quem não quer nada, mas morrendo de curiosidade.

Ao ver eu me aproximar, José Roberto disse:

– Tá bem, "seu" Palmeira. Pode deixar aqui e voltar para o seu lugar.

"Seu" Palmeira levantou-se e, com uma expressão que denotava completa ignorância, afastou-se da mesa do José Roberto.

– O que foi que aconteceu, "Zé"?

Ele me contou a história, que eu tinha acompanhado de longe, e me mostrou a solução que "seu" Palmeira tinha encontrado para reduzir o fluxo novo a apenas uma página.

"Seu" Palmeira pegou cada página contendo uma parte do fluxo novo e, reduzindo-a na máquina xerox, deixou cada uma num tamanho que possibilitou a ele colar todas as partes do fluxo novo numa única folha de papel.

Que solução engenhosa!

Não ria.

Isso aconteceu de verdade e, por mais incrível que possa parecer, numa empresa grande, multinacional e com um departamento de organização e sistemas cheio de gente experiente, 80 pessoas ao todo! Eu não me lembro o que foi que o "Zé" Roberto fez com o "seu" Palmeira, mas me lembro que aqueles eram tempos felizes! Alguém podia dar-se ao luxo de perpetrar uma barbaridade dessas e, se fosse demitido, olhe que eu estou dizendo, "se" fosse demitido, logo estaria empregado de novo.

QUESTÕES PARA DEBATE

1. O que o senhor Palmeira fez de certo e de errado em sua análise?
2. O que José Roberto esperava que ele fizesse?
3. O que você faria com os conhecimentos que tem neste momento?
4. O que você acha que seja O&M?
5. Faça uma lista das empresas que você conhece que tenham algum departamento de O&M.
6. Faça uma lista das empresas que você conhece que tenham alguma área de mapeamento, análise, modelagem, implantação e gerenciamento de processos de negócio.
7. Na sua opinião, qual é a diferença entre as duas abordagens?

CAPÍTULO 1

PEQUENA HISTÓRIA
DA ADMINISTRAÇÃO

OBJETIVOS DO CAPÍTULO

- Apresentar os principais fatos relacionados à história da administração.
- Discutir as principais escolas de administração.
- Entender a importância em se conhecer a história da administração como ciência.
- Compreender a perspectiva das estruturas organizacionais.

PARA COMEÇAR

Se você tivesse de escolher uma escola, um pensamento sobre a administração como ciência, para se especializar nele, qual vertente ou escola você escolheria?

Você daria mais ênfase à máquina ou ao ser humano?

Neste capítulo, você terá a oportunidade de se preparar para decidir.

1.1 COMO TUDO COMEÇOU

A humanidade sempre esteve envolvida com tarefas grandiosas (até mesmo viver para nossos antepassados da pré-história era uma tarefa grandiosa). Claro que, guardadas as devidas proporções, cada uma em seu devido tempo cobrou da humanidade esforços muitas vezes descomunais. Basta imaginar como teria sido a construção das pirâmides do Egito, a travessia de Cristóvão Colombo rumo à desconhecida América, a construção dos canais de Suez e do Panamá. Imagine, também, o esforço necessário para que a Acrópole, na Grécia, e a catedral de Colônia, na Alemanha (que levou 900 anos para ficar "quase" pronta), fossem erguidas. O que dizer então da Grande Muralha da China? (a única obra do homem vista do espaço). Todos esses exemplos podem ser sobejamente conhecidos por você, que até proporia melhores metodologias e técnicas para que todas essas obras pudessem ser feitas com menos esforço. Acontece que nós somos seres humanos atuais.

Vivemos na era da mobilidade, do conhecimento, da Revolução 4.0, com a Estação Espacial Internacional (ISS) pairando sobre a Terra, servindo de hotel avançado para tripulações altamente especializadas e já nos preparando para a primeira viagem ao Planeta Marte.

Para termos a exata dimensão do que teria sido a construção de cada uma das obras listadas acima, teríamos que nos transportar a cada uma das épocas nas quais tais grandiosidades foram construídas. Por total impossibilidade de que isso possa ocorrer, nossa eterna conclusão será sempre a de que, sem dúvida, não foram tempos fáceis para os envolvidos naquelas realizações.

A imperiosa necessidade de multiplicar o potencial dos recursos disponíveis levou o ser humano, desde a pré-história, a praticar os princípios da organização do trabalho. Se todos tivessem que fazer tudo, de forma desordenada e desorganizada, não haveria a quantidade de recursos necessária para alcançar determinado objetivo. Como veremos adiante, pelas inúmeras descobertas realizadas por cientistas dos mais diversos ramos do conhecimento, o princípio da divisão das tarefas sempre existiu, e a condição essencialmente social da espécie humana ajudou a desenvolver o que antes era apenas um sentimento atávico. É fundamental notar que muitas estruturas organizacionais que hoje moldam empresas em diversos segmentos vão e voltam através dos tempos, levando-nos a supor que sejam inteiramente novas, mas a maioria delas não o é. O que nos leva a pensar dessa forma é o suporte que as Tecnologias da Informação, fornecem às novas organizações. Sim, o novo chama-se Tecnologia da Informação (TI), e não as formas de organização propriamente, pois a maioria já foi utilizada por outros seres humanos, em outras épocas.

1.2 A PRÉ-HISTÓRIA

O ser humano, como têm demonstrado recentes descobertas, sempre teve o hábito de dividir o trabalho com seus pares desde a pré-história, ou seja, tão logo o nosso desenvolvimento como espécie nos permitiu aprender algumas regras elementares de sobrevivência. Cada membro dos primitivos grupos de hominídeos tinha um "papel funcional" na comunidade onde vivia. Quem caçava não cuidava da "casa" e das crias; quem desempenhava "papéis funcionais" domésticos, como cuidar da caverna e das crias, não caçava. Entre outras vantagens, creio eu, essa divisão de tarefas permitia que o caçador estivesse sempre bem disposto e pronto a "lutar" pela (e com a) comida. Mais adiante, quando o ser humano começou a acreditar num Ser superior a ele, criou, por necessidade, o "papel funcional" que ficou encarregado de manter os contatos entre as divindades e o resto da comunidade: o Pajé, o Xamã, o Curandeiro etc. Muito provavelmente, também, algum feiticeiro mais esperto tenha comunicado à tribo que os deuses o tinham escolhido para o "papel funcional" de chefe e senhor absoluto de todos os outros "papéis funcionais" representados na comunidade, e assim, progressivamente, fomos criando todos os papéis funcionais que passamos a representar desde então. É muito interessante descobrirmos que, quanto mais evoluímos, mais nos parecemos com os nossos antepassados, principalmente em termos organizacionais.

A organização do trabalho começou até mesmo antes da evolução da humanidade para o *Homo Sapiens*, e deve ter ocorrido com o desenvolvimento do nosso cérebro, das nossas habilidades linguísticas e da nossa capacidade de desenvolver ferramentas.

Qualidade também era uma preocupação constante desde o início, até porque qualidade *lato sensu* nos tempos imemoriais era, literalmente, uma questão de vida ou morte! Claro que esta era apenas uma preocupação atávica e não sistematizada, como a que temos hoje.

A divisão do trabalho na pré-história deu-se em função da necessidade de sobrevivência, ou, mais especificamente, de conseguir COMIDA. Caçar naqueles tempos, pelo que sabemos, significava ser a caça e o caçador ao mesmo tempo, pois a linha que separava esses dois papéis, pela ferocidade das espécies, era muito tênue. Entretanto, a luta pela sobrevivência da espécie deu origem à saga da humanidade.

Aliás, isso nos leva à outra verdade. A de que sempre estivemos envolvidos com processo de negócio, como mostra a Figura 1.1.

Como todo processo é a reunião de várias atividades visando determinado objetivo, o simples fato, por exemplo, de um dos nossos ancestrais sair para caçar o fazia executar um processo composto das seguintes atividades:

1ª) Checar se havia ou não comida na caverna.

2ª) Preparar a arma (?) para caçar.

3ª) Sair para caçar.

4ª) Achar a caça.

5ª) Atirar ou, melhor dizendo, jogar a arma na caça.

Aqui, o processo tinha uma atividade decisória:

- Se ele não acertasse a caça, tinha que sair correndo para não passar de caçador a caça.
- Se acertasse a caça, tinha que carregá-la até a caverna.

6ª) Chegando à caverna, esquartejar a caça.

7ª) Acender o fogo (se já o tivesse descoberto), senão ir para a atividade 9ª.

8ª) Colocar a caça para assar.

9ª) Comer a caça junto com o seu grupo.

A divisão do trabalho era feita por sexo, idade e, desde então, classes sociais. Os mais velhos, que não podiam caçar e nem tinham mais agilidade para isso, desempenhavam papéis mais sedentários, como cuidar do lugar onde o grupo se reunia. Já os mais novos aprendiam a realizar tarefas simples para conseguir comida. As mulheres cuidavam das crianças e de outros afazeres ligados à "casa", mas nem por isso a vida delas era preenchida com trabalho menos duro que o dos homens.

8 PROCESSOS ORGANIZACIONAIS & MÉTODOS | CRUZ

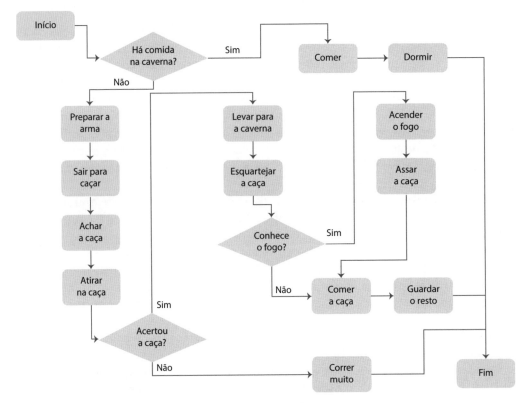

Figura 1.1 Processo de caça.

Como as comunidades eram pequenas e viviam de forma nômade, sempre atrás da comida, que também se movia constantemente, não existia uma divisão por classes como a que conhecemos hoje. Alguns indivíduos, mais experientes e com melhor desempenho nas caçadas, ou aqueles que melhor sabiam "fabricar" uma arma ou utensílio, dedicavam parte do seu tempo para ensinar a outros seus conhecimentos, suas experiências e habilidades, claro que em troca de comida. Esses indivíduos não chegavam a ser especialistas em tempo integral, mesmo porque não havia tanta gente para aprender ou com o potencial necessário para se tornar também um especialista.

A liderança da "comunidade" era exercida por um membro mais forte, que pudesse impor respeito e colocar certa ordem no dia a dia do grupo. Como eram todos da mesma "família", a estrutura dos grupos era hierárquica. Segundo pesquisas desenvolvidas por biólogos e paleontólogos britânicos, foram achados ossos de animais muito grandes em sítios arqueológicos da era Paleolítica, período ocorrido em torno de 40 mil anos antes de Cristo, indicando uma extraordinária organização nas tarefas de caçar, esquartejar, guardar e repartir o produto da caça.

Como nossos antepassados eram nômades, os pesquisadores supõem que, em vez de levar a caça ao local do acampamento, pela impossibilidade física, face ao tamanho da caça, e por absoluta falta de necessidade de arrastar um animal de grande porte à sua moradia, o grupo todo se deslocava até a "comida", montava um novo "lar" ao lado dela e permanecia ali consumindo o produto da caçada até que, quando acabasse a comida, o ciclo tivesse que recomeçar.

CAPÍTULO 1 | PEQUENA HISTÓRIA DA ADMINISTRAÇÃO **9**

De forma atávica, premida pela necessidade de racionalizar e aumentar a eficácia da luta pela sobrevivência, nossa espécie já se preocupava em extrair o máximo do esforço para realizar cada tarefa.

1.3 A DESCOBERTA DO FOGO E DA CERÂMICA

Foi a descoberta do fogo, pelo homem, a responsável pelo surgimento da cerâmica. O homem descobriu que o barro secava e endurecia após ficar exposto ao calor do fogo. A partir daí, ele começou a criar peças utilitárias, que serviriam para suprir suas necessidades de armazenamento, tais como: guardar alimentos, água e sementes. Com o domínio da técnica, foram criados potes, vasos, ferramentas, casas etc. Assim surgiu a cerâmica.

A palavra *cerâmica* é de origem grega, "keramos", que significa louça de barro e é datada dos tempos pré-históricos. Já foram descobertos utensílios de cerâmica com mais de dez mil anos de idade.

A cerâmica sempre teve papel importante na vida dos povos, basta citar que, por meio da arte cerâmica, vários povos da antiguidade gravaram em placas de terracota (barro cozido) sua ciência, suas crenças, seus feitos épicos e suas histórias, cujo conhecimento, hoje, tem contribuído sobremaneira para o avanço tecnológico da humanidade.

Ainda hoje, a cerâmica é um eficaz meio de estudo das várias fases da humanidade. Por meio dela, é possível reconstruir os aspectos da vida religiosa, artística, militar e até profissional dos nossos antepassados.

A partir do instante em que a humanidade desenvolveu habilidades para trabalhar com o barro, novas e mais complexas organizações do trabalho foram aos poucos sendo criadas, pois as comunidades que tinham melhores condições de produzir cerâmica passaram a fazê-la com o intuito de trocar sua produção por outros produtos com outras comunidades. Por conta dessas novas habilidades, surgiram os especialistas em produzir cerâmicas utilitárias. Os homens cuidavam da moldagem do barro, enquanto as mulheres cuidavam da decoração das "obras". Mais uma vez, a divisão do trabalho se desenvolvia de forma quase que natural.

1.4 OUTRAS ESPECIALIZAÇÕES E DIVISÕES DO TRABALHO

Depois da descoberta da cerâmica, vieram as organizações das comunidades que produziam têxteis, as que se ocupavam de plantar e colher, as que aprenderam a trabalhar com metalurgia, até chegarmos à Revolução Industrial no século 18, da qual farei um breve resumo mais adiante. Entretanto, certas comunidades no Oriente Médio mantêm por mais de cinco mil anos a mesma estrutura organizacional do trabalho estudada nas primeiras comunidades a exercerem atividades de transformação.

Algumas civilizações foram mais ricas e evoluídas que outras em termos de divisão do trabalho, evoluíram mais rapidamente por contarem com o auxílio de invenções, ferramentas e instrumentos de trabalho, que lhes permitiram maior eficiência; outras, contudo, continuam na idade da pedra ainda hoje. Antigas civilizações chegam aos dias atuais esbanjando vitalidade e consideráveis avanços tecnológicos. Vamos ver algumas.

1.5 CHINA

A civilização chinesa existe desde o século 21 antes de Cristo. A primeira dinastia chinesa chamava-se Xia e a última chamou-se Qing, que foi destruída em 1911, e seu último Imperador chamava-se Pu Yi. Durante todo esse período, a estrutura do Estado, baseada na forma autocrática de governo, manteve o país sob estrito domínio do imperador. Esse domínio estendia-se às áreas militar, política, cultural e econômica. A divisão do trabalho e a preocupação com a qualidade foram desde cedo fator de riqueza para a China. Paradoxalmente, foi esse mesmo controle burocrático que impulsionou o aumento da produtividade e da qualidade das atividades produtivas chinesas.

A habilidade dos chineses em diversos ramos do conhecimento é sobejamente conhecida de todos nós, e a maioria das suas invenções chegaram até nós, algumas até intactas. Tradicionalmente, a indústria de artefatos feitos à mão alcançou altos níveis na China. Esses artefatos são ainda hoje reconhecidos mundialmente como úteis, além de belíssimos e com excelente nível de acabamento. Na lista dos produtos chineses mais conhecidos por nós estão a seda, a laca, a porcelana, o papel, os artefatos de bambu, os barcos, diversos tipos de veículos, as técnicas de construção, o chá e a pólvora. Ah! É bom não nos esquecermos do sorvete! A diversificação da indústria chinesa garantiu o seu expansionismo e o intercâmbio comercial, não somente entre o norte e o sul do país, mas com outros povos da Terra.

Qual a explicação para que, milhares de anos depois de terem sido fabricados, tais produtos se mostrem atuais? Entre outras explicações, está a preocupação com a qualidade com que foram produzidos.

Segundo pesquisadores europeus e chineses, a história da qualidade na China remonta ao século 16 antes de Cristo, no período da dinastia Shang, na produção de artigos de couro, cerâmica, têxteis e metalúrgicos. As indústrias tinham um único dono, isto é, pertenciam ao Estado, mas eram divididas em dois tipos quanto ao modo de operacionalização: as operadas pelo Estado e as operadas pela "iniciativa privada". As indústrias operadas pelo Estado eram a grande maioria, pois foram criadas para suprir as necessidades da família real, dos militares e da casta que operava a burocracia chinesa.

A organização da indústria chinesa data de mais de três mil anos e na dinastia Song alcançou níveis comparáveis aos dias atuais. O órgão responsável pela indústria chamava-se Ministério do Trabalho e tinha entre suas responsabilidades:

- Adquirir, estocar e distribuir as matérias-primas e os materiais semiacabados.
- Produzir (manufaturar).
- Estocar e distribuir os produtos acabados.
- Estabelecer e controlar os padrões de produtividade e qualidade.
- Inspecionar e testar os padrões estabelecidos para produtividade e qualidade de cada produto fabricado.

VOCÊ SABIA?

A qualidade na China era obrigatória mediante leis e decretos baixados pela burocracia pelo imperador. De acordo com o texto chamado de "Registros de Etiqueta" da dinastia Zhou, era proibido vender nos mercados públicos artigos que não estivessem em conformidade com os padrões estabelecidos para eles pelo "Ministério do Trabalho".

Utensílios com padrões abaixo dos decretados não podiam ser vendidos nos mercados. Seda e algodão com qualidade e tamanho que não estivessem de acordo com os padrões estabelecidos também não podiam ser comercializados.

Além de garantir a qualidade, os decretos proibiam que produtos de uma mesma classe tivessem tamanho, forma, altura e largura diferentes e fossem vendidos à população fora de conformidade. Além de justiça na prática comercial, isso garantia, também, que os profissionais registrados dentro de determinada classe tivessem o reconhecimento merecido e fossem respeitados, e isso lhes garantia o sustento por meio do trabalho. A divisão das especialidades chinesas era tão bem-feita que existiam mais de 30 classes de profissionais.

1.6 PADRONIZAÇÃO E METROLOGIA NA ANTIGA CHINA

Quando a humanidade começou a interagir comercialmente entre si, tiveram início as preocupações sobre se o que estava sendo vendido e comprado estava ou não dentro do combinado (conformidade) no tocante a tamanho, cor, peso, largura, altura, profundidade, capacidade, funcionalidades, entre outras características apregoadas pelo vendedor.

Começavam então as preocupações com a questão da conformidade e, consequentemente, da qualidade.

Sobre ISO.
https://uqr.to/hr3r
Acesso em: 15 jan. 2020.

Conformidade, para a International Standardization Organization (ISO), é simplesmente "cumprir com o prometido".

PROCESSOS ORGANIZACIONAIS & MÉTODOS | CRUZ

Essas preocupações deram origem aos sistemas que estabeleceram padrões para todas as características que existam, ou viessem a existir, num produto. De novo, a China nos fornece preciosos ensinamentos sobre qualidade e padronização.

De acordo com o livro histórico *O primeiro ano de Ding Gong*, foi um ancestral da humanidade, de nome Fuxi, quem inventou o esquadro, a régua e seus padrões. Por isso, os chineses há muito tempo já usavam conceitos de controle da qualidade, ainda hoje essenciais para todos nós como inspeção, moldes e rastreabilidade.

Foram criados pelos chineses diversos instrumentos de controle que visavam garantir as boas relações comerciais entre produtores e compradores. A exata fabricação dos produtos fabricados no norte, seu transporte e sua posterior venda ao sul e vice-versa passaram a ser regulados por instrumentos de precisão aferidos e aceitos por uma autoridade do império. Entre esses instrumentos, havia uma caixa de bronze que servia como padrão para garantir a medida da quantidade de grãos vendida. Outra informação importante da China de 221 a.C. foram os editos dos imperadores das dinastias Shang, Qin e Tang, que estabeleceram também os padrões de aferição de instrumentos, inclusive a data anual em que elas deveriam ser realizadas.

1.7 ISRAEL – O TEMPLO DE SALOMÃO

O Templo de Salomão foi construído no ano 950 a.C., com a ajuda dos artesãos fenícios, e foi destruído em 586 a.C. pelos romanos. Sua construção pode ser refeita ainda hoje, três mil anos depois, pelo incrível detalhamento de suas dimensões no Livro dos Reis, Capítulo VI, versículos 2 e 3. Já no mesmo capítulo, versículo 7, encontramos uma descrição detalhada sobre o planejamento da qualidade que as pedras deveriam ter para a construção do templo.

O maior fornecedor de madeira para o templo foi Hiram, do Líbano, e mais uma vez vamos encontrar no Livro dos Reis, Capítulo V, versículos 6, 8, 9, 10 e 11, a preocupação com algo que está em moda: o relacionamento entre fornecedor e cliente.

A organização da força de trabalho para a construção do Templo de Salomão está especificada, também, no Livro dos Reis, Capítulo V, versículos 13, 14, 15, 16, 17 e 18.

Antes de achar que a Bíblia é somente um livro sagrado, eu aconselho você a ler todos os capítulos e versículos aqui referenciados; não vejo razão para transcrevê-los neste livro, uma vez que a Bíblia, qualquer uma, pode ser encontrada facilmente.

1.8 CIVILIZAÇÃO GREGA

Os gregos, ou helênicos (*Hélas* significa Grécia, em grego), foram os criadores da civilização ocidental, mais especificamente a Grécia foi a civilização que "criou" a Europa, a sua democracia e, claro, por extensão, a nossa também, pois, como somos descendentes antropológicos, cultural e economicamente, dos europeus, somos fruto dessa esplêndida civilização. A contribuição dos gregos para a formação da cultura ocidental é inquestionável em inúmeras áreas, na matemática, na política, na arquitetura, nas artes em geral e, particularmente, na filosofia, para citar apenas algumas contribuições.

A preocupação com a qualidade está presente nos monumentos espalhados por toda a Grécia e, especialmente, na Acrópole, onde ficam alguns dos mais belos templos e edifícios da antiguidade, entre eles o Parthenom, o templo da deusa Diana, o do deus Apolo e o teatro de Dionísio. Pois bem, para que eles fossem construídos, os gregos editaram uma série de normas e regulamentos que garantiram os recursos necessários, especialmente no tocante à mão de obra que deveria ser priorizada para essa tarefa.

Como descrito por Plutarco, os gregos desenvolveram conceitos, padrões e métricas que envolviam:

- Planejamento da qualidade.
- Especificações para controle da qualidade.
- Inspeção de produtos.
- Controle de processos.
- Melhoria da qualidade.

Esse sistema permitiu que os gregos construíssem sua civilização não somente na península, como por todo o mundo conhecido à época e conquistado por eles, mantendo o mesmo padrão da metrópole onde fossem, por mais longe que fossem.

1.9 OUTRAS CIVILIZAÇÕES

Assim como as civilizações descritas até aqui, existiram outras tão importantes quanto estas que devem ser, pelo menos, mencionadas.

- A escandinava e seus barcos. Seus habitantes conseguiram atravessar grandes distâncias, por muitos mares, em embarcações construídas com fibras naturais amarradas e calafetadas.
- Roma, cujo império estendeu-se por todo o mundo conhecido da época. O império romano foi tão forte que a Imperatriz Agripina construiu sua residência de férias em Colônia, na Germânia, atual Alemanha. Colônia (ou Köln) se chama assim até hoje por ter sido a "colônia de férias da Imperastriz Agripina". Roma dominou a Germânia, e outras terras, por 500 anos, o que nos leva a afirmar que o grau de complexidade para gerenciar um império desse tamanho exigia métodos e padrões que pudessem ser usados, ou seguidos, por todas as províncias romanas por meio de seus prepostos.
- A Germânia e seus impressionantes castelos, fortalezas e catedrais, de pé até os dias de hoje.
- A Suíça e seus relógios perfeitos.

1.10 TEORIAS DA ADMINISTRAÇÃO

Durante quase dois séculos, as ciências administrativas travaram uma dura batalha com outros ramos do conhecimento para se impor e ser respeitadas e reconhecidas como ciência, e não como arte. Inúmeras experiências foram realizadas visando ordenar o caos trazido pela Revolução Industrial.

Por que caos?

Porque foi a partir de tal acontecimento que o capitalismo começou a existir de fato, e esse acontecimento transformou radicalmente a maneira de as pessoas interagirem econômica e financeiramente.

Essa situação de desorganização, originada com a Revolução Indireta, perdurou durante muito tempo. Tanto que, como mostra o Caso Introdutório Sr. Palmeira, no início do livro, as empresas organizavam, de forma mais ou menos científica, o chão de fábrica, mas não tinham a mínima ideia de como fazer isso nas áreas administrativas.

CONCEITOS

Ciência, do latim *Scientia*, de forma geral refere-se a qualquer conhecimento ou prática sistemáticos. *Stricto sensu*, ciência refere-se ao sistema de adquirir conhecimento baseado no método científico e ao conjunto organizado de conhecimentos conseguidos por meio de tais pesquisas.

Arte, do latim *Ars*, significa técnica e/ou habilidade ligada a manifestações de ordem estética ou comunicativa, realizada a partir da percepção, das emoções e das ideias, com o objetivo de estimular essas instâncias da consciência.

1.11 ESCOLA CLÁSSICA

1.11.1 FREDERICK WINSLOW TAYLOR

Os dois principais expoentes da Escola Clássica foram Frederick Winslow Taylor (1854-1915), que ficou conhecido como Taylor, e Henri Fayol (1841-1925), que ficou conhecido como Fayol. Esses dois estudiosos, que também eram funcionários nas respectivas empresas onde trabalhavam, contribuíram de forma significativa para o desenvolvimento da administração científica, primeiro por estudarem a natureza do trabalho realizado nas fábricas e, segundo, por racionalizarem a forma como as atividades eram executadas pelos pioneiros da era industrial.

Taylor, que era americano, é comumente chamado de Pai da Administração Científica por ter estudado os efeitos da organização das tarefas visando à racionalização do trabalho nas fábricas. Ufanismos americanos à parte, a importância de Taylor é inquestionável, pois ao desenvolver a rotinização das tarefas ele preocupou-se em criar um método que servisse para transformar o conhecimento tácito em conhecimento explícito e, dessa forma, as tarefas pudessem ser ensinadas. Claro que os tempos eram outros, e a motivação dos empregados dava-se mais por meio da coerção que por meio de políticas de – *empowerment* – valorização do ser humano dentro das empresas. Mesmo assim, entendendo o contexto de então, Taylor acreditava que, uma vez que o trabalho fosse rotinizado em tarefas, ele podia ser ensinado e, consequentemente, aprendido, o que tornaria mais fácil implantá-lo de forma padronizada. Isso possibilitaria a rápida aprendizagem de como o trabalho deveria ser feito e, a partir daí, cronometrar as tarefas para poder exercer melhor controle sobre elas. Taylor estava criando a visão sistêmica de produção.

Taylor nasceu de uma família de classe média e era descendente dos colonos que aportaram na América no lendário Mayflower, o primeiro navio inglês a levá-los para a nova terra. Como não media esforços para realizar com sucesso as tarefas sob sua responsabilidade, ele mesmo fazia o que deveria ser feito, ainda que seus subordinados não quisessem fazer o que lhes era ordenado (às vezes por medo, como no caso da limpeza do esgoto da fábrica).

A principal preocupação dos estudos desenvolvidos por Taylor foi sempre a de aumentar a produtividade por meio da organização do trabalho e da aplicação de métodos de produção que pudessem agilizá-la; afinal, ele reduziu a um quarto o número de empregados da Bethlehem Steel Works e passou a produzir a mesma quantidade que antes da redução e com a mesma qualidade. Além disso, baixou os custos de produção, diretos e indiretos, com a redução do custo de manipulação do material de 7 a 8 para 3 a 4 centavos de dólar. Para Taylor, administrar o custo do tempo era uma forma eficaz de reduzir o que se gastava para produzir, além de aumentar a eficiência da fábrica como um todo.

Sua doutrina, que parece saída de algum manual da moderna administração, embora tenha sido escrita há mais de 100 anos, resume-se a quatro princípios:

- Desenvolver para cada elemento do trabalho individual um método científico que substitua a forma empírica como esses elementos são realizados. Com esse princípio, Taylor preocupava-se em criar uma metodologia que permitisse a realização das tarefas sempre dentro dos mesmos parâmetros, ou seja, padronização de operação. Hoje em dia, as Regras de Negócio podem especificar o *modus operandi* de qualquer tarefa, mormente se essa tarefa for executada eletronicamente por meio de um *software* de BPMS/Workflow.

- Selecionar cientificamente, treinar, ensinar e aperfeiçoar cada trabalhador. É incrível como Taylor já distinguia treinar de educar. Ambas são ações distintas e complementares. Ele alertava também para a importância da seleção do trabalhador, que quando feita de forma correta colocaria o homem certo na função certa e possibilitaria seu constante aprimoramento. Aliás, ainda hoje as empresas têm falhado, na questão da contratação de pessoal. Por não terem, a maioria, processos de negócio documentados e gerenciados e, consequentemente, não saberem o perfil de cada atividade existente em cada processo, ficam impossibilitadas de contratar a pessoa certa para o lugar certo.

- Cooperar com os trabalhadores articulando o trabalho com os princípios do método científico. A constante supervisão é a única forma de garantir que o aprendizado se transforme em atitudes que vão influenciar positivamente no resultado do trabalho realizado.

- Manter divisão equitativa de trabalho e de responsabilidade entre direção e operários. Tarefas e responsabilidades divididas, a fim de que com a direção fique a parte relativa à estratégia e ao comando, atividades gerenciais, pois que supostamente deveria estar mais preparada para tal, sem, contudo, prescindir de atitudes de integração e de cooperação com os trabalhadores. Com os trabalhadores, ficariam as atividades operacionais, tanto nos processos primários quanto nos processos secundários.

Alguns detratores de Taylor o acusam de ser essencialmente displicente com a natureza do ser humano e de dar mais importância à máquina e ao trabalho massificado e rotinizado do que à pessoa do trabalhador. Eu discordo e acho que seus princípios são válidos, não só para empresas que estão desorganizadas, como também para aquelas que já passaram por inúmeras experiências "modernas" e não conseguem encontrar o caminho de volta à razão.

Vejamos, resumidamente, como eu vejo cada um dos princípios de Taylor à luz da nossa realidade, e como eles são atuais.

16 PROCESSOS ORGANIZACIONAIS & MÉTODOS | CRUZ

1º princípio: embora muito se fale em programas de qualidade e em suas normas ISO, OHSAS, BSA, eu continuo dizendo que *organização* ainda é uma palavra existente apenas nas boas intenções da maioria das empresas que conhecemos.

Eu pergunto a você, caro(a) leitor(a):

■ Quantas empresas você conhece que conseguiram fazer com que seus empregados realizassem suas tarefas seguindo um manual de normas e procedimentos?

■ Quantas empresas você conhece nas quais a forma empírica de realizar tarefas deu lugar a uma forma sistematizada?

■ Quantas empresas você conhece que não precisaram de nenhuma pré-auditoria na época da recertificação do programa da qualidade?

Para termos uma ideia da gravidade da situação, somente com a norma ISO 9000:2000 houve a orientação explícita a processos de negócio na sua implantação. A perda de tempo, às vezes considerável, para ajustar as não conformidades no momento da recertificação de uma norma é uma prova de que ainda não conseguimos fazer com que o que está escrito, quer seja em papel, quer seja em algum meio eletrônico, sirva para que os processos de negócio possam ser executados dentro do que fora estabelecido.

2º princípio: nesse aspecto, já evoluímos bastante, embora alguns pontos ainda necessitem de profundas melhorias, mormente no que diz respeito à transmissão do conhecimento adquirido durante o treinamento. Entretanto, com o desenvolvimento da gerência do conhecimento, aliado às novas ferramentas de gerenciamento de conteúdo, espera-se que as empresas possam se beneficiar da riqueza existente de forma latente e tácita em todas elas.

3º princípio: tenho constatado, também, que a culpa pela ocorrência das não conformidades não pode ser debitada exclusivamente aos funcionários. Na verdade, articular o trabalho com os princípios do método científico somente agora poderá ser efetivamente realizado baseado na Gerência do Conhecimento.

4º princípio: você já ouviu falar em Administração Participativa (AP)? Se sim, muito provavelmente, foi induzido(a) a achar que AP é uma nova forma de administrar. Mas preste atenção ao quarto princípio de Taylor e você verá que nele já há uma preocupação em criar um ambiente de participação corresponsável nas empresas, estabelecido como princípio básico no desenvolvimento da Administração Científica.

É claro que muitas circunstâncias mudaram. Temos outras tecnologias, mas os princípios de Frederick Winslow Taylor podem e devem ser revitalizados e ajustados ao nosso tempo.

Dois episódios mostram como ainda há e haverá linhas de produção taylor-fordianas.

1.11.2 FÁBRICA DA VOLVO EM UDDEVALLA, NA SUÉCIA

A fábrica da Volvo em Uddevalla, na Suécia, foi colocada em funcionamento no ano de 1989. Uma fábrica que teve duração efêmera, entre 1989 e 1992, porém implantou procedimentos considerados inovadores por considerarem a presença do ser humano mais importante que a produção propriamente dita. Uddevalla foi planejada tendo em mente a presença do homem, suas capacidades e limitações.

A ideia central era a de implantar uma metáfora estudada e descrita anos mais tarde por Garret Morgan no seu livro *Imagens da organização*: a das organizações vistas como cérebros.

CAPÍTULO 1 | **PEQUENA HISTÓRIA DA ADMINISTRAÇÃO** **17**

Segundo essa metáfora, da mesma maneira que na holografia, onde cada parte contém a imagem do todo, por analogia, todos os funcionários saberiam sua própria responsabilidade e a dos outros, isto é, o que todos deviam fazer seria de conhecimento de todos dentro da organização. A metáfora chama a atenção para a importância do processamento de informações, aprendizagem contínua e inteligência.

Aqui temos:

- As imagens do cérebro servindo de apoio ao desenvolvimento organizacional.
- Organizações como cérebros processadores de informações – processamento de informações, tomada de decisões e planejamento organizacional; cibernética, aprendizagem e aprender a aprender.
- Cérebros e organizações vistos como sistemas holográficos – por exemplo: grupos autônomos de trabalho.
- Sugestão de que as organizações inovadoras devam ser planejadas como sistemas de aprendizado que colocam ênfase especial em estar abertas à investigação e autocrítica.
- Contribuição para a compreensão de como a administração estratégica pode ser planejada para facilitar o "aprender a aprender".
- Como evitar elementos nocivos ao "aprender a aprender".
- Meios pelos quais se pode ir além da limitada racionalidade que caracteriza muitas organizações – existência de outro lado da capacidade cognitiva além da racionalização: a holística, analógica, intuitiva, criativa.
- Meios de pensar sobre como o desenvolvimento na computação e outras tecnologias em microprocessamento podem ser usados para facilitar novos estímulos de organização.

Há, porém, um grande perigo nesta imagem: de não se levar em conta importantes conflitos entre os requisitos da aprendizagem e auto-organização, por um lado, e das realidades de poder e controle, por outro.

Foi justamente aí que a experiência de Uddevalla fracassou.

Alguns estudiosos dizem que a fábrica foi fechada porque a baixa produção da planta chocava-se com os problemas de competitividade enfrentados pelo Volvo Group e com as exigências do mercado internacional naquele momento.

Dois pontos:

- Os próprios trabalhadores pediram depois de algum tempo para retornar para as linhas de produção normais. Disseram que não aguentavam mais o "caos" de produzir sem o mesmo sequenciamento das linhas normais. Imagine a cena: um grupo de operários decidindo o que montar, quando montar, a que horas montar etc.
- Até pode ter havido pressões por aumento de eficiência, que, alinhadas com a insatisfação dos operários, levaram ao fechamento rápido da planta.

Eu trabalhei na Scania por cinco anos, entre 1980 e 1985. Naquele tempo, o chão de fábrica era feio, escuro, sujo. Os operários vestiam um macacão azul horrível. Com as ideias da *Lean Manufacturing*, Sistema Toyota de Produção, tudo mudou. Para o *Lean Manufacturing*, eliminando-se desperdícios, a qualidade melhora, e o tempo e o custo de produção diminuem. Hoje, a mesma linha é clara, limpíssima, e os operários vestem uma calça social de microfibra escura e camisa social cor amarela bem clarinha. Mas, essencialmente, o sequenciamento continua o mesmo do tempo de Ford.

Outro exemplo são as linhas de produção de televisores, *videogames* etc. A esteira sobre as bancadas corre com os aparelhos e as placas de circuitos impressos que têm que ser montadas e os operários sentam-se em banquetas para, nos seus postos, repetirem milhares de vezes as mesmas operações, colocando os componentes nas placas de circuitos impressos ou nos aparelhos. Essencialmente, como no tempo de Henry Ford.

1.11.3 HENRI FAYOL

Outro pioneiro da Administração Científica foi o engenheiro francês Henri Fayol, que iniciou seus estudos sobre a racionalização do trabalho nas fábricas na mesma época que Taylor. Suas ideias o levaram a resumir a administração em cinco ações principais:

- Prever.
- Organizar.
- Comandar.
- Coordenar.
- Controlar.

Em seu livro *Administração industrial e geral*, Fayol fez duas contribuições importantes para a racionalização da administração:

- A primeira diz respeito à constatação de que qualquer empresa tem um conjunto de funções que são essenciais para seu funcionamento, independentemente do tamanho e da complexidade que possa ter. Esse conjunto tem as seguintes funções:
  - Técnica.
  - Comercial.
  - Financeira.
  - Segurança.
  - Contábil.
  - Administrativa.
- A outra contribuição refere-se aos Princípios Gerais de Administração, com os quais ele buscou dividir a operação de uma empresa de forma organizada e lógica.

1.11.4 PRINCÍPIOS GERAIS DE ADMINISTRAÇÃO DE FAYOL

Para Fayol, os princípios gerais de administração são os seguintes:

- **Divisão do trabalho:** especialização necessária para que a utilização da mão de obra seja eficiente. A divisão do trabalho deve-se dar tanto para funções primárias quanto para funções administrativas.
- **Autoridade e responsabilidade:** Fayol concebia a autoridade como uma combinação entre ações formais e informais, ou seja, a autoridade exercida pela posição hierárquica que o cargo conferia e a adquirida por meio da experiência, da inteligência e do exercício da liderança.
- **Disciplina:** Fayol já alertava para a necessidade de bons superiores, chefes conscientes de suas posições e, consequentemente, das suas responsabilidades, para a manutenção da disciplina.

CAPÍTULO 1 | PEQUENA HISTÓRIA DA ADMINISTRAÇÃO **19**

- **Unidade de comando:** as ordens devem partir de um superior apenas, para que não haja conflito na sua execução.

- **Unidade de direção:** Fayol enfatizava a necessidade de que as atividades que tivessem um mesmo objetivo possuíssem um só chefe e um só plano operacional. Esse princípio é uma consequência do anterior.

- **Subordinação do interesse particular ao interesse geral:** esse princípio é autoexplicativo. O interesse individual, ou do grupo, não deve sobrepor-se ou contrapor-se ao interesse geral da organização. Entretanto, esse talvez seja um dos princípios mais desrespeitados ainda hoje.

- **Remuneração do pessoal:** a remuneração deve ser justa e satisfatória para todos os empregados.

- **Centralização:** segundo Fayol, a centralização da autoridade estará diretamente ligada a circunstâncias individuais que determinarão o grau de descentralização.

- **Hierarquia:** a cadeia de comando, para Fayol, não deveria ser quebrada "desnecessariamente", mas apenas nos casos em que a obediência a uma ordem fosse absolutamente prejudicial a qualquer uma das partes envolvidas.

- **Ordem:** ordem material e ordem social. Fayol preocupou-se com a necessidade de reconhecer certas características desses dois tipos de ordem, lembrando que: (1) o que para alguns pode parecer desordem para outros é ordem; e (2) que a "limpeza é o corolário da ordem".

- **Equidade:** por que equidade, e não justiça? A resposta dada por ele é convincente. Justiça é o que está escrito, enquanto equidade é a interpretação do que não está escrito.

- **Estabilidade do pessoal:** nesse princípio, Fayol chama a atenção para os custos e os perigos da rotatividade desnecessária, frequente e constante dos empregados na empresa e na função que desempenham.

- **Iniciativa:** a capacidade de conceber um plano e de executá-lo para obter sucesso é uma das maiores satisfações do homem. Fayol lembra que é necessário encorajar e desenvolver essa habilidade em cada trabalhador.

- **União do pessoal:** ainda nos dias atuais, esse é um dos princípios que mais sofrem arranhões; inúmeros chefes ineptos continuam sustentando-se em suas posições utilizando-se da máxima "dividir para governar". Com isso, quem perde é a organização como um todo.

As colocações, tanto de Taylor quanto de Fayol, são pertinentes até hoje. Elas parecem saídas de algum livro dos modernos gurus de administração.

Por que elas são tão atuais?

Simplesmente porque o ser humano (especialmente o trabalhador) é o mesmo desde os tempos da Revolução Industrial, e é isso que dá a esses estudos um senso de atualidade. Se existem chefes bons e maus hoje, eles também existiram outrora. Funcionários produtivos e improdutivos não são exclusividades de determinada época. Clientes que devemos manter e clientes que não devemos manter, idem!

As tecnologias que usamos, principalmente as da informação, são hoje fonte de estudo e preocupação, como foram os primeiros teares e caldeiras industriais. A relação capital-trabalho continua e continuará a existir, às vezes até com ferocidade maior que nos primórdios da era capitalista. Mas, como já disse, este não é um livro sobre economia, política ou sociologia. Por isso, vamos voltar nosso foco para o que realmente nos interessa aqui: Organização & Métodos (O&M) dentro do moderno espectro dos processos de negócio.

20 PROCESSOS ORGANIZACIONAIS & MÉTODOS | CRUZ

Os princípios de Taylor podem ser reestudados continuamente e, adaptados, serem praticados por qualquer empresa nos dias atuais. Por meio deles, qualquer organização pode operar com a garantia de que não sofrerá solução de continuidade.

Afinal, desenvolver para cada elemento do trabalho individual um método científico que substitua a forma empírica como esses elementos são realizados; selecionar cientificamente, treinar, ensinar e aperfeiçoar cada trabalhador; cooperar com os trabalhadores articulando o trabalho com os princípios do método científico; manter divisão equitativa de trabalho e de responsabilidade entre direção e operários são requisitos extremamente objetivos do ponto de vista da administração.

Tomando como exemplo o primeiro princípio, vemos que ele é exatamente o que precisamos fazer para dar a cada trabalhador condições mínimas de executar suas tarefas com qualidade 100% da primeira vez dentro de qualquer processo de negócio. Infelizmente, grande parte das empresas atuais se esqueceu, ou não pratica, esse axioma. O resultado é um "festival" de desperdícios que compromete principalmente o lucro dessas empresas por causa da desorganização dos processos de negócio.

A empresa desorganizada sabe o que ganha, mas não sabe o que perde!

Fayol não poderia ser mais perspicaz ao definir os 14 Princípios Gerais de Administração. Eles reúnem preocupações que não se esgotaram e nem se esgotarão para serem usados como base das Ciências Administrativas. Estão presentes várias análises que seguramente serviram de ponto de partida para diversas teorias, algumas das quais apresentadas como revolucionárias nos nossos dias.

Em síntese, a Escola Clássica dividia a responsabilidade pela solução de qualquer problema e pelo êxito de qualquer empreitada executada entre direção e operários, contrapondo-se à ideia de responsabilidade única dos trabalhadores, sustentada pela administração por iniciativa e incentivos, além de colocar como objetivos básicos da administração a eficiência e a eficácia na operação de qualquer tipo de empresa.

Os principais integrantes da Escola Clássica, também conhecida como Escola Mecanicista, foram: Taylor, Fayol, Mooney, Reilly, Gulick, Brech e Allen.

1.12 ESCOLA DE RELAÇÕES HUMANAS

Esta escola surgiu de uma experiência comportamental conduzida pelos pesquisadores E. Mayo e F. J. Roethlisberger, entre 1927 e 1932, na fábrica da Western Electric, situada em Hawthorne, Chicago, Estados Unidos da América. Basicamente, essa escola contrapõe-se à escola científica de Taylor e Fayol. Enquanto esses dois defendiam a "automação do trabalhador", os criadores da Escola de Relações Humanas defendiam o oposto, ou seja, que o homem não deveria ser tratado como máquina, e que as relações humanas eram o verdadeiro "motor" do trabalhador.

As experiências realizadas em Hawthorne de certa forma desautorizaram as conclusões da Escola Clássica. Uma dessas experiências consistiu em reduzir a iluminação do ambiente de trabalho seguidamente enquanto se constatava que a produtividade continuava aumentando. Exatamente o oposto do que preconizava a Escola Clássica. Somente depois de os trabalhadores terem sido colocados numa sala de controle e a iluminação ter sido reduzida quase a zero, o que os impedia de verem o que estavam fazendo, é que a produtividade, também, foi zero.

Sobre a fábrica de Hawthorne.
https://uqr.to/hrcz
Acesso em: 15 jan. 2020.

Depois dessa experiência, os pesquisadores realizaram outros estudos.

Analisaram, por exemplo, a influência que os intervalos de descanso, durante a produção, teriam na taxa de produtividade e concluíram que o aumento de produtividade não estava ligado ao aumento nos intervalos de descanso, tanto que, quando o estudo eliminou esses intervalos, e foi restaurado o dia mais longo, a produtividade continuou a ser mais elevada que a média geral da fábrica. Como conclusão, os pesquisadores afirmaram que os "fatores sociais", como melhor padrão de vida proporcionado por maiores ganhos em decorrência do aumento da produtividade, pela participação nas experiências, além da atenção especial que a eles foi dispensada, garantiram a satisfação de cada um com o trabalho.

A partir da experiência na fábrica da Western Electric, que tinha por finalidade estudar as relações e as motivações humanas no ambiente de trabalho tanto no nível pessoal quanto no nível social, ficou evidente que qualquer medida que viesse a ser tomada dentro de uma empresa sempre teria impactos sociais em todos os níveis da estrutura organizacional, independentemente do cargo que cada pessoa ocupasse e que refletiria no grau de produtividade de cada funcionário e no da organização como um todo.

A pesquisadora Mary Parker Foller, uma das pioneiras da Escola de Relações Humanas, concluiu: "O objetivo principal de toda ação administrativa dentro de uma organização é o de coordenar as atividades das pessoas através da integração delas."

Ao considerar o comportamento das pessoas como fator primordial e decisivo para explicar como os mecanismos de administração interagem nas organizações, os pesquisadores da Escola de Relações Humanas concluíram que "quem dita as normas de conduta dentro de uma organização são os valores individuais em primeiro lugar e os do grupo em detrimento dos interesses da empresa".

A Escola de Relações Humanas resumiu suas conclusões em quatro elementos principais:

- **Contato direto:** os pesquisadores concluíram que o contato entre pessoas que trabalham em espaços contíguos deve ser estreitado, algo como as modernas organizações sem divisórias e sem salas, para que as atividades desenvolvidas nesse ambiente pudessem ser mais bem coordenadas e com isso aumentasse a produtividade geral. Por isso, ao ler, frequentemente, que empresas tidas como na vanguarda organizacional aboliram seus espaços reservados, suas baias, suas salas, você não deve pensar tratar-se de algo revolucionário, mas da aplicação prática de recomendações que já foram feitas há quase um século.

- **Planejamento:** o estudo levou-os a concluir que as pessoas devem, necessariamente, participar das atividades de planejamento do próprio trabalho. Essa prática daria a elas a motivação necessária para colaborar com a realização das tarefas individuais e dos outros participantes.

- **Colaboração recíproca:** o relacionamento dos elementos que estiverem de alguma forma ligados a um processo de negócio deve ser estreitado, a fim de aumentar a participação e, consequentemente, a produtividade do grupo. A colaboração recíproca deve ser incentivada como meio de todos poderem se ajudar mutuamente na realização das tarefas.

- **Processo contínuo de coordenação:** a importância de qualquer pessoa na organização está diretamente ligada à sua capacidade e poder de decidir e não pelo fato de ela ocupar este ou aquele cargo. Nenhum cargo na hierarquia das organizações tem intrinsecamente o poder de decidir ou de tomar decisões, embora isso sejam atribuições inerentes a cada cargo. Quem de fato pode usar essas atribuições é a pessoa que ocupa o cargo.

As conclusões da experiência realizada em 1927 são ainda hoje muito atuais, justamente pelo fato de o estudo ter focado o comportamento do ser humano dentro do ambiente de trabalho. A importância do cargo, e atualmente, das tecnologias usadas, é erroneamente valorizada em detrimento da importância que se deve dar ao ser humano.

Por exemplo, que outra explicação podemos dar para tantas histórias de fracasso na implantação de TI senão a de que infelizmente atribui-se a elas poderes que nenhuma delas possui? E, de novo, em detrimento do ser humano!

Uma das primeiras tentativas de unificar o pensamento das duas escolas foi sistematizada pelo Dr. McGregor. O professor John O'Shaughnessy, outro autor clássico no nosso meio que muito contribuiu para o desenvolvimento das ciências administrativas, escreveu um livro chamado *Organização de empresas*, no qual resume com extrema clareza a ligação da Escola Clássica com a Escola de Relações Humanas pelas conclusões que o estudo do Dr. Douglas McGregor, cientista do MIT, desenvolveu. Os pressupostos do Dr. McGregor foram divididos em duas teorias, que ele chamou de Teoria X e Teoria Y. Para sintetizar as duas escolas, representando-as por meio da natureza humana.

Na Teoria X, representando a Escola Clássica, McGregor concluiu que essa escola enxergava o homem médio (em termos genéricos) como:

- Indolente por natureza. O que lhe interessa é trabalhar o mínimo possível, independentemente de quaisquer condições e motivações.

- Ao homem médio falta ambição. Sobretudo desagrada-lhe assumir responsabilidades, ou conduzir pessoas. Ele prefere ser conduzido, pois dessa forma não será necessário fazer qualquer esforço.

- O homem médio é essencialmente egocêntrico. Resume as necessidades da organização para a qual trabalha às suas próprias necessidades.

- Ele resiste, por natureza, a qualquer mudança.

- É ingênuo, pouco inteligente e muito crédulo.

- O homem médio é um misto de charlatão e demagogo.

Na Teoria Y, representando a Escola de Relações Humanas, ele sustenta que essa escola concluiu que:

- As pessoas não são por natureza passivas ou resistentes às necessidades da organização. Na verdade, elas se tornam passivas e resistentes a partir de experiências sofridas na organização.

CAPÍTULO 1 | PEQUENA HISTÓRIA DA ADMINISTRAÇÃO **23**

- A motivação, o potencial para o desenvolvimento, a capacidade de assumir responsabilidades, a prontidão para dirigir o comportamento para alcançar os objetivos da organização estão presentes nas pessoas. A administração não os coloca ali. É responsabilidade dela tornar possível às pessoas reconhecer e desenvolver essas características humanas por si mesmas.

- A tarefa essencial da administração é harmonizar condições da O&M de operação, de maneira que as pessoas possam melhor alcançar seus próprios objetivos, dirigindo seus esforços para alcançarem os objetivos da organização.

Na verdade, o estudo de McGregor procurou demonstrar com as duas teorias que o homem médio, isto é, o trabalhador, não era nem bom nem mau, mas sim produto do meio; ou seja, tornar-se um bom ou um mau trabalhador seria consequência do tratamento dispensado a ele pela administração.

O estudo concluiu que a motivação do trabalhador deveria ser o principal ponto de atenção de qualquer empresa. Positiva ou negativa, a motivação determinaria o grau de produtividade. Se o empregado fosse estimulado positivamente, o grau de satisfação subiria e, consequentemente, a sua produtividade, mesmo em condições adversas, como mostrou o estudo feito na fábrica em Hawthorne, onde as condições de trabalho variaram de adequadas a péssimas. Mas se, por outro lado, a motivação fosse negativa, nem com condições de trabalho excepcionais a produtividade do trabalhador aumentaria e, pelo contrário, tenderia a diminuir.

1.13 ESCOLA ESTRUTURALISTA

Amitai Etzioni, que foi professor da Universidade de Columbia, Estados Unidos da América, definiu a abordagem estruturalista como sendo a síntese da Escola Clássica e a de Relações Humanas. No pensamento estruturalista, há o reconhecimento que tanto a administração voltada aos níveis superiores quanto a voltada aos níveis operacionais devem ser equilibradas, sem qualquer uma das duas sobrepujar-se em detrimento da outra. No seu livro *Organizações modernas*, Etzioni explica como a abordagem estruturalista trata questões como: eficiência, competência e o perigo da "mensuração excessiva". Também já discutia, pois o livro é de 1972, como deve ser a Organização do Conhecimento, seus tipos e aplicações e como "comprá-lo" de quem o possua.

No tocante à solução dos conflitos existentes em qualquer organização, a Escola Estruturalista trata-os por meio dos seguintes pontos:

- Interação entre o relacionamento formal e o relacionamento informal.

- Grupos informais.

- A relação existente entre a organização e o meio ambiente no qual ela está inserida

- Combinação entre recompensa material e recompensa social.

A mais importante contribuição da Escola Estruturalista foi a introdução de uma nova variável no estudo das organizações: o componente social. Essa variável possibilitou aumentar o conhecimento e o entendimento sobre os acontecimentos nas fábricas por entender que havia um complexo e poderoso sistema que determinava o modo de agir das pessoas: o meio ambiente. Todos, sem exceções, estavam inseridos nos grupos pertinentes, e eram esses grupos que em última análise orientavam individualmente cada um dos seus participantes. Ou seja, cultura organizacional formal e informal.

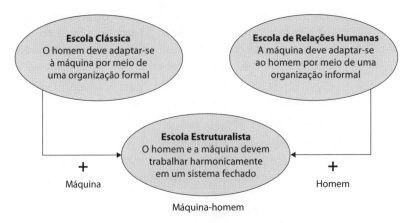

Figura 1.2 Síntese da Escola Estruturalista.

1.14 ESCOLA SISTÊMICA

A introdução da abordagem sistêmica mudou fundamentalmente a maneira de encarar os acontecimentos nas organizações. A partir dessa escola, pretendeu-se não mais discutir se tudo o que acontecia nas fábricas era fruto de uma política que buscava maximizar a produtividade por meio da adaptação do homem à máquina, ou se, pelo contrário, buscava-se maximizar a produtividade pela adaptação da máquina ao homem. A Escola Clássica preconizava que o homem devia se adaptar à máquina, enquanto a Escola de Relações Humanas preconizava que a máquina devia se adaptar ao homem.

A introdução da abordagem sistêmica mudou de forma fundamental a maneira de encarar os acontecimentos nas organizações. Os professores Daniel Katz e Robert Kahn colocaram o meio ambiente no centro das discussões. Com a teoria dos sistemas abertos, surgiu uma nova vertente de discussão além das que preconizavam a subordinação do homem à máquina ou da máquina ao homem. Esses professores possibilitaram, ao colocarem o meio ambiente como variável principal na equação homem-máquina/máquina-homem, o entendimento das partes, ou subsistemas, pela compreensão do todo: os sistemas abertos.

A Escola Sistêmica definiu os sistemas abertos por meio de algumas características:

- **Importação de energia:** todos os sistemas abertos importam energia como forma de se reciclarem. Essa característica dá a esses sistemas a capacidade de se manterem vivos justamente por poderem renovar a energia vital, em contrapartida aos sistemas fechados, que, por não importarem energia e consumirem a própria, tendem à autoextinção por absoluta falta de renovação.

Esse princípio, o da renovação pela importação de energia para consumo, pode ser estudado ainda hoje em meio às turbulentas fusões, aquisições, falências e outros movimentos tão intensos na era ponto.com. Até mesmo na vida profissional o princípio está presente, ao exigir de todos os funcionários, qualquer que seja o seu nível hierárquico, a renovação constante de conhecimentos.

- **Transformação:** por meio da energia importada, os sistemas abertos se revigoram e crescem, consumindo pouca ou nenhuma energia própria.

- **Saída:** todo sistema aberto exporta resultados para o meio ambiente ou para outros sistemas abertos.

- **Entidades cíclicas:** ao repetir as atividades de importar, absorver, reciclar, transformar e exportar a energia necessária à sua sustentação e sobrevivência, os sistemas abertos executam um padrão de comportamento cíclico para essas atividades.

- **Entropia:** por natureza, todos os sistemas, mesmo os abertos, tendem à desorganização e, consequentemente, à autodestruição. A solução para retardar essa inexorável tendência é os sistemas importarem energia. Quando isso, por alguma razão, não é viável, os sistemas consomem sua própria energia. A isso dá-se o nome de *entropia*.

- **Sintropia:** os sistemas abertos, que originalmente têm capacidade para importar energia, quando mantêm essa capacidade, salvam-se da extinção, pois não consomem somente a própria energia. Sintropia é justamente a capacidade de nutrir-se da energia oriunda de fontes externas.

- **Entrada de informação:** os sistemas abertos importam, além de energia, informação que vai permitir que o processo seja corrigido e melhorado. A essa funcionalidade dá-se o nome de *retroalimentação*.

- **Homeostase dinâmica e estabilidade:** essas duas forças atuam nos sistemas abertos de forma a perpetuar um movimento de renovação pela preservação do caráter básico do sistema como um todo.

- **Diferenciação:** sistemas abertos tendem à especialização e à diferenciação, abandonando os padrões globais e pouco definidos com os quais poderiam perder sua identidade. Ao se especializarem, eles progridem na construção das diferenças que possibilitam sua existência dentro de padrões estáveis, sem risco de extinção.

- **Equifinalidade:** partindo de variadas condições iniciais, um sistema aberto pode alcançar os mesmos objetivos; entretanto, à medida que são inseridos mecanismos que organizem e regulem seu comportamento, a equifinalidade passa a ter uma abrangência menor, o que tende a aumentar a estabilidade do sistema.

1.15 ABORDAGEM DAS CONTINGÊNCIAS

Partindo da premissa que afirma que as condições do meio ambiente são as responsáveis pelas transformações no interior das organizações, os professores Lawrence e Lorsch desenvolveram a Teoria da Contingência. Pesquisando dez empresas em três meios industriais diferentes, eles chegaram à conclusão de que qualquer empreendimento só terá um nível elevado de organização se adotar vários modelos organizacionais. Serão as circunstâncias, ou as contingências, que determinarão o modelo a ser adotado pela empresa.

O estudo dos professores Lawrence e Lorsch chamou a atenção para a capacidade que os sistemas abertos têm de se adequarem às estruturas organizacionais e às práticas administrativas adotadas, ajustando-se a elas à medida que a própria dinâmica desses organismos impõe as mudanças. Daí terem concluído que a diferenciação e a integração são dois aspectos fundamentais, e têm uma relação inversa, no estudo dos problemas da organização.

1.16 MATURANA E VARELA

Humberto Maturana (14/9/1928) e Francisco Javier Varela García (7/9/1946–28/5/2001) são dois importantes pesquisadores criadores do modelo *Autopoiesis*.

Autopoiesis são sistemas autorreprodutores, por meio de um sistema fechado de relações, pois os sistemas vivos são autônomos, circulares e autorreferentes, moldando seu próprio futuro como resultado das mudanças geradas internamente.

A *Autopoiesis* nos ajuda a compreender a lógica da mudança que dá forma à vida social por meio dos seguintes pontos:

- Aspectos implícitos e explícitos da organização.
- O mundo é um momento dentro de um processo mais fundamental de mudança.
- Organizações como sistemas autorreprodutores.
- Círculos em lugar de linhas – a causalidade mútua.
- Contradição e crise – mudança dialética: qualquer fenômeno implica e gera seu oposto.
- Análise dialética – como as sociedades e as organizações mudam a si mesmas: três princípios da mudança dialética:
    1. Os processos de mudança autogerados, em que os fenômenos mudam a si próprios como resultado de tensões em face dos seus opostos.
    2. A mudança pode assumir um caráter de desenvolvimento em que cada negação rejeita uma forma anterior, embora mantenha algo dessa forma anterior.
    3. Os processos de mudança revolucionários fazem com que um tipo de organização dê lugar a outro.
- Viver a contradição e gerenciar o fluxo.

Num dos primeiros trabalhos da dupla, *De máquinas y seres vivos*, Maturana e Varela (2005) desenvolveram a hipótese de que os sistemas vivos podem ser caracterizados como máquinas autopoiéticas, que estão em:

"[...] Contínua produção de si mesmos, através da contínua produção e troca de seus componentes, o que caracteriza os seres vivos e o que se perde no fenômeno da morte."

"Seu enfoque é deste modo mecanicista, no sentido de que renuncia a toda explicação teleológica dos sistemas vivos e de que cada um deles pode ser explicado em termos de relações, e não pelas propriedades dos seus componentes individualmente."

As ideias de Maturana e Varela são hoje importantes, primeiro para entendermos a necessidade das organizações de mudarem a si mesmas continuamente. Ou seja, reinventarem-se imperiosa e frequentemente para não desaparecerem no turbilhão em que se transformou a economia mundial. Segundo, porque essas ideias são a base para que se implantem processos de mudança revolucionários, que vão fazer com que um tipo de organização dê lugar a outro, num movimento contínuo de reinvenção de si mesma.

1.17 PETER DRUCKER

Considerado o Pai da Moderna Administração, a contribuição do Prof. Drucker começou com o estudo desenvolvido para mudanças estruturais e organizacionais na General Motors (GM), na década de 1950. Muitos o acham o mais fiel continuador da obra de Taylor, também o taxam de autoritário e de dar mais atenção à hierarquia e à máquina do que ao ser humano. Entretanto, de novo, não concordo que Peter Drucker seja enquadrado como mecanicista. Afinal, foi o Prof. Drucker quem primeiro nos alertou, na década de 1980 do século 20, que a sociedade entraria numa Era do Conhecimento, na qual mais vale o que se acumula com a aprendizagem e com a experiência do que aquilo que se pode fazer com as modernas TI.

Drucker previu que, ao longo das últimas décadas, novas experiências estrutural-organizacionais surgiriam e seriam bem aceitas e operacionalizadas, principalmente por empresas da nova economia, as chamadas "pontocom". É sabido que as empresas da era da internet valem muito mais por serem empresas da geração e uso intensivo do conhecimento, diferentemente das organizações chamadas de "cimento e tijolos". As organizações "pontocom", inclusive, valem mais, muito mais, do que as organizações tradicionais. Hoje, a Alphabet (dona da Google), a Apple, a Microsoft, o Facebook, a Amazon, entre outras, valem mais individualmente que uma GM, por exemplo.

Uma dessas experiências bem-sucedidas chama-se Estrutura em Rede, na qual não há qualquer necessidade nem resquícios de hierarquia, mas sim de responsabilidade. Acontece que, para que cada funcionário saiba exatamente quais são as suas responsabilidades, é preciso criar a base de conhecimento operacional.

Como?

Com o trabalho de mapeamento, análise, modelagem, implantação e gerenciamento de processos de negócio.

Algum tempo antes de morrer, Peter Drucker disse que a estrutura hierárquica estaria fadada a desaparecer nos próximos 25, 30 anos. Mais adiante, quando estivermos falando de estruturas organizacionais, detalharemos a Estrutura em Rede e a Estrutura Matricial, que pode ser uma boa opção para ajudar as organizações, hierarquizadas na transição entre hierarquia e responsabilidade, a se transformarem em organizações do século 21.

Minha definição (CRUZ, 2003) é a seguinte:

"**Processo de Negócio** é o conjunto de atividades que tem por objetivo transformar insumos (entradas), adicionando-lhes valor através de procedimentos, em bens ou serviços (saídas) que serão entregues, e devem atender, aos clientes."

1.18 CONCLUSÕES

Vimos, ao longo deste capítulo, que é da natureza humana homens e mulheres viverem em sociedade desde a nossa ancestralidade. O envolvimento do ser humano com todos os ambientes que o cercam é sistêmico, sempre foi e será. Em outras palavras, existe uma tendência natural por parte da espécie humana em dispor partes, ou elementos, de um todo de forma organizada, mesmo que empiricamente, coordenados entre si como meio de alcançar um objetivo.

Organização e Sistemas sempre andaram juntos, porque a humanidade, desde o seu aparecimento, agrupa-se em organizações e serve-se de sistemas para sobreviver.

Como escreveu Robert Presthus (1962):
"Nossa sociedade é uma sociedade de organizações. Desde que nascemos até que morremos, nossa vida está inteiramente ligada a organizações. A maternidade, a escola, a universidade, os grupos de interesse comuns, o clube, a empresa, as sociedades secretas, o estado, tudo; e organização e todas essas representações são sistêmicas, isto é: são dispostas de forma a integrar as partes que as compõem numa estrutura ordenada, possibilitando que todas as suas atividades possam ser executadas quantas vezes forem necessárias e obtenha-se sempre o mesmo resultado."

Extraindo o essencial do que foi exposto no parágrafo anterior, teremos uma definição para Organização & Métodos:

Organização & Métodos é o estudo das organizações por meio da análise de cada uma das suas atividades, a fim de criar procedimentos que venham a interligá-las de forma sistêmica.

E nesse mesmo propósito defino sistema como conjunto de eventos cíclicos.

Temos agora então as duas vertentes para seguirmos lendo e estudando com este livro. A primeira diz respeito à Organização & Métodos, e a segunda, a Sistemas de Informações. Por muito tempo, os profissionais de ambas as áreas buscaram fazer com que elas andassem juntas e até davam a impressão de que elas se complementavam, visto que uma, O&M, tinha por objetivo organizar e metodizar, e a outra, SI, devia mecanizar e automatizar os procedimentos informais nas atividades existentes em processos. Entretanto, o que se via na prática era uma dicotomia sempre presente nos trabalhos que envolviam profissionais de ambas.

Foram necessárias algumas décadas para que a integração insistentemente tentada pela área de O&M com a área de Sistemas de Informação acontecesse de fato. Quando, finalmente, ambas passaram a trabalhar juntas, o mundo havia mudado radicalmente. Por conta dessa mudança, o trabalho obteve ganhos qualitativos insofismáveis, embora se tenha, algumas vezes, pagado alto preço pela fantástica transformação. São esses ganhos e o preço pago por eles que discutiremos adiante.

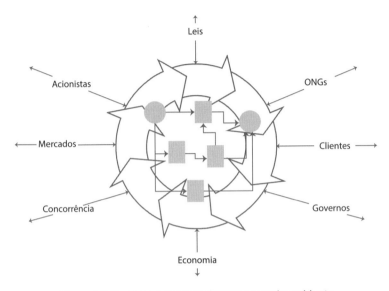

Figura 1.3 Empresa enquanto sistema e o meio ambiente.

RESUMO GERENCIAL

Neste capítulo, aprendemos que:

- A administração como ciência desenvolveu-se ao longo de vários séculos e de várias contribuições de estudiosos.
- As escolas que tratam a administração como ciência dão ênfase a diferentes correntes sociais.
- Taylor e Fayol ainda devem ser estudados, a despeito das atuais tendências organizacionais.
- Muitas vezes, administrar é saber conciliar as diversas escolas do pensamento organizacional.

RESUMO ESQUEMÁTICO
FORMAÇÃO DA ESCOLA ESTRUTURALISTA

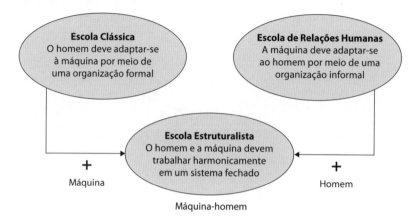

QUESTÕES PARA DEBATE

1. Resuma as ideias das Escolas Clássica, de Relações Humanas e Estruturalista e descreva seu ponto de vista sobre pontos positivos e negativos de cada uma delas com base nas empresas que você conhece hoje.
   - Você acha que as empresas estão preparadas para prescindir dos ensinamentos dos autores clássicos?
   - O que você acha da discussão homem *versus* máquina e da atualidade dessa dialética com relação ao binômio Homem-Tecnologias da Informação?
2. Levando em conta a sua experiência e o seu conhecimento, você acha que as empresas hoje estão mais organizadas que no século 20?
3. Qual a importância da teoria dos sistemas abertos para as organizações atuais?
4. Qual a importância das ideias de Maturana e Varela para as modernas organizações?
5. Relacione O&M com Sistemas de Informação.

EXERCÍCIOS

Assinale a alternativa correta.

1. É fundamental notar que muitas estruturas organizacionais que hoje moldam empresas em diversos segmentos vão e voltam através dos tempos, levando-nos a supor que sejam inteiramente novas, mas a maioria delas não o é. O que nos leva a pensar dessa forma?
   a) O suporte que as Tecnologias da Informação (TI) fornecem às novas organizações.
   b) As novas escolas de teorias da administração.
   c) As novas escolas sociais.
   d) As tecnologias IoT.
   e) As necessidades do comércio eletrônico.

2. O ser humano sempre teve o hábito de dividir o trabalho com seus pares desde a pré-história. Isso nos permitiu:
   a) Caçar alimentos em grande quantidade.
   b) Aprender algumas regras elementares de sobrevivência.
   c) Plantar o que comíamos.
   d) Iniciar as trocas de comida com outros grupos.
   e) Estocar comida.

3. Conformidade, para a ISO, é simplesmente:
   a) Comprar e vender dentro de parâmetros de qualidade.
   b) Ser eficiente e eficaz.
   c) Cumprir com o prometido.
   d) Fazer certo da primeira vez.
   e) Qualidade acima de tudo.

4. Taylor e Fayol contribuíram de forma significativa para o desenvolvimento:
   a) Da opressão dos trabalhadores.
   b) Da construção de fábricas eficientes.
   c) Da estatística.
   d) Da administração científica.
   e) Da construção de edifícios cada vez mais altos.

5. Qual foi a mais importante contribuição da Escola Estruturalista?
   a) Ter introduzido uma nova variável no estudo das organizações: o componente social.
   b) Ter realizado a experiência de Hawthorne.
   c) Ter atualizado Taylor e Fayol.
   d) Ter contestado a Escola Clássica.
   e) Ter desenvolvido a teoria *autopoiese*.

CAPÍTULO 2

ESTRUTURAS ORGANIZACIONAIS E SEUS RELACIONAMENTOS

OBJETIVOS DO CAPÍTULO

- Apresentar a evolução das estruturas organizacionais.
- Discutir as vantagens e desvantagens das principais estruturas organizacionais.
- Entender a importância das novas estruturas.
- Compreender a TI como suporte às estruturas organizacionais.

PARA COMEÇAR

Durante muito tempo, e ainda hoje em muitas organizações, o que valia é a máxima "manda quem pode, obedece quem tem juízo". Entretanto, esta má administração de pessoal e de recursos vem mudando com a introdução de novas estruturas e novas tecnologias.

Você trabalha em uma empresa ligada a velhos conceitos ou ela já está adaptada aos novos tempos?

2.1 A REVOLUÇÃO INDUSTRIAL

Mais recentemente, nossa história recomeça pela Revolução Industrial. No século 18, a sociedade era completamente dependente da atividade agrícola e dos especialistas artesanais. A Europa vivia de forma feudal e a introdução das novas máquinas começou a transformar a sociedade rapidamente.

Uma das primeiras mudanças foi a da forma de organizar o trabalho em funções, radicalmente diferente do modelo artesanal. Com a introdução das máquinas, era necessário ter um trabalhador para cada função representada pelos postos de trabalho.

Adam Smith, no clássico *A riqueza das nações*, de 1776, descreve o novo sistema de produção quando, de forma clara, enumera as 18 operações para que um PIN[1] fosse fabricado. De acordo com Smith, um único operário poderia fazer um alfinete em um dia, mas com o novo método de divisão do trabalho a nova fábrica poderia produzir mais de 4.800 alfinetes em um único dia.

A partir da Revolução Industrial, passou-se a pensar em processos de negócio em substituição às habilidades individuais, até então a principal forma que se tinha para produzir bens e serviços, como requisito imprescindível para o aumento da produtividade. A organização racional dos processos de negócio acarretaria em aumento da produção.

No início da Revolução Industrial, ainda persistiram muitas profissões medievais, nas quais as habilidades de cada artesão eram ensinadas a seus aprendizes. Essa mesma prática persistiu nas primeiras indústrias têxteis, quando muitas crianças foram empregadas como aprendizes. O aprendizado levava sete anos, em média, e, geralmente, findava quando o aprendiz completava 21 anos.

Antes do advento das máquinas, a atividade têxtil era exercida por toda a família, em sua própria casa. Por isso, quando as fábricas foram criadas, famílias inteiras passarem a ser empregadas para produzir tecidos. Segundo estudiosos, o pai era empregado em trabalhos pesados e como "mecânico", responsável pela manutenção do maquinário, desde que tivesse conhecimento ou habilidade para tal. A mãe e as crianças eram empregadas para operarem as máquinas.

A divisão do trabalho desde então teve prós e contras, defensores e detratores. Os que defendiam a divisão do trabalho por atividades e especialidades se baseavam na necessidade de fazer as máquinas produzirem na sua capacidade máxima. Já os que criticavam diziam que justamente essa divisão iria acabar com as habilidades individuais. Temia-se que as pessoas não teriam mais como produzir qualquer coisa a não ser por meio de uma máquina.

Quando as máquinas começaram a substituir os artesãos, um grupo de pessoas mais radical foi contra a mudança; elas ficaram conhecidas como ludditas. Quebraram máquinas, incendiaram fábricas e resistiram até onde puderam à Revolução Industrial, lideradas por uma figura que sequer se sabe com certeza se realmente existiu; vários historiadores afirmam ser apenas um pseudônimo assumido pelos líderes do movimento. No entanto, as mudanças eram irreversíveis. Para termos uma pálida ideia do que a Revolução Industrial provocou nos sistemas econômicos da época, em 1811, tivemos o seu início, em 1813, estima-se que já existiam 3.000 teares, e em 1830 o número já chegava a 100.000.

---

1 PIN, pequeno alfinete pontudo e com cabeça para pregar roupas ou papéis.

VOCÊ SABIA?

Os luddistas foram um grupo organizado de agitadores ingleses que tinha por objetivo destruir as máquinas surgidas com a Revolução Industrial, mas seus participantes vinham de todas as camadas sociais, principalmente das mais pobres e humildes (como sempre exploradas). O aparecimento dos luddistas deu-se por volta de 1811, e o seu líder chamava-se "General Ludd", que a história registra como uma figura imaginária. Na verdade, o "General Ludd" não era uma pessoa, mas várias pessoas atuando sob esse pseudônimo.

Veja o que o professor Tabarrok[2] disse sobre os luddistas: "Se a falácia luddita fosse verdadeira, todos já estariam sem trabalho, porque a automatização e a produtividade vêm aumentando durante dois séculos".

A humanidade caminhava, inexoravelmente, para a industrialização!

Na história do ser humano, os radicalismos sempre existiram. As diferenças nos levaram muitas vezes a sangrentas experiências e a guerras estúpidas, quando o certo seria que essas mesmas diferenças pudessem servir para nos aproximar mediante os pontos em comum. Ainda agora, vivemos uma experiência desse tipo, polarizada entre globalização e não globalização, em vez de buscarmos os pontos positivos dos dois extremos. Bem, disso eu falarei mais adiante.

Cedo, começou-se a descobrir que a forma de produzir industrialmente bens e serviços era diferente da forma artesanal. Desde o início, os estudiosos começaram a pensar em termos de processos de produção, claro que sem o racionalismo desenvolvido ao longo desses séculos. Organizar a produção em processos passou a ser uma necessidade imperiosa. O aparecimento da tecnologia industrial forçou-nos a produzir sempre da mesma forma, e não mais como acontecia com a produção artesanal, a cada dia de uma maneira diferente. Por exemplo, de forma resumida, nas indústrias têxteis, primeiro era preciso fiar o algodão, depois tecer o pano, para só então tingi-lo. Dia após dia, essa deveria ser a sequência de produção da fábrica de tecidos. Impossível tingir um pano que não havia sido tecido, nem tecê-lo sem ter transformado o algodão em fio.

Como consequências da criação dos processos industriais, foram desenvolvidas as estruturas organizacionais. Era preciso ter grupos produzindo, compostos por trabalhadores com tarefas definidas, e grupos apoiando os que produziam, com pessoas realizando tarefas administrativas. Basta ver as fotos dos primórdios da era industrial para que se possa ter uma ideia de como essas estruturas faziam as fábricas funcionarem. Sem dúvida, nas primeiras fábricas de tecidos, as funções industriais tinham importância maior que as funções administrativas. Afinal, era preciso produzir cada vez mais para não só garantir a expansão dos negócios, como também o retorno do capital investido.

---

2 Alexander Taghi Tabarrok é professor da Universidade George Mason, na Virgínia. Além disso, Tabarrok é diretor de pesquisa do instituto Independent, de Oakland, na Califórnia. Ele é filho do falecido professor de engenharia mecânica Behrooz (Bez) Tabarrok.

2.2 ESTRUTURAS FORMAIS E INFORMAIS

A despeito do tipo de estrutura adotada pela empresa, os profissionais da antiga área de O&M não sabiam como abordar processos administrativos (*vide* Caso Introdutório), e suas atuações resumiam-se a descrever rotinas e estruturas físicas.

Esses dois tipos de estruturas organizacionais (formais e informais) sempre existiram. Embora no início da Era industrial as estruturas fossem mais informais que formais, nos dias atuais as estruturas informais continuam causando muito transtornos.

Um exemplo de estrutura informal ocorre quando determinada pessoa é promovida ou deslocada para determinado cargo e ninguém na organização fica sabendo das mudanças. Esse comportamento causa desconforto para quem assume o cargo e a consequente perda de produtividade dos processos com os quais o profissional atua.

Nas últimas décadas, as estruturas formais se tornaram mais maleáveis e, paradoxalmente, por conta dessa flexibilização, ocorreram, e vão continuar ocorrendo, sérios distúrbios nos processos de negócio. Não que eu seja contra a maleabilidade das estruturas, pelo contrário, como ficará demonstrado mais adiante por meio da minha Teoria de Organizações Móveis. Entretanto, acredito que, justamente por não estarem preparadas para essa forma de operação, as empresas mais perdem do que ganham quando flexibilizam suas estruturas formais da maneira, como ainda é feito.

As estruturas formais foram criadas para que as empresas pudessem dividir e executar as funções administrativas básicas, mostradas na Figura 2.1. Essas funções permeiam todos os níveis estruturais da organização, começando pelo estratégico e descendo até o nível operacional. Cada nível tem que controlar, planejar, organizar e dirigir o processo, ou parte dele, sob sua responsabilidade. No nível estratégico, as pessoas entendem o que isso significa, mas no nível operacional frequentemente ocorre uma falta de entendimento sobre o real significado das funções administrativas, e esse tipo de atitude é uma das causas dos problemas que fazem com que os processos de negócio não rendam o que se espera que rendam. As estruturas informais sempre contribuíram para a desaceleração do nível de produtividade dos processos de negócio, mas hoje existem meios e conhecimento para que qualquer organização possa tirar proveito desse tipo de estrutura, que a rigor pode ser combatida, mas jamais vencida. Cabe-nos, como administradores, o papel de identificá-las e de criar mecanismos que diminuam suas influências nocivas.

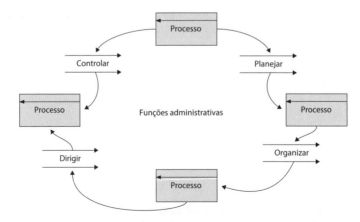

Figura 2.1 Funções administrativas.

2.3 ESTRUTURAS FORMAIS

Uma estrutura formal é aquela que aparece nos organogramas, isto é, quando o organograma existe e está atualizado, claro. Geralmente, por conta do tipo de estrutura, o organograma estabelece as relações de hierarquia e comando, já que responsabilidades e papéis funcionais só podem ser representados por um tipo de estrutura baseado no conhecimento, coisa que nenhuma estrutura hierárquica mostra. Se por um lado a rigidez de um organograma cria sérios problemas por limitar a comunicação e, consequentemente, a interação entre as pessoas, por outro lado na maioria das empresas essa ainda é a única forma que as pessoas têm para "imaginarem" como é que os bens ou serviços são produzidos dentro da empresa na qual trabalham pela inexistência de processos documentados e gerenciados.

2.4 ESTRUTURAS MAIS USADAS

As estruturas formais são estruturas criadas, aprovadas, assumidas e divulgadas pela organização mediante organogramas e outros documentos internos e externos, visando estabelecer a maneira como as interações devem-se operacionalizar nos processos. Isso quer dizer que a estrutura formal, qualquer que seja ela, é fator limitante, não somente das relações entre as diversas atividades, como principalmente da maneira como o bem ou serviço deve ser produzido. A rigidez das estruturas formais propicia o aparecimento de uma série de distorções, reduz a capacidade de reação da organização em face de imprevistos e adversidades, ajuda a organização informal a prosperar sub-repticiamente e não consegue ser o retrato fiel da operacionalidade de nenhum processo existente.

Entretanto, as estruturas formais foram a maneira como os teóricos conseguiram definir a forma como as empresas se organizavam ou deveriam se organizar. Na falta de ideias que exprimissem o dinamismo das organizações, o dinamismo da vida no interior delas, os estudiosos optaram por retratá-las não como operavam, mas como elas se organizavam ou deveriam se organizar, duas coisas distintas.

Existem três tipos básicos de organização, que são encontrados na realidade combinados de inúmeras formas por meio dos negócios. São eles:

- Linha.
- Funcional.
- Linha e assessoria.

2.5 ORGANIZAÇÃO EM LINHA

Na organização em linha, a autoridade passa pelos níveis de gerenciamento e de supervisão para chegar até o trabalhador, que é a parte operacional da atividade. Cada unidade é responsável pela aplicação de suas próprias técnicas e métodos. Cada unidade é, também, responsável por seus procedimentos administrativos. Uma das características mais marcantes desse tipo de organização é que, dentro de cada unidade, a responsabilidade por todo o seu funcionamento é do supervisor da unidade. Isso requeria um tipo de profissional que fosse ao mesmo tempo um administrador habilidoso e um técnico experiente. Isso não é fácil de ser encontrado num profissional. A Figura 2.2 mostra um exemplo desse tipo de organização.

As desvantagens desse tipo de organização, entre outras, são:

- Falta de especialização do supervisor, o que o impede de operar em todas as esferas da organização com máxima eficiência.
- Frequente sobrecarga de trabalho.
- Dificuldade em assegurar a sucessão do posto, pela necessidade de encontrar alguém tão bom técnico como administrativo.

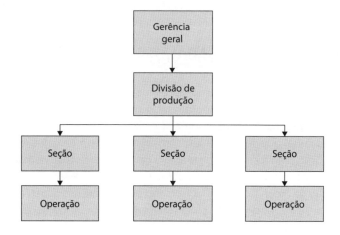

Figura 2.2 Organização em linha.

As vantagens desse tipo de estrutura, entre outras, são:

- A cadeia de comando é claramente definida, o que não significa que seja obedecida.
- A responsabilidade pela variação da qualidade é fácil de ser determinada.
- A comunicação, geralmente, é rápida e eficiente.

2.6 ORGANIZAÇÃO FUNCIONAL

A estrutura funcional retrata a organização como um conjunto de funções que podem, ou não, estar inter-relacionadas por meio das atividades que componham um processo. Na estrutura funcional, a autoridade passa pelos níveis de gerenciamento para ser compartilhada entre as funções técnicas e administrativas, as quais se baseiam num conjunto de tarefas comuns a todas as funções.

As atividades administrativas e de planejamento são divididas em quatro tipos:

- Fluxo (planejamento e programação).

- Instrução (descrição dos postos de trabalho).
- Tempos e custos (acompanhamento dos tempos e dos custos de produção).
- Disciplina (aconselhamento e disciplina).

Já as atividades técnicas e de produção são especializadas em quatro tipos:

- *Setup* e movimentação de materiais.
- Uso de ferramentas e execução das operações de máquina.
- Qualidade.
- Manutenção.

Os pontos fracos desse tipo de estrutura são:

- Cadeia de comando mal definida.
- Responsabilidade pela falta de qualidade do produto difícil de ser atribuída.
- Comunicação difícil e de reação lenta.

Os pontos fortes desse tipo de estrutura são:

- A especialização numa área facilita a aquisição de experiência, o que possibilita a familiarização com os problemas encontrados nela.
- A habilidade para gerenciar outros é necessária, em cada área de atuação, dentro somente do contexto da especialização.
- O gerenciamento, em bases gerais, não existe abaixo do nível de superintendência, o que simplifica a sucessão.

A abordagem funcional surgiu como resultado das atividades de Frederick Taylor, que questionou a prática e a tradição dos limites do gerenciamento, usando técnicas de análise científica para descobrir as possíveis melhorias para os métodos administrativos.

Essa forma de estruturar a empresa, ainda hoje muito utilizada, não consegue organizar e muito menos potencializar o fluxo operacional.

2.7 UM POUCO MAIS SOBRE FUNÇÕES

O que são funções?

São órgãos cuja existência define o *core business* de uma organização. Isso quer dizer que uma função deve representar uma parte sem a qual a empresa deixaria de existir como tal. Quando ainda não se falava em terceirização, definia-se função como um conjunto de atividades que faziam parte intrínseca da natureza da organização. Cite-se o exemplo de uma montadora que poderia se desfazer de funções, como RH, sem que deixasse de ser uma montadora, mas não poderia deixar de ter a linha de montagem propriamente dita, sob pena de perder uma função relativa à competência principal (*core business*).

Peter Drucker, em seu estudo *Business objectives and survival needs*, foi um dos primeiros a propor que a empresa fosse dividida em "funções de sobrevivência" e, dessa forma, pudesse dar suporte à realização operacional dos "objetivos de sobrevivência" que toda empresa deveria ter, em contraposição à ideia de maximização do lucro como único meio de sobreviver. Além de ter outras implicações, a estrutura funcional dá maior confiabilidade e estabilidade a qualquer análise organizacional, principalmente a estratégica, que se necessite fazer. Todo funcionário deve representar pelo menos um papel funcional, que está ligado à sua função/atividade dentro de pelo menos um processo de negócio.

Vamos falar mais sobre processos, mas por ora basta dizer que papel funcional não é a mesma coisa que cargo. Papel funcional está ligado a atividades e, consequentemente, a processos organizacionais. Já cargos estão ligados a estruturas e definem, entre outras coisas, as faixas salariais.

Outro aspecto importante é que cargos são definidos pelo governo por meio da Tabela Nacional de Cargos, o que significa dizer que não se pode inventar cargos, até mesmo porque quando fazemos pesquisa salarial é preciso que os cargos sejam iguais ou similares. Os papéis funcionais podem ser "inventados", uma vez que dizem respeito a processos e desde que estejam ligados a cargos existentes.

Exemplo: um analista de sistemas não pode ganhar mais que outro analista de sistemas se ambos estiverem enquadrados no mesmo cargo e na mesma faixa salarial e quartil. No entanto, um analista de sistemas pode ganhar mais que outro analista de sistemas se ele estiver enquadrado em outro cargo.

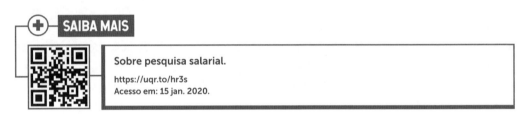

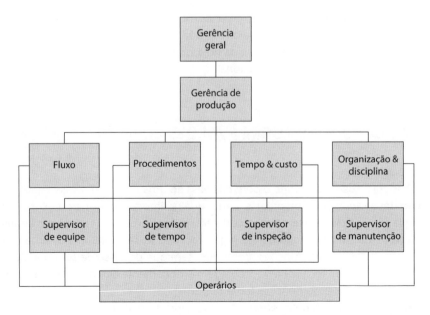

Figura 2.3 Estrutura funcional.

Inúmeros métodos de análise de sistemas e de Organização & Métodos surgiram apoiados na estabilidade da estrutura funcional, que, diferentemente das análises feitas com base em outros tipos de estrutura, conseguiam ser válidos por um período maior de tempo. Isso não significa que a estruturação da empresa em funções pretendesse engessá-la, torná-la rígida, pelo contrário, o objetivo era permitir que, qualquer que fosse a forma de a empresa operar, a análise pudesse abstrair do tático, do dia a dia, para retratar o âmago da organização.

A dificuldade maior era convencer os administradores profissionais, ou os donos das empresas, das vantagens que eles teriam em estruturar suas organizações em funções.

2.8 ORGANIZAÇÃO EM LINHA E ASSESSORIA

A força da organização em linha e assessoria combina o que de melhor existe nas organizações dos dois tipos. Na Figura 2.4, vemos que há uma clara definição de delegação de autoridade e responsabilidade, além de bem definida linha de comunicação.

Entretanto, embora esses três tipos de estruturas fossem as formas básicas de organizar quaisquer empresas, o que aconteceu na prática foi a derivação desses três tipos em inúmeros outros que podem ser resumidos da seguinte forma:

Figura 2.4 Estrutura em linha e assessoria.

2.9 ORGANIZAÇÕES DEPARTAMENTALIZADAS

A departamentalização tem suas origens na Escola Clássica e, ainda hoje, prega a ênfase na Estrutura Organizacional como forma de aumentar a eficiência e aprimorar as relações entre os segmentos de uma empresa. A ideia que embasa esse tipo de estruturação é a de que a verticalização segue hierarquicamente da direção para a execução das tarefas. Adam Smith defende esse tipo de organização como fundamental para a geração de riquezas. Hoje, embora as organizações de todos os tipos ainda continuem se estruturando dessa forma, existem novas e melhores estruturas, e até o que eu denomino de "não estruturas", das quais falaremos mais adiante.

Departamentalização caracteriza-se por dividir as atividades de uma organização em áreas com características bem delimitadas. Embora propicie especialização, faz com que os processos sejam de difícil operacionalidade. Suas principais variações são mostradas a seguir.

Para defender a estrutura departamentalizada, criaram-se os seguintes objetivos:

- **Agregação:** colocar os especialistas numa mesma unidade de trabalho a fim de possibilitar a troca de experiências e, consequentemente, maiores índices de produtividade e qualidade.
- **Controle:** as atividades devem ser agrupadas de forma que possam ser facilmente supervisionadas.
- **Coordenação:** obter unidade de ação agrupando atividades correlatas e de objetivos comuns em uma mesma unidade organizacional.
- **Enquadramento:** as atividades devem ser agrupadas em unidades, de acordo com suas caraterísticas.
- **Processos:** organizar as atividades buscando agrupá-las dentro de unidades cujos objetivos sejam comuns e que atendam a clientes determinados.

As estruturas departamentalizadas mais comuns são:

- Organização baseada em departamentos.
- Departamentalização por processo.
- Departamentalização por produtos ou serviços.
- Departamentalização por localização geográfica.
- Departamentalização por linha de produto.
- Departamentalização por quantidade.
- Departamentalização por clientes.
- Departamentalização por contingência.
- Departamentalização por projeto.
- Departamentalização por tempo.
- Estrutura baseada em comissões, ou colegiada.
- Departamentalização por linha de produto.

SAIBA MAIS

Sobre estruturas organizacionais tradicionais no material suplementar da obra.
https://uqr.to/hr4v
Acesso em: 15 jan. 2020.

2.10 ESTRUTURA BASEADA EM COMISSÕES, OU COLEGIADA

São criadas na medida em que a complexidade dos problemas e das estruturas aumenta, exigindo soluções mais criativas e/ou negociadas. Um colegiado (ou comitê) é um grupo que se reúne para resolver determinados tipos de problema.

2.11 ESTRUTURA MATRICIAL

Esta estrutura é o resultado de duas outras, a estrutura tradicional por departamento mais a estrutura por projetos. Nela, há dois tipos de responsabilidades, uma é funcional, representada quase sempre pelas linhas horizontais, a outra é gerencial, representada pelas linhas verticais.

Durante algum tempo, essa estrutura foi tentada nas organizações sem sucesso.

Por quê?

Porque não se pode querer alinhar dois princípios antagônicos: o da hierarquia, associado à autoridade e obediência, com o da responsabilidade, associado à orientação e participação. Em outras palavras, não é possível ter-se duas estruturas antagônicas convivendo e operando em perfeita harmonia. Falaremos mais sobre esse antagonismo no Capítulo 4, sobre novas estruturas organizacionais.

Embora seja um tipo de estrutura que permita mobilidade maior que as outras, na prática ela é difícil de implantar e operacionalizar em decorrência dos atritos causados pela incompreensão entre os responsáveis funcionais e os responsáveis gerenciais. Durante um tempo, os responsáveis gerenciais, e ainda hoje eles são maioria, achavam-se no direito de gerenciar pessoas, com sentimento de posse exacerbado, enquanto nesse tipo de estrutura os responsáveis gerenciais devem gerenciar recursos, que são disponibilizados para os responsáveis funcionais, que podem estar envolvidos com projetos ou processos de negócio.

A estrutura matricial está voltando a ser considerada e utilizada por organizações de diversos seguimentos. Gigantes como IBM e Procter & Gamble (P&G), entre várias outras, já estão mudando suas estruturas hierárquicas (e anacrônicas) para estrutura matricial como base para estarem cada vez mais adaptadas com as necessidades do mercado global.

A Figura 2.5 mostra uma matriz genérica onde, nas verticais, estão recursos e seus gestores e, nas horizontais, estão projetos e processos que utilizam tais recursos.

Um dos mais conceituados pesquisadores e autores do tema estruturas matriciais, o americano Jay Galbraith, em um dos seus livros, *Design matrix organizations that actually work*, há uma conclusão importantíssima. Discutindo de quem é a culpa por organizações estruturadas em matriz terem fracassado na implantação do modelo, Jay coloca que: "Na minha opinião a culpa é dos líderes porque eles não definem papéis e processos através dos quais as decisões são tomadas".

E, durante todo o livro, ele nos chama a atenção para a necessidade de definirmos processos e tomá-los como base para construirmos as matrizes que conformarão a organização.

A estrutura matricial é um bom começo para organizações que ainda estão estruturadas com base em cargos e hierarquia moverem-se para a estrutura em rede.

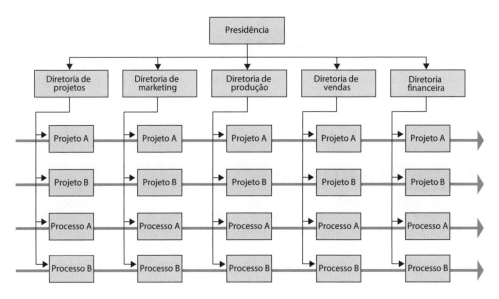

Figura 2.5 Estrutura matricial.

2.12 ESTRUTURA CIRCULAR OU RADIAL

Pouco utilizada, aparece aqui apenas para registro. Esse tipo de organograma era utilizado para suavizar a apresentação da estrutura hierárquica, atuando como poderoso inibidor das paixões que incendeiam a "fogueira das vaidades", tão própria dos seres humanos, e economizar espaço em apresentações.

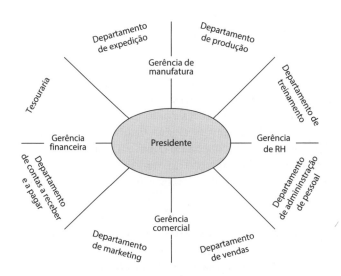

Figura 2.6 Estrutura circular ou radial.

2.13 ESTRUTURA EM CÉLULA

A estrutura em célula foi criada na manufatura discreta para facilitar a produção de determinados itens. Basicamente, ela é formada por conjuntos de máquinas, equipamentos ou equipes, pois pode ser formada exclusivamente por funcionários, que fazem um mesmo tipo de trabalho. Nessa estrutura, as atividades são definidas por demanda de produção.

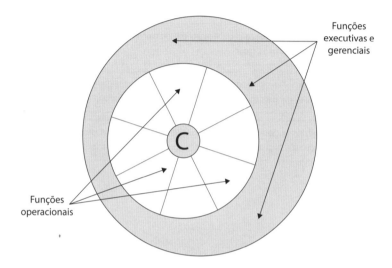

Figura 2.7 Estrutura em célula.

Um exemplo são as fábricas de *softwares* que, organizadas por células, maximizam os trabalhos de análise, desenvolvimento e testes. Outro exemplo são as células que congregam máquinas de comando numérico na manufatura, otimizando as operações de tornearia.

A estrutura em célula tem muitas e reais vantagens sobre qualquer uma das estruturas apresentadas neste capítulo, com exceção da estrutura matricial. A principal é a de colocar a produção – de qualquer produto – em contato direto com o cliente, interno ou externo, que vai receber o resultado do trabalho de cada uma das células, enquanto as áreas gerenciais ou de apoio ficam na retaguarda.

Por fim, antes de terminar este capítulo, cito a novíssima estrutura em rede, da qual falaremos mais detalhadamente no próximo capítulo.

2.14 CONCLUSÕES

Todas as escolas e pensamentos clássicos da administração contribuíram grandemente para o nosso desenvolvimento organizacional. Nós, dificilmente, encontraremos alguma organização com uma estrutura "pura", isto é, que seja somente orientada a isso ou aquilo. Geralmente, as organizações são um misto de várias ideias e tipos de estruturas. Vimos neste capítulo que todas as estruturas têm partes boas e partes ruins e que existem aqueles que defendem algumas enquanto detratam outras, independentemente do tipo de estrutura. Entretanto, já existem estruturas que se diferenciam em vários aspectos de todas as tradicionais, como a estrutura em rede.

RESUMO GERENCIAL

Neste capítulo, aprendemos que:

- A evolução do pensamento e da filosofia referentes à administração de empresas evoluiu ao longo dos séculos.

- Vários pensadores contribuíram para a evolução do pensamento administrativo como conhecemos hoje.

- Desde a Revolução Industrial, as organizações buscam operar e gerenciar pessoas com menor ou maior nível de participação no dia a dia operacional.

- Que houve tentativas, mais recentemente, de melhorar os relacionamentos organizacionais por meio de algumas estruturas mais flexíveis, como a matricial.

RESUMO ESQUEMÁTICO

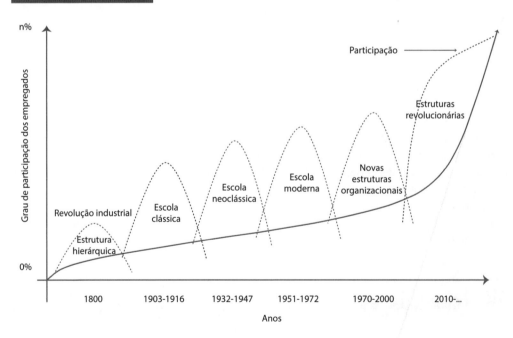

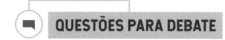
QUESTÕES PARA DEBATE

1. Estruturas formais e informais. Esses dois tipos de estruturas organizacionais sempre existiram. Embora, no início da Era Industrial, as estruturas fossem mais informais que formais, nos dias atuais, as estruturas informais continuam causando muitos transtornos. Um exemplo de estrutura informal ocorre quando determinada pessoa é promovida ou deslocada para determinado cargo e ninguém na organização fica sabendo das mudanças. Esse comportamento causa desconforto para quem assume o cargo e a consequente perda de produtividade dos processos com os quais o profissional atua.

   Segundo sua experiência, você acha que as empresas atuam mais baseadas em estruturas formais ou informais?

2. As estruturas formais foram criadas para que as empresas pudessem dividir e executar as funções administrativas básicas, mostradas na Figura 2.1. Essas funções permeiam todos os níveis estruturais da organização, começando pelo estratégico e descendo até o nível operacional. Cada nível tem que controlar, planejar, organizar e dirigir o processo, ou parte dele, sob sua responsabilidade. No nível estratégico, as pessoas entendem o que isso significa, mas no nível operacional frequentemente ocorre uma falta de entendimento sobre o real significado das funções administrativas, e esse tipo de atitude é uma das causas dos problemas que fazem com que os processos de negócio não rendam o que se espera que rendam.

3. Uma estrutura formal é aquela que aparece nos organogramas, isto é, quando o organograma existe e está atualizado, claro. Geralmente, por conta do tipo de estrutura, o organograma estabelece as relações de hierarquia e comando, já que responsabilidades e papéis funcionais só podem ser representados por um tipo de estrutura baseado no conhecimento, coisa que nenhuma estrutura hierárquica mostra.

4. As estruturas departamentalizadas mais comuns são:
   - Organização baseada em departamentos.
   - Departamentalização por processo.
   - Departamentalização por produtos ou serviços.
   - Departamentalização por localização geográfica.
   - Departamentalização por linha de produto.
   - Departamentalização por quantidade.
   - Departamentalização por clientes.
   - Departamentalização por contingência.
   - Departamentalização por projeto.
   - Departamentalização por tempo.
   - Estrutura baseada em comissões, ou colegiada.
   - Departamentalização por linha de produto.

   Quais delas representam a empresa onde cada aluno trabalha?

5. A estrutura matricial não deu certo no passado porque não se pode querer alinhar dois princípios antagônicos: o da hierarquia, associado à autoridade e obediência, com o da responsabilidade, associado a orientação e participação. Em outras palavras, não é possível ter-se duas estruturas antagônicas, a hierárquica e a matricial, convivendo e operando em perfeita harmonia.

Por que as estruturas matriciais não tinham dado certo até agora? Qual o principal motivo apontado pelo Prof. Jay Galbraith?

Assinale a alternativa correta.

1. As atividades administrativas e de planejamento são divididas em quatro tipos:
   a) Fluxo; Instrução; Tempos e custos; Disciplina.
   b) Fluxo; Instrução; Tempos; Disciplina.
   c) Fluxo; Instrução; Custos; Disciplina.
   d) Fluxo; Instrução; Procedimentos; Disciplina.
   e) Fluxo; Processos; Tempos e custos; Disciplina.

2. Já as atividades técnicas e de produção são especializadas em quatro tipos:
   a) Manutenção; Movimentação de materiais; Uso de ferramentas e execução das operações de máquina; Padronização.
   b) *Setup* e movimentação de materiais; Uso de ferramentas e execução das operações de máquina; Qualidade; *Total Quality Management*.
   c) *Compras*; Uso de ferramentas e execução das operações de máquina; Qualidade; Manutenção.
   d) *Setup* e movimentação de materiais; Uso de padrões predefinidos; Qualidade; Manutenção.
   e) *Setup* e movimentação de materiais; Uso de ferramentas e execução das operações de máquina; Qualidade; Manutenção.

3. O que são funções?
   a) São órgãos cuja existência define o *core business* de uma organização.
   b) São estruturas cuja existência define o *valor* de uma organização.
   c) São áreas operacionais de uma organização.
   d) São órgãos cuja existência define o *core business* de uma organização.
   e) São definições do *core business* de uma organização.

4. Papel funcional é a mesma coisa que cargo. Sim ou não?
   a) Não. Papel funcional está ligado a atividades e, consequentemente, a processos organizacionais. Já cargos estão ligados a estruturas e definem, entre outras coisas, as faixas salariais.
   b) Sim. Papel funcional está ligado a atividades e, consequentemente, a processos organizacionais. Já cargos estão ligados a estruturas e definem, entre outras coisas, as faixas salariais.
   c) Não. Papel funcional está ligado a estrutura hierárquica. Já cargos estão ligados a estruturas salariais.
   d) Sim. Papel funcional e cargos são a mesma coisa.
   e) Não. Papel funcional e cargos não são a mesma coisa, pois o papel funcional define o cargo que o funcionário deverá executar.

5. Para defender a estrutura departamentalizada, criaram-se os seguintes objetivos:
   a) Agregação. Controle. Enquadramento. Processos.
   b) Agregação. Coordenação. Enquadramento. Processos.
   c) Coordenação. Enquadramento. Processos.
   d) Agregação. Controle. Coordenação. Enquadramento. Processos.
   e) Agregação. Controle. Coordenação. Enquadramento. Processos. TQM.

CAPÍTULO 3

INTRODUÇÃO AO
NOVO MUNDO

OBJETIVOS DO CAPÍTULO

- Apresentar a evolução do pensamento administrativo.
- Discutir as novas tendências e Tecnologias da Informação (TI).
- Entender como novas formas de estruturar empresas estão mudando os paradigmas organizacionais.
- Compreender como as novas estruturas são adotadas pelas empresas da Revolução 4.0.

PARA COMEÇAR

Durante muito tempo, talvez mesmo desde a Revolução Industrial, nós nos acostumamos a ter chefes. A estrutura hierárquica nos obrigava a aceitar a situação do "manda quem pode, obedece quem tem juízo".

Já pensou poder trabalhar numa empresa cuja estrutura é uma não estrutura, sem chefes e sem todos os vícios das estruturas hierárquicas?

Isso já existe, não somente nas empresas da Era do Conhecimento, como também nas *startups*.

3.1 A DÉCADA DE 1990

A década de 1990 foi uma década de grandes transformações. Essas transformações vão desde as questões econômicas até as sociais, passando pelas transformações políticas e comportamentais que transfiguraram radicalmente a "cara" do nosso planeta.

Em 2001, um grupo de terroristas matou mais de quatro mil pessoas, de 80 países diferentes, ao arremessar dois aviões contra as torres gêmeas do World Trade Center, em New York, fazendo-as vir abaixo; outro avião foi arremessado contra o Pentágono, o Departamento de Defesa dos Estados Unidos da América, em Washington, e um terceiro foi derrubado pelos passageiros sobre a Pensilvânia, ao perceberem as intenções dos terroristas. Por conta desse ataque terrorista, o século 21 começou com uma guerra global contra o terrorismo que envolveu praticamente todas as nações.

O mundo (quase todas as nações) passou por experiências significativas, na maioria das vezes com alguma convulsão e, pior do que isso, no caso das experiências traumáticas, irreversíveis, que foram dolorosas, como as revoluções da "Primavera Árabe" que varreram, varrem e varrerão os países do Oriente em 2010, 2011 e 2012.

De 1986 a 1996, tivemos profundas mudanças no campo político, com o fim do Império Soviético e a queda do muro de Berlim, que sem dúvida foram os dois maiores e mais espantosos acontecimentos do fim do século 20.

A Revolução Bolchevique, que buscou mudar a face econômico-social do planeta, chegava ao final de forma um tanto melancólica, com seus dois principais dirigentes, Mikhail Gorbachev e Boris Yeltsin, tentando, em frente às câmeras de televisão do mundo inteiro, engolir um ao outro, como forma de se manterem no poder, independentemente de a própria estrutura da qual os dois eram os supremos guardiões não mais existir.

Com o fim do bloco soviético e do modelo socioeconômico que ele tentou implantar na União Soviética e em todas as nações do mundo, o que restou foi o modelo oposto, patrocinado pelo grande rival, os Estados Unidos da América, modelo este conhecido como capitalismo.

O capitalismo passou então a receber uma série de adjetivos e versões diferentes. Na Rússia, por exemplo, que voltou a existir como nação, de tamanho significativamente menor que o que tinha na época do Império Soviético, o capitalismo assumiu uma forma bastante selvagem, pois, como a mudança deu-se de forma abrupta, o Estado não estava preparado para assumir uma série de tarefas próprias de sociedades democráticas, nem para passar para a iniciativa privada outras tantas, por isso o preço pago ainda hoje é muito alto. É notória a presença da máfia russa em todos os setores da economia russa.

Na China, o capitalismo foi implantado de forma a conviver com as estruturas políticas de um só partido, o partido comunista chinês, ao que se costuma chamar de capitalismo socialista ou capitalismo de estado, isto é, os chineses abriram a economia para o regime de livre mercado (não tão livre, claro) e mantiveram a ditadura comunista intacta. No final de 2001, a China conseguiu ser admitida na Organização Mundial do Comércio.

O mesmo tipo de ambiente econômico, com mais ou menos resquícios ditatoriais, é praticado em outros países como a Malásia e Cingapura, outrora chamados de Tigres Asiáticos.

Com o fim da chamada "Guerra Fria", que durante muito tempo colocou os Estados Unidos da América e seus aliados contra o Império Soviético e seus aliados e, consequentemente, com a divisão das nações pelo tipo de modelo político-econômico praticado, surge uma nova forma de classificá-las e de agrupá-las: o regionalismo ou blocos econômicos regionais.

CAPÍTULO 3 | INTRODUÇÃO AO NOVO MUNDO **51**

Surge, então, a primeira estrutura diferente com a qual temos que interagir no século 21: os blocos econômicos. O mundo procura agrupar-se realçando as igualdades e resolvendo as diferenças entre as nações que compõem uma mesma região geográfica.

Entretanto, é conveniente que você não a decore, pois a volatilidade e o dinamismo desse tipo de estrutura é justamente uma das forças propulsoras do desenvolvimento dela. Nesse novo tipo de organismo, as nações podem entrar e sair movidas por uma série de razões e interesses que, muitas vezes, não conseguimos entender à primeira vista. Em 2018, a Inglaterra, Reino Unido, realizou um plebiscito para saber se os súditos da rainha queriam ficar ou sair da União Europeia (UE). O chamado Brexit, junção de Grã-Bretanha e saída em inglês, ganhou por uma margem de 1%. Desde então, o Brexit esteve numa queda de braço muito grande com os outros membros da UE, buscando uma saída que não provoque o colapso da economia da Grã-Bretanha.

Alguns casos, como o do Chile com o Nafta (Tratado Norte-Americano de Livre Comércio. Em inglês: *North American Free Trade Agreement*) e o do México com o Mercado Comum Europeu, são exemplares, pois, mesmo fazendo formalmente parte de um grupo econômico, ou geográfico, um país pode ter interesses comuns com outros países que não fazem parte de seu grupo, gerando expectativas e atritos com alguns parceiros do grupo original.

Essa nova forma de interação das nações fez com que alguns comentaristas econômicos passassem a defender o fim da diplomacia clássica, substituída por homens de negócios. Os próprios mandatários passaram a assumir uma função mais de vendedor do que de chefes de Estado ou de governo. Algo como os antigos mercadores, que eram negociantes e diplomatas ao mesmo tempo. Por exemplo: Marco Polo. Acho que seria no mínimo uma grande economia, pois as guerras de agora em diante serão econômicas e comerciais, e não mais por ideologia, salvo raras exceções.

A globalização contemporânea tem por princípio o livre comércio. Nela, os mercados não deverão mais ter fronteiras, nem barreiras alfandegárias, como, aliás, já é praticado na União Europeia, nem qualquer outro tipo de entrave que dificulte a integração nas nações em blocos de interesse comum. Com base na globalização contemporânea, o mundo pode ser olhado como uma grande organização comercial. Contudo, o modelo, como todos, ainda tem muitas e graves falhas, e, por conta delas, os críticos o condenam sem meios-termos.

Para muitos, a globalização contemporânea passou a ser o grande flagelo da humanidade, enquanto para outros a solução para todos os males que a afligem. Nem 8 nem 80. Ela trouxe algumas vantagens, que chamaremos de efeitos positivos, e algumas desvantagens, que vamos chamar de efeitos negativos.

A globalização contemporânea pode ser financeira, com o fluxo de capitais de todas as espécies circulando quase totalmente livre entre os países por redes de computadores de uso exclusivo do mercado de capitais; pode ser econômica, com o capital de investimento procurando ao redor do mundo os países mais atraentes, tanto em matéria de segurança e estabilidade política, quanto de remuneração, para ter lucro; pode ser comercial, com um volume de mercadorias de mais ou menos 19 trilhões de dólares transitando ao redor do mundo.

Somente na área de telecomunicações e de TI, o volume estimado de negócios é de quase um trilhão de dólares anuais. A globalização contemporânea tem inúmeras cabeças e tentáculos, cada uma delas objeto de estudo de especialistas de diferentes áreas.

É claro que o fenômeno está longe de ser uma unanimidade. Há os que a defendem, há os que a atacam. Prefiro ficar com os que a defendem, por reconhecer que existe maior número de pontos positivos, e que os pontos negativos devem e podem ser resolvidos em uma nova abordagem, principalmente com preocupações sociais.

52 PROCESSOS ORGANIZACIONAIS & MÉTODOS | CRUZ

Aos que defendem a globalização contemporânea, alguns setores anacrônicos, juntamente com outros puramente aproveitadores que querem manter as velhas oligarquias e feudos cheios de privilégios, dão o nome de liberais, como se os estivessem xingando, por causa da teoria do liberalismo econômico. Entretanto, como hoje vivemos numa era em que o radicalismo, seja de direita, seja de esquerda, seja religioso, ou de outro tipo qualquer, não tem mais espaço nem pode existir, devemos sentar à mesa de negociações para juntos aprendermos o que cada um dos outros participantes da globalização contemporânea tem de melhor e melhorarmos nossas próprias deficiências. Essa política vale inclusive para o nosso dia a dia, pessoal ou profissional.

3.2 EFEITOS POSITIVOS DA GLOBALIZAÇÃO

O primeiro efeito positivo é o de fazer com que as novas tecnologias cheguem rapidamente aos mais distantes lugares da Terra. Isso possibilita a uma quantidade muito grande de pessoas usufruírem elementos que podem melhorar a vida de todos de forma quase instantânea. Uma nova droga para a cura de alguma doença, cuja propagação também se globalizou, computadores, dispositivos de segurança, *softwares* para os mais variados propósitos, enfim, uma gama interminável de bens e serviços que podem ser adquiridos como se estivessem sendo produzidos e vendidos no país que os está comprando. Na verdade, as empresas que os produzem podem estar a milhares de quilômetros, isso vai fazer pouca ou nenhuma diferença. Além disso, as manufaturas passaram a produzir bens chamados de "mundiais", o que na prática significa que, por exemplo, para se montar um automóvel, cada parte dele pode vir, e na maioria das vezes vem mesmo, de diferentes países. Veja o caso da Embraer, uma das maiores exportadoras brasileiras. Os aviões produzidos por ela têm suas partes oriundas de uma dezena de países que chegam ao Brasil para serem montadas.

Aliás, justamente pelo seu grande sucesso tecnológico e comercial é que a poderosa Boeing sugeriu à Embraer a criação de uma terceira empresa, uma *joint-venture*, negócio concretizado em 2019, quando os acionistas da Embraer aprovaram a venda da divisão comercial da empresa para a Boeing, durante assembleia geral extraordinária. Pelo acordo, a Boeing deverá pagar US$ 4,2 bilhões por 80% da nova companhia. A Embraer ficará com os 20% restantes.

O segundo efeito positivo é decorrente direto do primeiro: o preço baixo de bens e serviços. Aliás, o correto seria chamar de preço justo. Como as empresas têm agora um mercado muito maior do que tinham antes, podem produzir mais e, consequentemente, vender mais barato, pois a escala garante custos de produção extremamente baixos. Isso soa muito bem, temos o que há de melhor e com um preço acessível! Parece não haver nenhum mal nisso, não é? Infelizmente, há exceções e temos que combatê-las, embora algumas delas não estejam diretamente ligadas à globalização contemporânea. Por exemplo: existem países que exploram a mão de obra infantil, o que deve ser combatido, mas eu pergunto: sem a globalização contemporânea, elas também não estariam sendo exploradas? Com a agravante de que nós nem ficaríamos sabendo? Logo, a meu ver, a culpa não é da globalização contemporânea. Outros países exploram seres humanos fazendo-os trabalhar como escravos, em troca de comida. Mas, de novo, eu pergunto: isso acontece por culpa única e exclusiva da globalização contemporânea?

Outros países, como os da União Europeia, especialmente a França e a Itália, subsidiam fortemente toda a sua agricultura e, como se não bastasse, impõem uma série de barreiras alfandegárias que impedem que países de fora do bloco possam vender seus produtos primários, que são na maioria oriundos de países em desenvolvimento ou subdesenvolvidos. Os Estados Unidos são outro mau exemplo de globalização contemporânea, porque pregam o livre mercado, mas protegem ferozmente seus setores produtivos estagnados ou atrasados da concorrência, que apresenta produtos mais baratos e mais bem fabricados.

Outro efeito positivo da globalização contemporânea é o de democratizar conhecimento e informação, gerando uma massa de novos conhecimentos como nunca existiu, por meio da internet. Todo esse conhecimento garante à humanidade aperfeiçoamento constante. Outro efeito positivo é a garantia da democracia como forma de governo, ainda que não seja perfeita, é a melhor até então, pois as sanções econômicas e comerciais nunca foram tão fortes como são hoje contra governos que desrespeitam os direitos humanos, fazendo com que haja mais países democráticos que ditatoriais, como nunca antes na história da humanidade.

Fator positivo é também a diminuição das tensões entre nações, principalmente em função de disputas comerciais, o que no passado gerava um clima de instabilidade muito grande, com iminente perigo de guerras. Hoje, infelizmente, ainda temos guerras, e elas continuam a ser uma barbárie, mas estão regionalizadas e ocorrem justamente pelo motivo oposto da globalização contemporânea, todos os povos querem ser uma nação e não mais pertencer a qualquer uma apenas como grupo étnico.

Como nada é perfeito, a globalização contemporânea tem também seus efeitos negativos que, desde que cada um faça sua parte, podem ser minimizados em alguns casos e extintos em outros.

3.3 EFEITOS NEGATIVOS DA GLOBALIZAÇÃO

O primeiro efeito negativo, e talvez o que requer uma solução mais premente, é o do aumento do desemprego mundial. Como a globalização contemporânea tornou as fronteiras comerciais quase inócuas, uma empresa que produz algo no interior de São Paulo tem que competir agora com uma empresa produzindo o mesmo produto no interior da Alemanha e, dessa forma, quem fizer melhor, mais rápido e mais barato vende. Quem não conseguir competir em pé de igualdade, quebra. Agora, imagine as empresas de um país sendo expostas a um mercado altamente competitivo como este. Muitas não resistem e demitem grandes quantidades de empregados, procurando desesperadamente se adaptar rapidamente à nova ordem econômica; outras simplesmente vão à falência.

Isso tem acontecido no mundo todo, e no Brasil não podia ser diferente. As empresas se viram, quase que de repente, expostas a uma batalha de vida ou morte com empresas mais bem estruturadas e preparadas para a globalização contemporânea, e o resultado não poderia ser outro. Como consequência da modernização das empresas, os milhares de postos de trabalho que foram fechados na indústria de manufatura jamais serão recriados, e por isso é que a cidade de São Paulo, principalmente, vem mudando seu perfil de industrial para uma cidade de serviços de todos os tipos.

Lembram-se de que falei, no início do livro, do atraso tecnológico que sofremos por conta da adoção da política de substituição das importações? Pois é. Os efeitos perversos foram sentidos durante muito tempo por diversos setores industriais do nosso país. Nosso parque industrial não se modernizou quando devia e pagou um preço alto e, em muitos casos, injusto, pela ignorância de nossos governantes. Muitas empresas brasileiras foram vendidas para grupos mais fortes de outros países, mais bem preparados para competir no mercado globalizado.

Outro fator negativo é que países que não fazem parte dos organismos reguladores do comércio internacional se beneficiam do abrandamento das barreiras alfandegárias para invadir outros países com mercadorias de má qualidade, com preços baixos, em decorrência de uma série de artimanhas, e da exploração de mão de obra escrava, ou quase. Como fez a China, até ser admitida na Organização Mundial do Comércio, e alguns outros países asiáticos tão conhecidos dos brasileiros pelos produtos que tentam nos vender. Um dos pontos negativos de maior impacto sobre o planeta são as crises financeiras e econômicas, que no mundo globalizado assolam com igual severidade as populações de países nos cinco continentes. Assim como as coisas boas se espalham rápido, as más se espalham mais rápido ainda.

3.4 ORGANIZAÇÃO MUNDIAL DO COMÉRCIO (OMC)

A organização que regula a prática comercial na economia globalizada contemporânea chama-se Organização Mundial do Comércio, ou WTO (*World Trade Organization,* em inglês). Ela substituiu a antiga organização que se chamava GATT (*General Agreement on Tariffs and Trade*). A OMC tem como signatários quase todos os países e tem tido uma atuação muito positiva, regulando as relações comerciais entre seus membros. Em 2002, condenou o Canadá pelos subsídios que o país concedeu à Bombardier, principal concorrente da Embraer, nos contratos de exportação de aviões.

Entretanto, muitas vezes, a WTO não é capaz de resolver conflitos entre duas ou mais nações, entre dois blocos, ou mesmo internamente.

Alguns exemplos:

1. O Mercosul, a despeito de ter assinado um pré-acordo comercial com a UE, que ainda precisa ser ratificado pelos parlamentos dos 27 membros, se enfraquece dia após dia, por conta das instabilidades políticas e econômicas dos seus membros.

2. A Inglaterra busca uma saída honrosa e suficientemente estável para deixar a UE.

3. Há vários movimentos separatistas por toda a Europa, como na Itália, na Espanha etc.

3.5 PAPEL DO ADMINISTRADOR NESTE NOVO CENÁRIO

Alguns motivos que considero importantes:

■ Como administrador, tenha cursado o curso de administração de empresas ou não, será inserido nesse novo contexto, quer queira ou não. Você pode ser contra ou a favor das minhas ideias, mas jamais por absoluta falta de opinião. Assim, você precisa ouvir todos os lados para estar consciente daquilo que você acredita.

- Como administrador, você vai trabalhar em empresas que estão inseridas neste novo cenário, e acho importante você saber sobre as forças, algumas até antagônicas, que agem no novo contexto mundial.

- Todas as novas estruturas organizacionais que vamos ver daqui para frente são "filhas" da necessidade das organizações se atualizarem para poderem sobreviver nesse novo contexto.

3.6 NOVAS ESTRUTURAS ORGANIZACIONAIS

Para enfrentar a concorrência e a competição na guerra comercial que travam hoje, as empresas encetaram uma jornada que, até esse momento, parece não ter fim, na busca pela produtividade, pela qualidade, pela rapidez na concepção, criação e produção de um novo bem ou serviço, a fim de estarem sempre na dianteira dos concorrentes.

Uma das armas que as empresas mais usam é a flexibilidade de suas estruturas para que, de forma maleável, se adaptem mais rapidamente às situações de constante desafio.

As estruturas que vamos ver são:

- Modelo de relacionamento cíclico.
- Empresa virtual.
- Empresa virtual eletrônica.
- Estrutura orientada a processo.
- Consórcio modular.
- Empresa terceirizada.
- Fábrica sem fábrica.
- Grupos de interesse.
- Consórcios.
- Empresa eletrônica.
- Estrutura matricial.

Entretanto, devo frisar, a estrutura, qualquer que seja ela, não se sustenta sozinha. São necessários processos que as mantenham coesas e produtivas. Essa situação nos remete ao Caso Introdutório Sr. Palmeira, nos anos 1980, quando sequer sabíamos o que eram processos e não tínhamos ideia de como os racionalizar.

A nova empresa deve comportar-se de forma mais harmônica, integrada ao meio ambiente quase naturalmente. Deve ainda preocupar-se em encontrar o ponto de equilíbrio que permita aos três elementos que a compõem de forma essencial maximizar os esforços de produção. Essa nova empresa precisa ser dirigida de forma diferente da que conhecemos e livre dos vícios que nos fazem desperdiçar os recursos que são cada vez mais escassos. A nova empresa deve ter uma nova organização, um novo tipo de participação dos empregados nas operações do dia a dia, mesmo que fisicamente sua estrutura ainda seja qualquer uma das que conhecemos.

Vamos ver agora cada um destes novos modelos de estrutura organizacional.

3.7 MODELO DE RELACIONAMENTO CÍCLICO

O modelo, criado por mim, no meu livro *Manual de sobrevivência empresarial*, de 1996, explica como os três elementos existentes dentro de qualquer empresa interagem. Pessoas, processos e Tecnologia de Informação (TI) relacionam-se ciclicamente com o objetivo de atender às necessidades do ponto focal, que é o cliente.

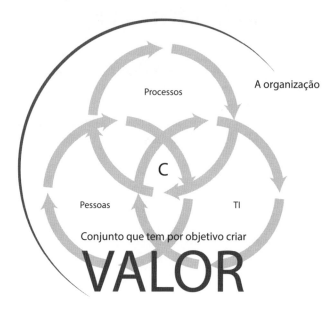

Figura 3.1 Modelo de relacionamento cíclico.

Toda organização, sem nenhuma exceção, é representada por esses três elementos.

O modelo de relacionamento cíclico funciona da seguinte forma:

As pessoas aprendem a usar a TI com a finalidade de executar a atividade sob sua responsabilidade. Os fatores influenciadores (Fatores C +/−), positivos e negativos, e os fatores determinantes (Fatores T (+/−), positivos e negativos, são causas que precisam ser descobertas e analisadas, pois podem atingir os três elementos de forma positiva algumas vezes e de forma negativa outras. Por isso, não podemos negligenciar a atenção que temos que ter com eles, principalmente com os fatores negativos, sejam eles influenciadores ou determinantes.

A estrutura apresentada pelo modelo de relacionamento cíclico na prática não existe. Ela é o que chamo de modelo essencial das organizações e, mesmo não existindo, permite que, além de estudar as relações existentes entre esses três elementos, se possa entender as novas estruturas organizacionais adotadas por inúmeras empresas hoje.

Resumindo: toda e qualquer organização é formada por pessoas, processos de negócio e tecnologias. Esse modelo faz com que empresas como a IBM sejam iguais à TRCR ou a qualquer igreja, ou sejam comparadas a instituições públicas etc., o que nos possibilita estudá-las no que de essencial todas as organizações são e têm.

3.8 EMPRESA VIRTUAL

Você já imaginou uma empresa que na prática existe sem ter forma, estrutura, espaço físico? Já imaginou que uma empresa desse tipo pode ter um, dezenas ou até mesmo nenhum empregado, apenas o dono? Você já pensou em alguma empresa que exista sem sede? Já pensou alguma vez em fazer negócio com uma empresa que jamais aparecerá fisicamente em algum lugar? Tudo isso parece loucura, mas não é.

Dependendo do grau de virtualidade que tenha ocorrido na concepção, existem empresas que podem ser tudo o que foi descrito no parágrafo anterior ou nada disso.

Realmente, parece loucura, se pensarmos em como muitas empresas ainda se estruturam, fazem negócios, criam dependências, estabelecem parcerias, compram e vendem. Empresas virtuais existem pela necessidade que conseguiram criar em seus clientes, se materializam pela forma como disponibilizam bens ou serviços que só serão adquiridos porque foram fruto da necessidade e do interesse do mercado consumidor. A imagem que melhor representa uma empresa virtual é para mim a da Figura 3.2.

Figura 3.2 Representação gráfica da empresa virtual.

O significado dela é o seguinte: o desenho de nuvens significa que as organizações hoje estão na nuvem (*cloud computing*), em se tratando de TI, mas, no caso da empresa virtual, ela própria está na nuvem.

Virtual ou não, a finalidade é sempre o cliente, independentemente de onde ele esteja. O mapa-múndi mostra que não existem mais fronteiras, a empresa pode ter qualquer nacionalidade. Por fim, existe o grande círculo que representa a empresa, dividido em três partes, que são os elementos: pessoas, processos e TI, como descritos em meu modelo de relacionamento cíclico. Ah! Um detalhe muito interessante: o mapa-múndi está dentro da empresa, porque a empresa virtual é maior que o mundo.

58 PROCESSOS ORGANIZACIONAIS & MÉTODOS | CRUZ

Estando na nuvem, a empresa virtual está em qualquer lugar.

A empresa virtual é a possibilidade que o mundo dos negócios encontrou de cortar radicalmente os custos fixos e trabalhar com custos variáveis, que são apropriados por projeto. Entretanto, não podemos confundir empresas virtuais com estruturas orientadas a projetos, porque não é a mesma coisa.

Aliás, a ideia de existir uma estrutura virtual não se restringe à forma como as empresas estão sendo organizadas atualmente; internamente, a mesma concepção está sendo usada para criar grupos de trabalho e o espaço físico onde esses grupos passam a operar. As novas TI possibilitaram o surgimento dessa espécie de "não estrutura", fazendo da existência desses organismos um acontecimento puramente temporal.

No primeiro exemplo de empresa virtual, uma empresa é criada para atuar no ramo de serviços, com produtos que vão de consultoria a realização de seminários. Não tem nenhum empregado, apenas o "dono" que a criou, mas em seu catálogo consta uma coleção de especialistas, recursos que podem ser agregados aos projetos de duas formas:

- Permanente, na criação da equipe que vai executar o projeto.
- Temporária, à medida que forem sendo necessários no desenvolvimento dos trabalhos.

Dessa maneira, a empresa pode ter no mínimo um empregado, o criador, e no máximo tantos quantos forem necessários. Esses funcionários podem existir juridicamente de duas formas, no caso do Brasil: como empresa, pela criação de uma personalidade jurídica conhecida como microempresa, ME, ou como Sociedade Civil Limitada, S/C Ltda. A outra forma é ter o participante autônomo. Do ponto de vista operacional, tanto faz que o profissional seja autônomo, microempresa ou sociedade civil, a diferença está em como ele será pago, se mediante recibo ou via nota fiscal, e nos impostos e alíquotas que incidem sobre cada uma dessas formas de contratação.

Para a empresa que contratou o serviço, a equipe é só uma, a da empresa contratada para executar o projeto, responsável por todas as ações praticadas pelos participantes dos trabalhos.

A ideia de virtualidade pode chegar ao extremo de criar uma empresa para existir num tempo e espaço determinados, deixando de existir tão logo o objeto do contrato esteja entregue e aceito por quem a tenha contratado. Uma empresa desse tipo não necessita de uma sede; ela pode existir em qualquer lugar, até mesmo dentro de uma rede de computadores, ou na internet, na nuvem, sem nenhum prejuízo, quer para a empresa contratante, quer para os participantes do grupo que fará a entrega do bem ou serviço contratado. É até certo ponto comum que empresas desse tipo existam na própria residência dos profissionais que as criaram e as operam. Com isso, deixam de incorrer em custos fixos de aluguel de salas, linhas telefônicas, pessoal de apoio, de limpeza, materiais diversos de manutenção, e ainda podem apropriar parte de tudo o que estiver sendo usado da própria residência como custos da empresa virtual.

Do ponto de vista da antiga cadeira de O&M, uma empresa desse tipo não tinha a mínima chance de existir. Hoje, não só elas existem, como também podem até ser analisadas sob a óptica da melhoria organizacional e vir a ser melhoradas no que tenham de competência principal.

Existe o caso de uma empresa brasileira que passou por uma reengenharia que visava, entre outras coisas, recriá-la para fazê-la crescer de forma mais segura. O projeto teve sucesso, pois foi feito de forma correta e fez com que a empresa em pouco tempo crescesse. Um caso de sucesso! Detalhe: a empresa original, que passou pela reengenharia, tinha originalmente apenas dois funcionários, que, aliás, eram seus donos.

Outro exemplo de organismos virtuais é o seguinte:

Em dada empresa, todas as estruturas físicas foram abolidas. Não existem mais divisórias, mesas com donos permanentes, cadeiras de uma só pessoa, telefones, terminais, microcomputadores, nada. Como essa é uma empresa de consultoria, a premissa é que cada consultor que estiver "em casa" está deixando de vender, entregar ou faturar serviços de consultoria. Quando, esporadicamente, algum consultor chega à sede da empresa, "aluga" uma baia, com mesa, cadeira, telefone, microcomputador etc. Usa-a pelo tempo que for necessário e, tão logo acaba, devolve tudo e parte para seu cliente.

No mundo empresarial, esse tipo de atuação, dentro de uma empresa virtual, com funcionários trabalhando em casa, chama-se *home work* (trabalho em casa).

3.9 EMPRESA VIRTUAL ELETRÔNICA

A organização virtual mais radical que pode existir é a empresa eletrônica. Esse tipo de empresa existe apenas dentro da rede mundial de computadores, internet, e agora na nuvem, *cloud computing*. Além de virtual, ela é completamente eletrônica.

Uma empresa desse tipo, de pesquisa de mercado, pode, por exemplo, estar no negócio de venda de informações a partir de uma base de dados existente somente dentro de um *site* da rede mundial de computadores. *Site* é o nome que damos ao local onde um computador é colocado fisicamente e é, também, o nome em inglês para sítio, a página eletrônica da empresa na internet. Esse local físico pode estar em qualquer cidade de qualquer país do mundo. Aliás, essa mobilidade dá ao cidadão um poder maior que o poder dos governos, pois, quando determinado tipo de informação sofre alguma restrição num país, seu provedor, que é como se chama quem disponibiliza o serviço, pode mudar-se rapidamente para outro país onde haja liberdade para seu tipo de negócio. Claro, existe também o lado ruim, nada é perfeito, e os crimes de todos os tipos, especialmente os cibernéticos, também se beneficiam das mesmas facilidades.

A operacionalidade de uma empresa virtual eletrônica que vende informações é a seguinte:

As informações vendidas por essa empresa são coletadas e colocadas no computador por uma rede virtual de profissionais autônomos, pesquisadores e consultores independentes espalhados por diversos países, previamente selecionados e contratados para esse tipo de trabalho. O pagamento é feito sempre que uma nova pesquisa é completada, e os dados ou informações são enviados eletronicamente ao computador da empresa. Os clientes, também espalhados pelo mundo, podem comprar as informações acessando esse computador. Os clientes podem pagar suas "compras" por meio de cartão de crédito, débito automático em conta-corrente, boleto bancário impresso na própria casa do cliente, e a receita das operações vai direto para a conta bancária da empresa, também em alguma agência de algum banco de qualquer lugar do mundo.

Outro tipo de negócio virtual eletrônico é a venda direta de certas mercadorias. Originalmente, foram só livros e CDs, mas hoje, literalmente, vende-se de TUDO! Esse tipo de venda tem tido uma enorme aceitação, e as vendas vêm subindo constantemente. Hoje se pode comprar qualquer coisa sentado, comodamente, na sala de estar de casa, inclusive pela TV, vendo televisão. Basta, para isso, que se tenha uma conexão banda larga com a internet, serviço vendido pelas operadoras de telefonia e internet. O melhor exemplo desse tipo de organização chama-se Amazon!

60 PROCESSOS ORGANIZACIONAIS & MÉTODOS | CRUZ

Entretanto, alguns itens não têm tido boa aceitação dentro desse sistema de compra e venda. É o caso de bens que custam caro e que, por conta disso, o comprador exige ver, tocar, experimentar, sentir. É o caso de carros, por exemplo, mesmo os mais baratinhos. Outros exemplos: joias, vestidos caros, embarcações etc. Esses produtos ainda sofrem restrições quanto a compras *on-line*.

A empresa virtual eletrônica pode ser mais ou menos virtual, mais ou menos eletrônica, dependendo da quantidade e da intensidade de alguns fatores que a caracterizam como sendo do tipo virtual eletrônica.

Por exemplo: se a empresa não tiver nenhuma sede, ou se tiver uma sede que sirva apenas para efeitos legais, ela pode ser mais ou menos eletrônica. Se tiver empregados ou não, poderá ser mais ou menos virtual, dependendo do número de empregados permanentes que tiver.

Outro exemplo de empresa eletrônica muito bem-sucedida são as universidades abertas, eletrônicas ou virtuais, tanto as americanas como algumas europeias e, mais recentemente, os cursos EAD das universidades brasileiras. Em muitas delas, o aluno não precisa sair de sua casa para frequentar as aulas, mesmo que seja um curso de mestrado ou de doutorado. Essas modernas universidades fazem uso das mais atuais tecnologias para desenvolver o programa em que o aluno está matriculado. A internet, que possibilita uma comunicação eficiente e econômica, é intensamente utilizada, com possibilidade inclusive de o aluno pesquisar livros, documentos e outras informações como jamais foi possível antes.

Em 1996, uma grande e conceituada universidade inglesa veio ao Brasil para inaugurar um MBA (*Master of Business Administration*) eletrônico. A primeira turma teve seus lugares esgotados rapidamente. O curso inaugurou o modelo que viria a ser chamado de EaD via videoconferências, *e-mail*, internet e o que mais fosse possível usar, sem que ninguém precisasse estar fisicamente sentado nas salas de aula da universidade.

Esse modelo de educação evoluiu bastante, mesmo no Brasil. Hoje se tem EaD para praticamente qualquer tipo de curso, da graduação ao pós-graduação, ao mestrado e ao doutorado.

3.10 ESTRUTURA ORIENTADA A PROCESSO

A estrutura mais tradicional adotada pelas empresas atende pelo nome de estrutura hierárquica, que pode representar funções ou departamentos. Aliás, nós já tivemos oportunidade de ver inúmeros exemplos desse tipo de estrutura no início deste livro. O que interessa agora é visualizarmos como é que um processo se comporta dentro de uma estrutura desse tipo, para só então falarmos sobre a nova estrutura orientada a processo.

Qualquer processo dentro de uma estrutura funcional, como a hierarquizada, sofre de inúmeros males difíceis, mas não impossíveis, de serem extirpados. Por exemplo:

- O fluxo de informação é truncado.
- O fluxo de material é geralmente desorganizado.
- O processo não tem um líder.
- A sequência de operações não pode ser reorganizada facilmente.
- Cada empregado só conhece sua própria atividade.
- As melhorias no processo, quando possíveis, são raras e demoradas.

- Cada empregado só é responsável por sua atividade, até porque só conhece a sua própria atividade.
- Cada empregado faz, mal e "porcamente", só sua parte.

Na maioria das organizações, os processos são o retrato fiel da ineficiência, da baixa produtividade, dos constantes atrasos, por falta de documentação e gerenciamento dos mesmos. Tudo isso porque a estrutura mais utilizada para conformar as organizações é a hierárquica, rígida, viciada, pesada, enquanto, por natureza, os processos são dinâmicos, flexíveis e procuram adaptar-se às mudanças que ocorrem no meio onde vivem com a mesma rapidez das mudanças que os atingem.

Segundo dicionários, *conformar* é configurar, dar forma.

A estrutura orientada a processo é em grande parte resultante de um projeto de reengenharia, que, além de recriar os métodos de produção da empresa, transforma as pessoas, dando-lhes um novo papel e senso de participação na administração. Na estrutura orientada a processo, a situação inverte-se completamente, em comparação à estrutura orientada a funções. A Figura 3.3 mostra uma forma de representar uma estrutura desse tipo.

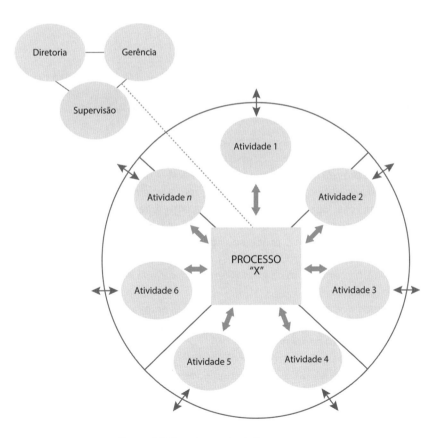

Figura 3.3 Estrutura orientada a processo.

62 PROCESSOS ORGANIZACIONAIS & MÉTODOS | CRUZ

Essa estrutura tem muitas vantagens sobre a estrutura tradicional, principalmente porque busca resolver o principal problema da estrutura tradicional: a rigidez. Entre as vantagens, estão:

- A informação flui naturalmente por meio dos sistemas de informação.
- O fluxo de material é organizado e limpo.
- O processo tem um líder, que é o responsável por ele.
- A sequência de operações, dependendo do tipo de bem ou serviço produzido, pode ser linear, paralela, sequencial e mista.
- A estrutura pode ser reorganizada rapidamente sempre que necessário.
- Cada empregado conhece o processo por inteiro.
- As melhorias no processo são constantes.
- Cada empregado é responsável pelo processo por inteiro, e não somente por sua atividade.

A estrutura orientada a processos pode ser de quatro tipos:

- Física.
- Lógica.
- Física e lógica.
- Parcial.

3.11 ESTRUTURA FÍSICA ORIENTADA A PROCESSO

Na década de 1990, muitas empresas desenvolveram projetos de reengenharia visando conseguir melhorias dramáticas de seus processos de negócio. Houve sucessos e fracassos nessas tentativas. Os defensores da reengenharia dizem que houve mais sucessos que fracassos. Já os detratores dizem justamente o oposto. Entretanto, isso agora não vem ao caso. O importante é saber que, das empresas que fizeram reengenharia com sucesso, algo em torno de 12% delas chegaram ao requinte de construírem novas instalações para seus novos processos. Assim, elas saíram de uma realidade em que o processo estava subordinado a uma estrutura hierárquica, com tudo o que esse tipo de estrutura tem de ultrapassado, para uma nova estrutura, que era fisicamente a moderna concepção de como a empresa deveria comportar-se para atingir mais significativos resultados.

Todas as empresas que construíram novas instalações eram americanas. Assim é que a nova empresa surgida do projeto de reengenharia era fisicamente a representação dos novos processos criados pelo projeto de reengenharia.

Entretanto, no início da onda de reengenharia, não havia *softwares* confiáveis de *workflow*, fabricados por terceiros, que pudessem ser adquiridos pelas empresas que tivessem desenvolvido um projeto de recriação de processo com sucesso. Por isso, era comum que tais empresas desenvolvessem seus próprios *softwares* que as ajudassem a tirar proveito da nova estrutura.

3.12 ESTRUTURA LÓGICA ORIENTADA A PROCESSO

Muitas empresas que não tiveram disposição para irem tão longe, criando uma nova fábrica física, quer por não acreditarem que isso fosse realmente necessário, quer por não terem dinheiro para tamanho investimento, quer por qualquer outro motivo, optaram por adotar uma plataforma de TI que lhes permitisse tirar proveito da reengenharia sem ter que mexer nas estruturas físicas existentes. Óbvio que não é o melhor dos mundos, mas pelo menos coloca na cabeça de todos os funcionários a necessidade de a empresa vir a ser fisicamente diferente de modo radical.

Essas empresas foram as grandes beneficiadas com o surgimento da tecnologia cliente-servidor, rodando *softwares* das famílias *Groupware*, *Workflow* e *Data Warehouse*. Assim, as empresas podiam assumir os novos processos recriados pela reengenharia quase imediatamente e, mais importante, sem a necessidade de mais e vultosos investimentos em instalações físicas.

Entre os dois tipos de estrutura que acabamos de ver, o mais comum e o mais facilmente adotado é, sem dúvida, o tipo lógico, que não precisa de novas estruturas físicas.

3.13 ESTRUTURA FÍSICA E LÓGICA ORIENTADA A PROCESSO

Esse terceiro tipo nada mais é do que a adoção dos dois tipos anteriores. É o tipo ideal, pois alia as vantagens da estrutura física com as da estrutura lógica. A estrutura orientada a processos tem nesse tipo o ponto máximo, o "estado da arte", em se tratando de estruturas orientadas a processo.

Para chegar a essa quase perfeição, a empresa se reorganizou fisicamente para que o novo processo fosse representado na realidade palpável e adotou a plataforma de tecnologia cliente-servidor, que é o melhor modelo de plataforma para gerenciar uma estrutura desse tipo.

Na prática, isso significa que ela construiu uma nova fábrica, que representa fisicamente o novo processo, além de suportá-lo com o que existe de mais moderno em TI, tanto na parte de *hardware* como de *software*.

3.14 ESTRUTURA ORIENTADA A PROCESSO PARCIAL

Pode ocorrer que empresas muito grande tenham processos tão complexos que os dividam em subprocessos, e, quando esses subprocessos são recriados, apenas as estruturas que os suportam são modificadas para corresponder à nova forma de trabalho. Daí que uma estrutura orientada a processo pode ser parcial, atingindo apenas a parte que passou por reengenharia.

3.15 CONSÓRCIO MODULAR

Esse tipo de estrutura foi criado por um executivo espanhol muito polêmico chamado José López Arriortúa. Por causa dele, a GM americana e a Volkswagen alemã protagonizaram um duelo de titãs, com indenizações estimadas em 4 bilhões de dólares.

A história, resumidamente, é a seguinte:

López era um alto executivo da GM europeia e foi contratado pela Volks como Diretor Mundial de Compras. Quando ele se mudou para a Volks, a GM o acusou de roubar segredos industriais, entre eles o projeto de uma nova fábrica, totalmente revolucionária, chamada de fábrica modular.

Para López, entretanto, o nome é consórcio modular, e não tem nada a ver com a ideia da GM para uma nova fábrica. Essa nova estrutura, que está em operação na cidade de Resende, no Estado do Rio de Janeiro, consiste basicamente em ter uma montadora de caminhões e ônibus onde a maioria dos operários não é da Volks; aliás, dos 1.200 funcionários da nova fábrica instalada em Resende, menos de 200 são empregados da Volks. Os outros, mais de 1.000, são empregados dos consórcios que assumiram a operação da fábrica.

A operação foi dividida entre cinco grandes consórcios; estes, por sua vez, contratam as outras empresas e se tornam responsáveis por elas. A finalidade é reduzir custos e agilizar a produção. Os consórcios são os responsáveis por montarem os caminhões e os ônibus com seus próprios funcionários, embora o façam na planta da Volks e sob a supervisão de operários da Volks.

A ideia desenvolvida por López é tão interessante que as eficientes fábricas japonesas e co-reanas trataram de imitar o projeto de Resende. Isso se transformou numa pequena revolução industrial, como, aliás, queria o seu imodesto criador, José López.

Existe, entretanto, uma série de dúvidas que precisam ser esclarecidas com o tempo, como, por exemplo, custos de produção maiores do que os das montadoras tradicionais.

O que se pergunta agora é:

- Essa estrutura dará certo? Sim, a estrutura consórcio modular deu certo. Tanto que não só a própria Volkswagen a consolidou, como também a expandiu para outras fábricas mais novas do grupo, como é o caso da fábrica do Golf e do Audi A3, sediada em São José dos Pinhais, Paraná. Além da Volks, outras marcas utilizaram o mesmo conceito para construir e operar suas novas fábricas, especialmente no Brasil.

- A redução de custos será atingida? A redução de custos mostrou-se extremamente positiva.

- De quanto será o aumento de produtividade? É certo que houve aumento significativo da produtividade, embora ele não possa ser creditado exclusivamente à adoção da estrutura de consórcio modular, pois, de 1996 para 2002, o mundo sofreu grandes transformações. Novas tecnologias foram desenvolvidas e utilizadas na manufatura. Um exemplo é o uso intensivo de robôs na linha de solda e de pintura das fábricas que foram inauguradas desde então e a modernização das antigas plantas.

- Como as greves serão gerenciadas pelos consórcios? Elas existiram em maior número nas fábricas que ainda operam sob antigos moldes. E, dada a situação mundial de desemprego crescente, as greves mudaram radicalmente o foco, passando de aumento de salários e de outros benefícios para a garantia da estabilidade no emprego, chegando em muitos casos a ser negociada a redução de horas trabalhadas e consequente redução de salário.

- O Sr. López fará falta ao desenvolvimento do projeto? Pelo visto, o Sr. Arriortúa não fez nenhuma falta ao desenvolvimento e à consolidação do projeto. Aliás, o Sr. José López Arriortúa desapareceu depois do episódio envolvendo a GM e a Volks. Sabe-se que virou consultor! (<http://www.lopezdearriortua.com>).

Sobre José López Arriortúa.
https://uqr.to/hr3u
Acesso em: 15 jan. 2020.

- Pode uma função que seja competência básica ser transferida a terceiros? Não houve transferência de uma função básica a terceiros, porque no caso do consórcio modular a função industrial de montagem continua nas mãos das montadoras. O que ocorreu é que antes as peças chegavam como itens e agora chegam como conjunto. Este é montado por consórcios dentro da própria planta da montadora.

Passados mais de 20 anos, o que eu posso dizer é que o consórcio modular continua válido e sendo usufruído pela Volks e por várias outras montadoras como ideia inovadora.

3.16 A EMPRESA TERCEIRIZADA

Assim como a reengenharia, a terceirização transformou-se em coqueluche nos anos 1980 e mais fortemente nos anos 1990. Embora a terceirização tenha aparecido antes, elas são praticamente contemporâneas. Com a terceirização, esperava-se resolver os problemas que afligiam as empresas, oriundos dos altos custos de produção, da baixa produtividade, da falta de qualidade e de tudo o que estivesse fora de controle.

Conseguimos?

Em muitos casos, a resposta é sim. Em outros, porém, foi preciso voltar e recomeçar de forma mais comedida a busca pela eficiência.

Um dos maiores problemas quando as empresas passam a adotar uma nova metodologia é justamente o grau de radicalismo com que o fazem. Isso determina, na maioria das vezes, o fracasso do projeto. Com a terceirização não foi diferente, muitos desastres aconteceram, muita bobagem foi feita, muitas voltas foram dadas. No cômputo geral, entretanto, o saldo deixado pela terceirização é muito positivo.

A ideia de terceirização, ou, em inglês, *outsourcing*, foi desenvolvida procurando transferir para terceiros, quer dizer, para fora da estrutura da empresa, todas as atividades que não fossem parte da competência básica dela. No início, houve muita esperteza de ambos os lados da mesa de negociações. Os empresários procuraram usar a oportunidade para fechar contratos até mesmo lesivos aos terceiros. Os terceiros, por sua vez, achavam que iam continuar ganhando o mesmo que ganhavam desempenhando a atividade, trabalhando menos tempo fora dela.

Quando a economia de vários países se abriu, por conta da globalização dos mercados, encontrou várias empresas buscando maior produtividade, mais eficiência, qualidade etc., via terceirização. Terceirizou-se de tudo, o possível e o que à primeira vista parecia ser impossível terceirizar. As primeiras áreas passadas a terceiros foram as áreas de apoio, como recrutamento, seleção, treinamento, documentação, cargos e salários, áreas operacionais de manutenção, controle ambiental etc.

Algumas empresas foram mais longe e terceirizaram inclusive suas linhas de montagem, como fez uma empresa fabricante de computadores. Ela traz os equipamentos em CKD (*Complete Knock Down*), sigla em inglês para designar um produto completamente desmontado, e os monta aqui no Brasil. Para isso, contratou uma empresa que faz o trabalho de montagem sob contrato de parceria, assumindo a produção por inteiro, negociando prazos, estabelecendo metas de produção etc.

Por lei, entretanto, as empresas são proibidas de terceirizarem *processos core business*. Isto é, processos primários, que estão diretamente ligados à produção do produto que a empresa produz para clientes externos. Quando isso ocorre, as empresas têm que mudar o objeto do seu contrato social. Por exemplo, a Levis não é mais fabricante de roupas de jeans. Ela fechou ou transferiu para terceiros todas as suas fábricas. Hoje, a Levis, assim como a Nike, são projetistas de produtos e administradoras das suas respectivas marcas.

A terceirização tem um saldo final positivo com relação a outras experiências que buscam dinamizar a administração. O grande número de atividades terceirizadas deu origem a outra atividade que tem por finalidade gerenciar todas elas. Essa atividade chama-se *quarteirização*. A ideia é simples, mas muito prática. Como a terceirização gerou dezenas, às vezes centenas, de pequenas empresas, ficou difícil gerenciar tudo isso de forma amadorística. A solução foi criar empresas que se especializaram em administrar os terceiros.

A terceirização não só continua sendo praticada, como até mesmo evoluiu.

Duas novíssimas terceirizações são:

- *Business Process Outsourcing* (BPO).
- *Knowledge Process Outsourcing* (KPO).

Business Process Outsourcing (BPO): contratação dos serviços de terceiros para a operação de um ou de vários processos de negócio sem a transferência do conhecimento dos procedimentos e do produto produzidos para e por esses processos, a não ser os necessários à sua operação.

Knowledge Process Outsourcing (KPO): contratação dos serviços de terceiros para a criação do conhecimento de um negócio, produto ou processo e dos recursos necessários para operacionalizá-los e produzi-los.

3.17 NOVAS TERCEIRIZAÇÕES

Hoje, continua-se a passar para terceiros tudo o que possa ser custo fixo e indireto. Muitas empresas terceirizaram seus departamentos de processamento de dados, seus centros de manutenção; outras, como empresas de pesquisa e consultoria, terceirizaram seus consultores e pesquisadores, embora tenham mantido o controle sobre seus processos. Existem também empresas que terceirizaram inclusive suas diretorias administrativas e, dessa forma, conseguiram concentrar-se naquilo que era a vocação original e principal de suas existências. De certa forma, a prática da terceirização resolveu em parte o problema do desemprego, principalmente no segmento de serviços.

A terceirização evoluiu muito. Deixou de ser desculpa para demitir pessoas para se transformar em um importante instrumento de gerência. Hoje, a decisão de terceirizar ou não qualquer operação se baseia em princípios objetivos, além de ser muito bem pensada, ponderada, analisada, para que, ao ser tomada, satisfaça plena e satisfatoriamente (produtividade e lucratividade) a quem terceirizou e a quem assumiu a terceirização da operação.

A despeito de todas as justificativas que possam ser dadas por uma organização para terceirizar uma ou mais operações, o que conta mesmo na hora de tomar tal decisão é a análise sobre:

- Conhecimento da operação.
- Complexidade da operação.
- Custo da operação.
- Propriedade da operação.
- Questões que ajudarão quem decide a escolher entre as seguintes alternativas:
  - Fazer em casa com recursos internos?
  - Fazer em casa com recursos externos?
  - Fazer fora de casa?
  - Terceirizar somente a operação?
  - Terceirizar o conhecimento da operação?

A evolução do conceito de *outsourcing*, causada pelas novas técnicas de gerenciamento aliadas às atuais TI, fez com que as organizações olhassem para a terceirização com outros olhos, diferentemente dos primeiros momentos, quando somente a redução de custos (a qualquer preço) importava na tomada de decisão de terceirizar. No passado, existiram vários tipos de *outsourcing*, entre eles a terceirização completa e a seletiva, mas todos eles preocupavam-se somente com a operação dos recursos envolvidos na produção do bem e do serviço.

Por exemplo, lembro-me de quando construí (literalmente) e implantei a primeira central de operações do *selective outsourcing*, da Hewlett Packard do Brasil, na década de 1990, e do nosso primeiro cliente, um grande frigorífico brasileiro, que terceirizou a operação da sua rede de dados conosco. A HP mundial tinha criado uma divisão para comercializar e operar um novo serviço de *outsourcing*, embora seletivo, *selective outsourcing*, cujo objetivo era assumir a administração de determinada tecnologia do cliente. Não estávamos, à época, preocupados com os processos em si, nem com os do cliente, nem com os nossos, apenas deveríamos manter funcionando o que quer que tivesse sido terceirizado com a HP. E o fazíamos bem. Por meio de um *software* de gerenciamento de redes, o *HP OpenView*, tínhamos condições de enxergar e gerenciar todos os recursos da imensa rede de dados daquele primeiro cliente.

68 PROCESSOS ORGANIZACIONAIS & MÉTODOS | CRUZ

Outsourcing, seletivo ou total, era assumir a operação de um ou mais processos – até mesmo quando eles não eram formalmente conhecidos.

Entretanto, nos últimos anos, dois tipos de terceirização e gerenciamento de processos e, consequentemente, dois tipos de processos, têm cada vez mais interessado às organizações e frequentado a mídia especializada.

São eles:

- *Business Process Outsourcing* (BPO).
- *Knowledge Process Outsourcing* (KPO).

Ambos podem ser soluções para a desorganização informacional que assola as organizações, desde que os processos que serão terceirizados sejam objeto de cuidadoso mapeamento, análise, modelagem de processos de negócio, especialmente no caso do BPO, pois nesse tipo de *outsourcing* a inteligência, o conhecimento da operação ficará com a empresa dona do processo, o que é terceirizado é apenas sua operação.

Tanto BPO quanto KPO estão intimamente ligados à gerência do conhecimento, quer o conhecimento permaneça na organização, por meio do BPO, quer o conhecimento seja da empresa que fornecerá o serviço, por meio do KPO. As necessidades de cada uma dessas terceirizações só serão atendidas e gerenciadas com *Business Process Management* (BPM) e com as tecnologias existentes no *Business Process Management System* (BPMS).

Alguns países têm se destacado em BPO e em KPO. Os principais são a Índia e o Paquistão. O Brasil começa a dar os primeiros passos nesse promissor segmento de negócio, mas a legislação trabalhista existente, a alta carga de impostos e a precária situação educacional impedem que o país concorra de igual para igual com outros países. Sem falar na falta de prática em falar a língua inglesa por parte da esmagadora maioria da população.

3.18 BUSINESS PROCESS OUTSOURCING (BPO)

É a terceirização mais comum atualmente, embora, a rigor, não seja nova. Pode-se fazer BPO de todos os processos de negócio classificados de secundários (aqueles não ligados à fabricação do produto principal) e que, por isso mesmo, não contradiz o planejamento estratégico das organizações quando entregue a terceiros.

Entre outros, é comum a terceirização (BPO) dos seguintes processos de negócio:

- Contabilidade Geral.
- Controladoria.
- Gestão de Pessoas.
- Controle Patrimonial.
- Administrativo.
- Financeiro.
- Gestão de Terceiros.
- Contabilidade Fiscal.
- Societário.

- Saúde.
- Segurança.
- Alimentação.

Terceirizar processos de negócios (BPO) significa contratar de terceiros a operacionalização, a execução do processo de negócio para, consequentemente, receber o produto que o mesmo deve "produzir", obrigando o provedor do serviço de terceirização ao cumprimento dos respectivos *Service Level Agreement* (SLA) e *Service Level Management* (SLM), extremamente rígidos.

O acordo de nível de serviço (SLA) é o documento que deve preceder a assinatura do contrato de *outsourcing*. Nele, estão compromissos de ambas as partes, contratante e contratada, especificados de forma detalhada para permitir sua execução. Todos os deveres, obrigações, responsabilidades e benefícios que de alguma forma ficarem subentendidos, que não forem correta e convenientemente explicados, converter-se-ão em pontos de tensão e atrito durante a execução do contrato de terceirização. Para que tais situações não venham a ocorrer, é necessário que o processo de negócio que vai ser terceirizado seja corretamente documentado. Em outras palavras, só podemos saber exatamente como é o processo se especificarmos todos os elementos que estiverem contidos nele. Por isso, entregar somente um fluxograma para a empresa contratada é o mesmo que entregar NADA!

Todo acordo de serviço contratado de terceiros (SLA) tem que ser gerenciado por um conjunto de atividades que fazem parte de um processo específico para esse tipo de serviço. A esses processos chamamos de *Service Level Management* (SLM). Os processos SLM têm, entre outras, as seguintes responsabilidades:

- Gerenciar os acordos dos níveis de serviços.
- Medir o desempenho do SLA por meio de métricas e indicadores de desempenho definidos quando da contratação dos serviços.
- Garantir a satisfação dos usuários cujos serviços foram terceirizados.

Entretanto, para que tudo dê certo, é necessário que o processo que será terceirizado tenha sido antes analisado, desenhado, redesenhado ou modelado minimamente, pois, caso contrário, nem a organização que compra o serviço e muito menos a que o vende saberão operá-lo. Essa ignorância, ou a total falta de análise, desenho, redesenho e modelagem de processos de negócio, tem sido uma das causas do alto nível de estresse que costuma acometer as relações terceirizado-terceirizador.

Os principais fornecedores de BPO são:

- Índia: engenharia, desenvolvimento de *software* e suporte via *call center*.
- Paquistão: desenvolvimento de *software*.
- Cingapura: manufatura de eletroeletrônicos.
- Filipinas: administração em geral.
- China: manufatura em geral.
- México: manufatura de montagem.

Por trás do BPO, está a imperiosa necessidade de cortar custos, transferindo para terceiros tudo o que não for essencialmente *core business*, ou seja, tudo o que não for o núcleo do negócio da organização, embora existam exceções, das quais falarei em outra oportunidade.

PROCESSOS ORGANIZACIONAIS & MÉTODOS | CRUZ

Com a terceirização dos processos de negócio (BPO):

- Bancos podem transferir para terceiros uma série de processos sem perderem as características fundamentais que os fazem ser instituições financeiras. Por exemplo, terceirizam o processo de Serviço de Atendimento ao Cliente (SAC); o processo de *Help Desk* (HD); os processos de serviços de impressão de qualquer tipo, entre inúmeros outros processos.
- Confecções, como a Levis, terceirizam a fabricação das roupas com a sua marca.
- Fabricantes de calçados, como a Nike, terceirizam a fabricação dos seus produtos.

Todas essas organizações citadas acima têm em comum entre si, ao fazerem BPO, a guarda do conhecimento dos seus produtos e dos seus negócios quando da terceirização dos processos. Isto é, essas empresas terceirizam somente a operação dos seus processos de negócio.

3.19 KNOWLEDGE PROCESS OUTSOURCING (KPO)

Terceirização do conhecimento do processo de negócio e/ou do negócio (KPO) significa contratar de terceiros não somente a operacionalização, a execução dos processos de negócio e, consequentemente, a "fabricação" do produto que eles devem "produzir", mas contratar também o desenvolvimento da inteligência do processo, do negócio e até mesmo do produto.

KPO não obriga a organização que o contratou a terceirizar todo o ciclo de vida do produto, ou seja, pode ser somente o desenvolvimento do negócio ou do produto e não necessariamente envolver sua produção, que pode ser feita pela organização que contratou a KPO ou até mesmo por uma terceira empresa, embora esse tipo de terceirização seja raro.

Resumidamente, as diferenças são:

- Eu estarei contratando BPO se disser: Quero que a empresa X opere o serviço de atendimento ao cliente (SAC) dentro dos padrões de atendimento da minha empresa, com o roteiro (*script*) fornecido pela minha empresa e com auditorias permanentemente feitas pela minha empresa.
- Mas eu estarei contratando KPO se disser: Quero da empresa X o serviço de atendimento ao cliente (SAC).

Business Process Management Systems (BPMS), como qualquer *software* de *workflow* bem projetado e implantado, pode ser a ferramenta por excelência para operar e gerenciar tanto BPO como KPO. Nenhum outro *software* ou sistema tem as mesmas condições e funcionalidades para manter coesos, sob controle e gerenciados, em tempo real, tanto processos quanto conhecimentos terceirizados.

Seja por causa da terceirização dos processos de negócio, seja por causa da terceirização do conhecimento – ou mesmo que não haja terceirização alguma –, as organizações vão necessitar de instrumentos ágeis e flexíveis para organização, controle e gerência do seu dia a dia. Essa necessidade remete todos nós às atuais TI, que chamo de emergentes. Essas tecnologias são iguais entre si pela concepção e preocupações que as fazem voltadas ao conhecimento, e não somente a dados ou informações, como as existentes até quase o final do século 20.

Institutos internacionais de pesquisas estimam que esse mercado, o de serviços de KPO, vai movimentar entre US$ 17 bilhões e US$ 23 bilhões até 2025. No setor financeiro, a maior utilização do KPO se dará em processos para *scoring* de crédito, cálculo de proteção de perdas e análise de fraudes. Processos analíticos empresariais, como os de compra de ações, também serão pontos fortes no crescimento do setor.

Entretanto, as organizações que quiserem adotar BPO ou KPO, ou ambos, pois não são modelos operacionais mutuamente excludentes, deverão ter cuidados redobrados ao adotarem qualquer uma deles. Tais cuidados devem ser tomados ainda na fase de planejamento estratégico e redobrados na criação do plano operacional.

Terceirizar, pura e simplesmente, não é algo difícil de operacionalizar, seja para quem repassa, seja para quem assume a responsabilidade, salvo raríssimas exceções, mas terceirizar um processo de negócio (BPO) ou o próprio negócio (KPO) requer uma preparação que a maioria das organizações ainda não sabe realizar. A maioria pensa que BPO é o mesmo que terceirizar como se fazia há quase 20 anos, quando a organização que queria se livrar dos custos de determinada operação demitia o funcionário que a executava internamente esperando que o mesmo continuasse a trabalhar para ela (melhor ainda se em regime exclusivo), mas com redução substancial do custo de mão de obra, que a rigor se transformava em salário da pessoa jurídica.

Embora muitas organizações ainda continuem pensando dessa forma, a prática de terceirizar uma operação evoluiu, inclusive em termos legais, já que a legislação não permite que atividades ou papéis funcionais, essencialmente *core business*, sejam terceirizados.

Colocar alguém para realizar algumas tarefas não é terceirizar, no conceito BPO.

Por exemplo: terceirização de serviços de impressão.

Sem qualquer exceção (ou que pelo menos eu conheça), todas as empresas que hoje oferecem esse serviço apenas terceirizam as tarefas de trocar o papel das impressoras, os cartuchos de tinta ou de *toner* e os "primeiros socorros" quando do mau funcionamento ou quebra de qualquer equipamento. Algumas empresas oferecem também outros serviços, como o que chamam de Gestão Documental (que a rigor é GED – captura, estruturação e arquivamento de documentos – com um nome mais pomposo), sem que isso seja realmente assumir o processo de negócio do cliente.

Isto é terceirização à moda antiga!

BPO não é somente isso, mas também isso.

Outro exemplo: terceirização do gerenciamento de redes.

Colocar alguém para monitorar o estado dos equipamentos de uma rede não é BPO, mas terceirização como era feita nos primórdios, há 30 anos!

Seja BPO, seja KPO, o fundamental é que contratante, quem terceiriza, e contratado, quem assume a terceirização, saibam exatamente o que um espera do outro, pois contratos de BPO e KPO são como contratos de casamento: devem durar muito e as relações devem ser harmoniosas. Do contrário, as separações são sempre dolorosas, especialmente em termos financeiros.

Pelo menos no que diz respeito a BPO, ao fazer a terceirização, uma empresa busca a "imperiosa necessidade de cortar custos".

Todo o resto é importante, mas vem depois. Aliás, nos primórdios, a terceirização visava apenas e tão somente a redução "selvagem" de custos, a qualquer custo. Hoje já existem outras motivações, muitas até mesmo intangíveis, mas a redução de custos continua sendo um fortíssimo motivo para as organizações contratarem BPO e KPO.

A falta do correto entendimento por parte do fornecedor de BPO ou KPO das expectativas do cliente, bem como qualquer mal-entendido sobre o que será entregue, são causas primárias do fracasso desse tipo de negócio. Para evitar que contratos de BPO e KPO venham a fracassar, enumero aqui, resumidamente, as etapas necessárias para que esses produtos garantam aos clientes e fornecedores relações estáveis e lucrativas:

72 PROCESSOS ORGANIZACIONAIS & MÉTODOS | CRUZ

- Criar e documentar todo conhecimento imprescindível a qualquer terceirização por meio de um excelente trabalho de análise, desenho, redesenho, modelagem e organização dos processos que serão terceirizados. Lembre-se de que fluxogramas não documentam processos. Pelo menos, não da forma necessária para podermos conhecê-los, organizá-los, operá-los e gerenciá-los.

- Com base no conhecimento adquirido sobre cada processo na etapa anterior, de mapeamento, análise, modelagem, implantação e gerenciamento de processos de negócio, deverão ser definidas as metas a serem alcançadas, tanto para cada processo, quanto para cada produto produzido por cada processo.

- Depois que as metas forem criadas, é necessário criarmos ou definirmos os mecanismos que vão nos permitir aferir o cumprimento de cada meta. A esses elementos chamamos de indicadores de desempenho.

- Com as metas e os indicadores de desempenho definidos, podemos criar um detalhado documento chamado *Service Level Agreement* (SLA). O acordo de nível de serviço (SLA) é o documento que deve preceder a assinatura do contrato de *outsourcing*. Nele, estão compromissos que serão assumidos por ambas as partes, contratante e contratada, especificados de forma detalhada para permitir a correta operação dos acordos comerciais.

- Para que o SLA seja corretamente operado, vigiado e controlado, criamos em seguida o *Service Level Management* (SLM). Os processos SLM têm, entre outras, as seguintes responsabilidades:

  - Gerenciar os acordos dos níveis de serviços.

  - Medir o desempenho do SLA por meio de métricas e indicadores de desempenho definidos quando da contratação dos serviços.

  - Garantir a satisfação dos usuários cujos serviços foram terceirizados.

- Cada um dos processos referenciados no SLM deverá ser analisado, desenhado, organizado e criado nos mínimos detalhes para poderem ser corretamente implantados e gerenciados, claro, visando sempre a melhoria contínua dos serviços prestados e dos controles existentes sobre o nível de qualidade de cada um deles.

- Por fim, mas não menos importante, devemos resistir a qualquer tentativa de acomodação quanto ao nível dos serviços prestados e à qualidade dos produtos produzidos por eles. A empresa contratada deve ter como objetivo não somente fornecer serviços EXCELENTES, como também estar sempre buscando melhorá-los. Para isso, tudo que foi definido e criado nas etapas anteriores deve estar claro e servirá de base à melhoria contínua da qualidade dos processos e dos produtos de contratantes e contratados.

Tanto BPO quanto KPO, novas tendências operacionais, diferentemente do que foi o *outsourcing* puro e simples das décadas de 1980 e 1990, podem contribuir significativamente para reduzir os efeitos e a própria doença organizacional que chamei de Desorganização Informacional (DoI), por meio de projetos sérios e consistentes de análise, desenho, redesenho, modelagem e organização de processos de negócio.

BPO e KPO podem vir a ser remédios que minorem os efeitos da DoI, enquanto redutores (porque não há como eliminar a doença) de suas causas?

Talvez possam ser mesmo.

O advérbio *talvez* é usado por mim aqui por uma questão de princípio, isto é: BPO e KPO só terão o sucesso que se espera dessas abordagens operacionais se antes o BPM fizer a organização conhecer-se a si mesma por meio da análise, desenho, redesenho, modelagem, organização dos processos de negócio que serão terceirizados. Qualquer outra abordagem levará ambas as terceirizações ao fracasso. Tanto BPO quanto KPO necessitam que os processos sejam cuidadosamente conhecidos e documentados para poderem ser executados e gerenciados.

Por exemplo, se o mapeamento, análise, modelagem de processos de negócio for exclusivamente para garantir um selo de reconhecimento de qualquer organismo, é melhor que se esqueça. Se a organização estiver mais interessada em obter as certificações ISO, qualquer que seja, não somente as causas da DoI não estarão sendo conhecidas, discutidas e resolvidas, como o resultado final do projeto de organização e melhoria de processos de negócio não será alcançado.

3.20 A FÁBRICA SEM FÁBRICA

Mais uma estrutura que à primeira vista parece ser extremamente radical.

Uma fábrica sem fábrica?

Uma fábrica que não fabrica aquilo que vende? É possível, sim. A Polti, empresa italiana de produtos com tecnologia a vapor, fabricava para outras fábricas uma série de produtos dos quais detinha as patentes de fabricação. A Polti Brasil fechou e agora atende pela matriz em Portugal.

SAIBA MAIS

Sobre a Polti.
https://uqr.to/hr3v
Acesso em: 15 jan. 2020.

Uma das fábricas que compraram produtos prontos com sua própria marca estampada neles foi a Black & Decker, da General Electric. Com isso, a Polti conseguia diversificar seus canais de distribuição, atender a vários segmentos de consumidores, manter os concorrentes longe das pesquisas que pudessem ameaçar seus mercados ou até melhores sem ter que investir nisso. Esse modo de atuar pode reverter em benefício do próprio produto, que é melhorado continuamente com investimentos que teriam que ser desviados para novos produtos, ou para manter a concorrência longe do mercado.

A prática não é nova, não foi inventada pela Polti. Outras empresas, principalmente as americanas, já a praticavam normalmente. A HP fez o mesmo com sua impressora jato de tinta e conseguiu manter a liderança do mercado por um bom tempo.

A explicação é a seguinte: cada empresa tem todas as funções que normalmente teria, administrativa, financeira, comercial e qualquer outra que fosse do interesse da operação de cada uma. O que seria "compartilhado" é a função produção, que produziria para todas as empresas o mesmo produto, e até com pequenas diferenças, só que com a marca de cada uma.

É importante notar que, de alguma forma, todas as empresas que compartilhassem esse tipo de estrutura deveriam ter uma função (Planejamento da Produção) que ajustasse o volume produzido à demanda de mercado. De outra forma, a empresa que detivesse originalmente a função produção correria o risco de estar produzindo fora do volume que o mercado pudesse absorver. Isso seria prejudicial a todas elas, e em especial à detentora da patente. No início, até porque no caso de alguns produtos há uma demanda muito grande por conta de sua total inexistência, essa função, por assim dizer reguladora, poderia até não existir, mas, com o passar do tempo, sua criação, a meu ver, seria uma questão de sobrevivência de todas as empresas participantes do *pool* de produção.

3.21 EVOLUÇÃO DA FÁBRICA SEM FÁBRICA

Esse tipo de estrutura para operar a fabricação de um produto foi um dos que mais evoluíram nestes últimos tempos. Há pouco, eu escrevi que mesmo sem fabricar a empresa que desenvolvia o produto tinha um departamento de produção que deveria interagir com o departamento de produção da empresa que fabricaria o produto. Hoje, isso já não é mais feito dessa forma.

Surgiram, de lá para cá, grandes empresas especializadas em fabricar, somente fabricar, qualquer tipo de produto sem jamais tê-lo criado e desenvolvido.

Hoje, existe uma grande empresa de Cingapura, chamada Flextronics, que domina esse tipo de mercado e de produção. Antes, existia outra, texana, de nome Solectron, que foi vendida para a Flextronics. A Solectron teve plantas em vários países, inclusive uma em São José dos Campos, e fabricava, por exemplo, telefones celulares para diversas empresas que criavam e desenvolviam telefones celulares. Quase todas as empresas que têm suas marcas em aparelhos de telefones celulares já não os fabricam mais! Hoje, a Flextronics domina o mercado mundial na fabricação de celulares, computadores e *notebooks*, *smartphones*, *tablets* etc. A própria Apple não fabrica mais seus produtos. Ela entregou essa atividade para outro gigante chamado Foxconn, chinesa, que inclusive tem uma fábrica em Jundiaí.

Esse tipo de operação visa, sobretudo, reduzir custos por meio da segmentação por especialização. Claro que os ajustes necessários para atender à legislação foram todos feitos nos respectivos contratos sociais.

VOCÊ SABIA?

A Flextronics Ltd. é uma empresa multinacional que presta serviços no setor de manufatura de produtos eletrônicos. A Flextronics foi fundada em 1969 e sua sede administrativa está localizada em San Jose, Califórnia, mas a planta industrial localiza-se em Cingapura.

 SAIBA MAIS

Sobre a Flextronics.
https://uqr.to/hr3w
Acesso em: 15 jan. 2020.

3.22 GRUPOS DE INTERESSE

Grupo de interesse é a reunião de pessoas de diversas áreas, geralmente de forma temporária, na busca por novos caminhos, novos mercados, novas oportunidades, novas ideias, novas tecnologias, aproveitando a sinergia e a força criativa, potencialmente, maior do grupo. A ideia que está por trás dessa prática é a de que, reunindo pessoas de diversas áreas, com conhecimentos diferentes sobre o processo produtivo e sobre o produto resultante desse processo, podem gerar novos produtos, novas formas de fabricar um produto, e, assim, revitalizar a empresa pela participação organizada e metodizada desses profissionais.

Embora o grupo de interesse seja temporário, ele não é informal. Um grupo de interesse deve ser formalmente constituído com os seguintes pontos de atenção:

- Objetivos do grupo.
- Composição do grupo.
- Tempo de duração do grupo.
- Agenda de reuniões.

Pode acontecer, mas é raro, que um grupo de interesse não consiga gerar nenhuma ideia durante toda a sua existência. O resultado mais comum é que o grupo de interesse tenha uma produtividade acima da média conseguida com outras metodologias que buscam reunir pessoas para descobrir o que está errado e apontar soluções.

As pessoas que participam do grupo de interesse são oriundas de diversos departamentos da empresa, vêm do marketing, da engenharia, de vendas, do CPD, de finanças, e o principal é que se estabeleça de antemão quais são os objetivos do grupo, que, entretanto, podem ser simplesmente "achar novas oportunidades de negócio para a empresa".

3.23 CONSÓRCIOS

Outro tipo de estrutura muito em voga atualmente são os consórcios. Neles, várias empresas reúnem-se para criar uma nova empresa, que será a responsável por executar determinado projeto. Isto pode ocorrer por vários motivos.

- Pode ser que o novo negócio onde estão entrando duas ou mais empresas não seja do ramo em que elas atuam, e isso dificultaria que qualquer uma viesse a assumi-lo separadamente.
- Pode ser que o novo negócio seja maior do que a capacidade de cada empresa isoladamente, assim, ao se reunirem, elas estariam juntando recursos para assumirem o novo negócio.
- O consórcio pode também vir a ser montado por exigência legal, a fim de garantir ao governo sua existência.

Por exemplo, no consórcio europeu do Airbus, várias empresas europeias se juntaram para enfrentar a concorrência da americana Boeing com um produto moderno, barato e de operação econômica chamado Airbus. Hoje, esse consórcio detém mais de 30% do mercado mundial de aviões desse porte, e deu tão certo que no fim de 1996 as duas empresas americanas, Boeing e

PROCESSOS ORGANIZACIONAIS & MÉTODOS | CRUZ

McDonnell-Douglas, decidiram enfrentar os europeus se unindo numa só empresa, que detém quase 70% do mercado.

Outro consórcio famoso, na verdade, não é um, são vários. São os consórcios que arremataram as malhas ferroviárias brasileiras no programa de privatização e, mais frequentemente, os consórcios para a construção de diversas obras de grande porte no mundo todo.

3.24 CONCLUSÕES

Inúmeros acontecimentos mudaram a face do planeta Terra desde os anos 1990. Foram várias revoluções culturais, sociais e econômicas, novas nações passaram a existir e outras desapareceram.

O terrorismo passou a ser a principal preocupação dos governantes, tanto ocidentais quanto orientais. Algumas guerras regionais trouxeram preocupações quanto ao ressurgimento da guerra fria.

Mas, 1990 foi também o início de uma nova era em termos organizacionais, econômicos e tecnológicos. Foram os anos que nos prepararam para o século 21.

Leia novamente o Caso Introdutório Sr. Palmeira e compare as épocas, para discutir a evolução organizacional desde os anos 1980 até o século 21.

RESUMO GERENCIAL

Neste capítulo, aprendemos que:

- A década de 1990 mudou radicalmente o mundo que conhecíamos.

- Várias novas estruturas organizacionais surgiram e foram adotadas por empresas que já existiam e por novas empresas.

- É possível terceirizar tanto processos quanto conhecimento.

- Que a globalização teve pontos positivos e pontos negativos.

RESUMO ESQUEMÁTICO

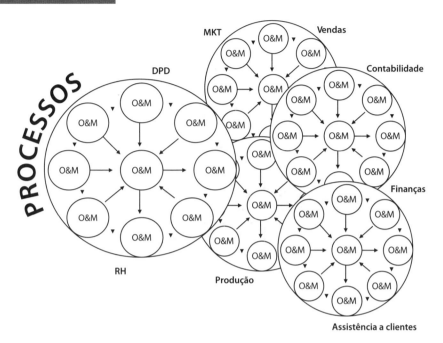

QUESTÕES PARA DEBATE

1. Fazer em casa com recursos internos? Fazer em casa com recursos externos? Qual a sua opinião sobre as questões colocadas acima? E qual a opinião do seu grupo? Tudo se resume a uma questão econômica? Ou é uma questão de segurança das empresas?
2. Terceirizar somente os processos organizacionais ou terceirizar o conhecimento?
3. Alguns países têm se destacado em BPO e em KPO. Os principais são a Índia e o Paquistão. Quais os principais empecilhos para o Brasil entrar com força neste negócio?
4. A Flextronics Ltd. é uma empresa multinacional que presta serviços no setor de manufatura de produtos eletrônicos. A Flextronics foi fundada em 1969, e sua sede administrativa está localizada em San Jose, Califórnia, mas a planta industrial localiza-se em Cingapura. Quais motivos levam as organizações a adotarem esse tipo de estrutura?
5. Quais estruturas você acha que melhor se adaptariam à realidade brasileira?

Assinale a alternativa correta.

1. Como se chamava a guerra entre Estados Unidos e seus aliados contra a ex-União Soviética?
   a) Guerra fria.
   b) Guerra cibernética.
   c) Guerra comercial.
   d) Guerra norte-sul.
   e) Guerra eletrônica.

2. "Surge, então, a primeira estrutura diferente com a qual temos que interagir no século 21." Como se chama essa estrutura?
   a) Estrutura estrela.
   b) Blocos econômicos.
   c) Estrutura matricial.
   d) Bloco capitalista.
   e) Bloco socialista.

3. Quais são os três elementos existentes no modelo de relacionamento cíclico?
   a) Pessoas, Processos e Drones.
   b) Clones, Processos e Tecnologia de Informação.
   c) Bots, Processos e Tecnologia de Informação.
   d) Pessoas, Processos e Tecnologia de Informação.
   e) Pessoas, Rotinas e Tecnologia de Informação.

4. "Uma empresa é criada para atuar no ramo de serviços, com produtos que vão de consultoria a realização de seminários." Que tipo de empresa é esta?
   a) Empresa virtual.
   b) Empresa eletrônica.
   c) Empresa matricial.
   d) Empresa estrutural.
   e) Empresa tradicional.

5. A estrutura orientada a processos pode ser de quatro tipos. Quais são?
   a) Física. Lógica. Virtual. Parcial.
   b) Física. Matricial. Física e lógica. Parcial.
   c) Física. Lógica. Célula. Parcial.
   d) Física. Lógica. Física e lógica. Total.
   e) Física. Lógica. Física e lógica. Parcial.

CAPÍTULO 4

REVOLUÇÃO 4.0

OBJETIVOS DO CAPÍTULO

- Apresentar os principais fatos relacionados à Revolução 4.0.
- Discutir os principais aspectos desta nova revolução.
- Entender os principais atores da Revolução 4.0.
- Compreender os desafios organizacionais da Revolução 4.0.

PARA COMEÇAR

A Revolução 4.0 tem vários aspectos que se inter-relacionam. Nenhum deles pode ser analisado, ou levado em conta, separadamente dos outros aspectos.

A ideia deste capítulo é propiciar um panorama geral sobre o que está acontecendo sob o título de Revolução 4.0.

80 PROCESSOS ORGANIZACIONAIS & MÉTODOS | CRUZ

4.1 INTRODUÇÃO À REVOLUÇÃO 4.0

Existem vários aspectos, vários elementos, várias tecnologias que sustentam a Revolução 4.0. Neste capítulo, vamos ver alguns e algumas. Entretanto, para cobrirmos o amplo espectro Revolução 4.0, seria necessário um livro só sobre ela. Teremos, então, um panorama que permitirá uma boa ideia da Revolução 4.0 para todos que quiserem ter participação ativa, e não ser simplesmente atropelados por ela.

A Revolução 4.0 requer de todos nós, especialmente dos empresários, dos colaboradores, mais do que adotar as novas Tecnologias da Informação (TI). A Revolução 4.0 requer uma nova postura organizacional, profissional e pessoal.

As empresas terão que, forçosamente, adotar novas práticas, serem mais éticas, mais seguras, mais participativas socialmente e mais inclusivas ao amplo leque de diversidade humana.

Ainda hoje, existem empresários que agem como se fossem reis, majestades, uma postura adquirida ao longo dos séculos, em que a estrutura hierárquica imperou nas organizações. Mas isso está mudando com o advento das novas organizações e das novas estruturas organizacionais.

4.2 ESTRUTURA EM REDE

Num passado recente, na década de 1990, quando a reengenharia estava no auge, surgiu a discussão sobre uma nova estrutura organizacional que tinha por princípio ser baseada ou orientada a processos de negócio. Em 1995, eu publiquei meu primeiro livro pela Editora Atlas, *Reengenharia na prática*, metodologia com formulários, com os primórdios da Metodologia DOMP™. Nesse livro, discuti um novo tipo de estrutura organizacional, que chamei de *orientada a processos*.

Os processos seriam de dois tipos quanto à execução: os gerenciais e os operacionais.

Depois, se começou a falar sobre as estruturas em rede. Originalmente, como forma de agrupar empresas para trabalharem em um Arranjo Produtivo Local (APL).

Hoje, tem sido discutida como forma de estruturar grupos de empresas para trabalharem de forma integrada ou complementar e também como forma de estruturar internamente organizações.

Embora na maioria das vezes sejam referenciadas por determinadas características operacionais, as chamadas APL são também conhecidas como *clusters*, entre outras denominações, como representações estrutural-organizacionais ideais para sustentar a cadeia de produção integrada por micros, pequenos e médios empresários e estes às grandes corporações.

Livros, como *Redes produtivas para o desenvolvimento regional*, publicado pela ABEPRO (2004), com vários organizadores; *Redes de pequenas e médias empresas e desenvolvimento organizacional*, de Casarotto Filho et al. (2001); *Redes entre organizações*, organizado por Amato Neto (2005), e mais, recentemente, alguns artigos na *Revista Brasileira de Inovação* enfocam essas estruturas por meio de temas superficiais, sem que a utilização aqui da palavra *superficiais* deva ser entendida como fútil ou banal. O que chamamos de superficiais são as abordagens que "sendo superficiais, não tocam o fundo". Ou seja, discutem a camada mais visível de tais estruturas.

Não coloco em dúvida que tais aspectos ligados à superfície dessas estruturas organizacionais sejam importantes. Entretanto, quero introduzir o que denominei de Análise Essencial das Estruturas em Rede (AEER) por meio do estudo dos princípios que governam tais estruturas e de suas características. Creio que tais princípios e aspectos devam ser estudados e corretamente entendidos como condição *sine qua non* para a estabilidade e operação das estruturas em rede, qualquer que seja sua característica operacional.

Alguns autores, de forma repetitiva, tratam as estruturas em rede, as organizações em rede, os arranjos produtivos locais, as unidades estratégicas de negócio, os *clusters* e outras conformações de forma superficial e, muitas vezes, apontam como elemento motivador para sua criação as estratégias empresariais, excluindo dessa forma qualquer possibilidade de virmos a empregar esse tipo de estrutura para criarmos organizações sem fins lucrativos, o que me parece improcedente.

Outros autores tratam as estruturas em rede tendo por base aspectos sociológicos, tecnológicos e, em raros casos, nos falam dos seus processos operacionais. A literatura existente em português, em inglês e em algumas outras línguas preocupa-se em estudar apenas as estruturas em rede criadas com interesses econômico-financeiros e comerciais. Raramente, encontramos referências sobre estruturas em rede de forma conceitual ou essencial.

Entre outros, foram pesquisados os seguintes documentos, artigos e livros: *Network evaluation as a complex learning process, Building entrepreneurial communities, Knowledge management and collaborations, Knowledge strategy and processes in the knowledge networks*, Programa Plurianual para o Desenvolvimento do Cooperativismo Pesqueiro.

O estudo desses princípios, cremos, irá permitir responder, entre outras, as questões:

- Por que e para quê criar uma rede?
- Como será sua governança?
- Quais tecnologias serão empregadas como suporte?
- Quais processos irão operacionalizá-la?
- Qual o tempo previsto de operação da rede e quais os mecanismos para o seu rejuvenescimento?
- Quais elementos poderão desestabilizá-la e quais as possíveis soluções para as crises?

São questões sem respostas à luz das discussões encetadas hoje, as quais estão sempre, salvo exceções, em busca de respostas sobre o comportamento dos atores de tais estruturas.

Eu represento a estrutura em rede como a mostrada na Figura 4.1. As estruturas em rede são baseadas no conhecimento existente na organização. É, por assim dizer, uma não estrutura, que só pode ser criada a partir do momento que a organização documenta formalmente todos os processos, tanto operacionais quanto gerenciais, tanto primários quanto secundários, pois é isso que a faz conhecer-se a si mesma em termos de conhecimentos e responsabilidades.

As estruturas em rede não têm hierarquia, são orientadas a responsabilidades, algo diametralmente oposto à estrutura hierárquica.

As estruturas em rede têm quatro dimensões, entendidas como "extensão mensurável (em todos os sentidos) que determina a porção de espaço ocupada por um corpo; tamanho, proporção" (HOUAISS, 2000).

a) **Largura:** as redes organizacionais podem ser mais largas ou menos largas de acordo com a abrangência da organização que estiver conformando. Isso vale tanto para APLs como para organizações individuais. A largura da estrutura em rede está ligada à capilaridade que a organização possuir.

b) **Altura:** esta dimensão está ligada aos níveis de responsabilidades existentes na organização, quer sejam APLs, quer sejam organizações individuais. Não se deve confundir responsabilidades com hierarquia. Níveis hierárquicos estão definitivamente banidos das estruturas em rede e deram lugar aos níveis de responsabilidades.

c) **Profundidade:** esta dimensão diz respeito à quantidade de níveis da infraestrutura que a estrutura em rede possuir.

d) **Tempo:** esta dimensão informa o período de tempo para o qual a estrutura em rede foi construída.

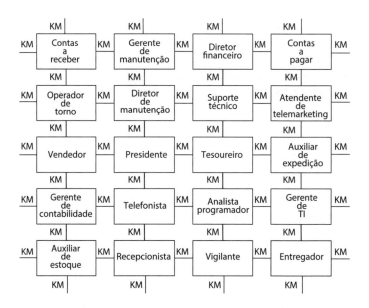

Figura 4.1 Estrutura baseada no conhecimento.

CAPÍTULO 4 | REVOLUÇÃO 4.0   83

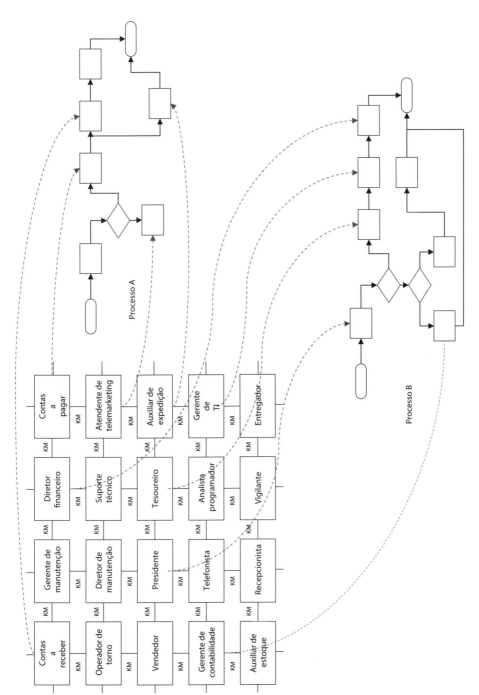

Figura 4.2 Criação da estrutura baseada no conhecimento feita com o mapeamento do conhecimento existente na organização.

4.3 PRINCÍPIOS DAS ESTRUTURAS EM REDE

- **Conformação:** o que vem a ser conformação e qual sua importância para o estudo das estruturas em rede?

Segundo o Houaiss (2000) eletrônico, **conformação** é o "ato ou efeito de conformar(-se), ação de dar ou de tomar forma. Ex.: a conformação do vidro pelo sopro. Ato ou efeito de formar(-se) um ser ou uma coisa concreta ou abstrata pelo arranjo de seus elementos ou partes".

Assim como no exemplo acima, a conformação do vidro pelo sopro, a estrutura em rede conforma-se pelo (sopro do) conhecimento, que terá a incumbência de definir sua existência. Toda estrutura em rede é um ser vivo, e o sangue, o oxigênio, a seiva que manterá sua vida chama-se conhecimento.

- **Morfologia:** o que vem a ser morfologia e qual sua importância para o estudo das estruturas em rede?

Segundo o Houaiss (2000) eletrônico, **morfologia** é o "Estudo da forma, da configuração, da aparência externa da matéria. Estudo da configuração e da estrutura externa de um órgão ou ser vivo".

Esse princípio é razoavelmente referenciado em artigos, livros e conferências sobre estruturas em rede. Casarotto Filho et al. (2001) falam de dois tipos de redes: a rede *top-down* e a rede flexível. Entretanto, já notamos aqui a mistura de dois princípios, uma vez que *top-down* é um princípio morfológico, mas não flexível, pois se refere a outro princípio, o da mecânica da rede.

- **Mecânica:** temos aqui algumas definições que muito nos interessam discutir.

Segundo o Houaiss (2000) eletrônico, mecânica é o "Ramo da física que estuda o comportamento de sistemas (como os de equilíbrio ou movimento dos corpos) submetidos à ação de uma ou mais forças".

Outras definições, do mesmo autor, que se aplicam aos nossos propósitos: "Formulação da mecânica a partir do estudo matemático do princípio do trabalho virtual".

"Relativo à mecânica, às leis do movimento e do equilíbrio. Que produz movimento".

A estrutura em rede, quaisquer que tenham sido os objetivos definidos quando da sua criação e construção, tem o equilíbrio do seu comportamento e o próprio comportamento "submetidos à ação de uma ou mais forças", que, somente se forem mantidas sob controle, impedem a perda significativa de energia e, consequentemente, propiciam a expansão da rede.

- **Espacialidade:** o espaço sobre o qual a estrutura será construída também tem importância no estudo das estruturas em redes. As redes podem ser construídas em espaço físico (geográfico), eletrônico (internet) ou em qualquer porcentagem de combinação de ambos. Esse princípio serve para projetarmos largura, altura, profundidade da estrutura em rede e determinarmos quais tecnologias podem sustentá-la.

- **Temporalidade:** por princípio, não pode existir uma estrutura em rede atemporal ou eterna, pois toda estrutura em rede possui, implicitamente, a "qualidade, estado ou condição do que é temporal".

  Resta-nos, então, determinarmos o tempo de vida que uma rede terá, ainda que não queiramos que ela se extinga, ou ainda que a concebamos para ser infinita.

  Resta-nos, também, estarmos cientes da necessidade de provermos mecanismos de renovação da estrutura, a fim de evitarmos seu desaparecimento, algumas vezes prematuro.

  O princípio da temporalidade contribui para o estudo das condições que podem reduzir a vida útil da rede. Creio ser possível calcular o tempo de vida útil de uma estrutura em rede tomando-se por base algumas variáveis, inclusive algumas ligadas a outros princípios. No passado, existiram algumas comunidades (estruturas em rede em espaço físico) que hoje nem sequer são referenciadas. Entretanto, outras, como a Maçonaria continuam vivas e atuantes, ainda que tenham sofrido alterações ao longo dos tempos.

- **Comunicabilidade:** o princípio da comunicabilidade, "qualidade de comunicável; facilidade ou disposição de se comunicar", é para nós o mais importante princípio de uma estrutura em rede. Afinal, se os mecanismos de comunicação falharem, a estrutura pode ruir, romper-se, por não estar cumprindo com seus objetivos. Para entendê-lo, é necessário que pensemos da seguinte maneira:

  Uma estrutura em rede é criada com o objetivo de produzir bens e/ou serviços, mesmo que estejamos nos referindo a redes que não tenham objetivo econômico-financeiro. Para que essa finalidade se cumpra, os processos de negócio, tanto os primários quanto os secundários devem ter sido cuidadosamente documentados, analisados, modelados e organizados (além de gerenciados), de forma a permitir que tais objetivos sejam atingidos. São os processos que fazem a estrutura vencer a latência, a inércia, e passem a funcionar "a pleno vapor".

- **Resiliência:** vejamos algumas definições:

Segundo o Houaiss (2000) eletrônico, **resiliência** é a "propriedade que alguns corpos apresentam de retornar à forma original após terem sido submetidos a uma deformação elástica".

E numa derivação, em sentido figurado:

"Capacidade de se recobrar facilmente ou se adaptar à má sorte ou às mudanças."

86 PROCESSOS ORGANIZACIONAIS & MÉTODOS | CRUZ

Esse princípio está indiretamente ligado ao princípio da comunicabilidade, do fluxo de dados, informações e conhecimento que trafegarão dentro de uma rede. Se um elo da estrutura desaparecer, causará à rede um "buraco", que deverá ser tapado para que a estrutura se recomponha. Eventos como esse podem comprometer parte da rede ou, dependendo da importância do nó, a estrutura como um todo. Pensamos que a resiliência de uma rede está diretamente ligada a sua "capacidade de se recobrar facilmente ou se adaptar à má sorte ou às mudanças" (HOUAISS, 2000) provenientes de eventos internos e externos, como, por exemplo, a saída da estrutura de uma organização, instituição ou indivíduo.

A estrutura em rede ainda é uma promessa para quase 99% das organizações existentes no mundo. Estas ainda adotam a estrutura hierárquica, mas sua adoção nos parece, como a Peter Drucker quando era vivo, inexorável. Entretanto, as atuais *startups* são majoritariamente criadas com base nos princípios da estrutura em rede, porque geralmente dependem do conhecimento e do empenho de todos que compõem a *startup* para darem certo. As *startups* são geralmente estruturas pequenas na origem, onde todos dependem de todos e não há nem porquê e nem espaço para haver hierarquia.

Muitas empresas de Era do Conhecimento, e que produzem conhecimento, adotam os princípios operacionais da estrutura em rede, e, embora até possam ter uma estrutura parecida com a estrutura hierárquica, sua operação em nada lembra sequer as agruras e malefícios de uma operação baseada em hierarquia.

4.4 IMPACTO DA AUTOMATIZAÇÃO DO TRABALHO NO QUADRO DE FUNCIONÁRIOS DAS EMPRESAS

Logo após esta avenida na qual nos encontramos, dobrando a próxima esquina à direta ou à esquerda, tanto faz, daremos de cara com o futuro que nos aguarda. Um futuro que começa agora: a Revolução 4.0. Um futuro cada vez mais tecnológico, cheio de novas características, desafios, incertezas e funcionalidades, algumas que nem mesmo estarão prontas em todo o seu potencial para serem usadas tão logo sejam apresentadas a nós, mas estarão lá.

A dúvida é: as empresas e nós estaremos prontos para usar tanta tecnologia, tanta funcionalidade, tanta coisa nova?

Depende.

No Brasil e no mundo, existem várias realidades, e vivemos em várias, às vezes, em um mesmo dia. Que essa realidade, de haver várias realidades, seja clara, límpida e transparente para todos nós, para que, quando chegar a hora de dobrarmos a esquina e passarmos a usar algumas dessas novas tecnologias, possamos ter consciência de em qual realidade estamos e, assim, possamos ajudar quem vive em outras realidades menos tecnológicas e menos favorecidas do que a nossa.

O mundo dos negócios torna-se cada vez mais competitivo. Não existe mais espaço para quem não estiver preparado para pensar em nível global, embora atuando localmente. Parece ser uma equação impossível de ser resolvida, pensar globalmente e agir localmente. Esse tipo de comportamento é exigido para todas as organizações que quiserem operar até onde sua presença alcançar e assumir responsabilidades pelos seus atos onde quer que seus produtos, bens e serviços alcancem. A organização empresarial precisa perceber as repercussões das suas atitudes no todo – pensar globalmente – e garantir uma presença sólida e lucrativa – agir localmente. Em outras palavras, tem que pensar nas suas ações com relação ao mundo, mas agir para construir uma sólida base a partir dos pequenos atos.

Um milhão de vagas de gerente foram eliminadas na última década de 2000 a 2010.

A *Folha de S.Paulo*, na edição de 4 de fevereiro de 2018, traz uma interessantíssima matéria sobre como as empresas brasileiras buscaram enfrentar as sucessivas crises econômicas, cortar custos, adotar novas TI e modernizar suas estruturas organizacionais: eliminaram mais de um milhão de vagas de gerência e supervisão ao longo dos últimos dez anos.

Os dados foram obtidos junto ao CAGED (Cadastro Geral de Empregados e Desempregados) e, entre outras informações, mostram que esse processo se acelerou entre 2015 e 2017, período em que o país viveu a maior recessão desde os anos 1980.

Ainda segundo a *Folha de S.Paulo*, "entre os dez campeões de postos eliminados, cinco estão na chamada 'chefia intermediária': supervisor e gerente administrativo, gerente de loja e supermercado, gerente comercial e gerente de vendas. A maior parte das empresas colocou as lideranças no limite nos últimos anos", afirmou Ricardo Basaglia, diretor-executivo da consultoria Michael Page. "Com a crise, o mercado consumidor diminuiu de tamanho, e as empresas se adequaram a esse novo cenário", avaliou no mesmo artigo.

Crises, necessidade de modernização, de enxugamento da estrutura, de modernização das suas operações, tudo isso, entre tantas outras necessidades, leva as organizações a permanentemente ajustarem suas estruturas. Entretanto, desde a década de 1990, já buscam implantar maior horizontalização nas estruturas como forma de aumentar e melhorar a participação de todos nas operações do dia a dia. Quanto menos níveis gerenciais, melhor fica a estrutura, mais enxuta, melhor para administrar e operacionalizar.

4.5 ALGUMAS NOVAS TECNOLOGIAS DE GRANDE IMPACTO NAS NOSSAS VIDAS

4.5.1 *BOTS*

Bot é a abreviatura de *robot*, robô em português, que estamos usando para designar as máquinas que (já) têm capacidade de substituir o ser humano em diversas funções, e que a cada dia que passa assumem mais e mais tarefas, seja na empresa, em casa, no carro, em qualquer tipo de lazer.

Lembra das Unidades de Resposta Audível (URAs), tão antigas em termos tecnológicos quanto andar para frente e ereto? Pois é, as URAs são precursoras dos incríveis *robots* existentes hoje. Eles estão por toda parte, nos carros conectados a *IoT* (Internet of Things, internet das coisas, em português), e também estão nas casas que podem ser operadas e gerenciadas a distância. Os *bots* estão em um sem-número de processos de produção por meio dos *Robotic Process Automation* (RPAs), em diversas funções financeiras de qualquer empresa, em várias funções de vigilância, nos *Personal Portable Devices* (PPDs) de toda e qualquer espécie. Enfim, os robôs chegaram e para ficar.

Aliás, as previsões apontam que o investimento em *IoT* chegará a US$ 15 trilhões do PIB global até 2030.

Cabe às empresas, especialmente as que não forem da produção de conhecimento, pois já nascem ou já estão preparadas, se prepararem para substituírem seus funcionários humanos por autômatos. Isso não tem nenhum significado maniqueísta, é somente a pura constatação da realidade.

Dobrando a esquina, encontraremos o futuro. Nele, existe um trinômio que deve ser entendido, absorvido e aceito pelas corporações que quiserem existir no futuro: conhecimento, não estruturas organizacionais e TI. Esse trinômio já está nos esperando como realidade. Uma realidade cada vez mais presente e desafiadora para todos nós.

4.5.2 *ROBOTIC PROCESS AUTOMATION (RPA)*

RPA é uma tecnologia recente com um histórico familiar, cuja árvore genealógica remonta aos anos 1980, no século passado. RPA é descendente direto do *Workflow* e do *Business Process Management Systems*. Como seus antepassados, RPA serve para automatizar processos organizacionais.

Os processos industriais de manufatura sempre foram, de uma forma ou de outra, os mais organizados. Embora essa organização fosse muitas vezes empírica, os profissionais envolvidos diretamente com o chão de fábrica cedo descobriram que sem processos (ainda que conhecidos informalmente) dificilmente alguma coisa poderia ser produzida. Mesmo no início da Revolução Industrial, podemos ver a preocupação da área de produção com a forma e com o conteúdo do processo fabril.

O mesmo cuidado ainda é raro nas áreas administrativas das organizações, onde geralmente os processos não são documentados e, consequentemente, são desorganizados naturalmente. Para que tais processos tivessem o mesmo automatismo das linhas de chão de fábrica, algumas tecnologias foram criadas; a mais nova, RPA.

O principal problema com a adoção e a implantação de RPA é a falta de documentação dos processos.

Li, dia desses, que "pesquisa da Juniper Research aponta que os setores Bancário e Financeiro serão responsáveis, até 2023, por receitas superiores a US$ 1,2 Bilhão, quando em 2018 as receitas foram de US$ 200 Milhões, acenando para um crescimento de 400% no período. Segundo a pesquisa, as Instituições ainda estão em estágio inicial de implementação e precisam vencer alguns desafios envolvendo bases de dados não estruturados e falta de conhecimento e estratégia para sua implantação" (IIM, 2019).

Desse texto separei duas verdades preocupantes:

1. "Precisam vencer alguns desafios envolvendo bases de dados não estruturados"; e
2. "Falta de conhecimento e estratégia para sua implementação".

Incrível que estejamos batendo na mesma tecla depois de tantos anos utilizando TI emergentes, cuja base para uma perfeita utilização tem dois alicerces distintos e, de certa forma, concomitantes: base de dados estruturados e estratégia claramente definida para implantação.

As tecnologias evoluem, mas nossa capacidade de aprender com os erros e acertos parece involuir na mesma proporção e na mesma velocidade. Quantos projetos fracassaram por causa de um mau planejamento, ou nenhum, na implantação de novas tecnologias. E quantos fracassarão?

Melhoria de processos de negócio é algo extremamente necessário, embora custe, às vezes, muito. Caso contrário, nenhuma tecnologia, por mais avançada que seja, conseguirá dar o retorno que a organização espera que ela dê.

Antes de pensar em mapeamento, análise, modelagem e implantação dos processos de negócio, visando implantar BPMS ou RPA, é necessário que a organização tenha conhecimento sobre suas necessidades e construa uma estratégia clara e objetiva para implantação dessas tecnologias.

Hoje, fala-se que o RPA tem agentes autônomos, os tais *bots*, que possibilitarão automatizar a maioria das tarefas existentes em qualquer processo, mas nem isso é absolutamente novo. Na década de 1990, tive contato com uma professora doutora do MIT que desenvolvia agentes dinâmicos, enquanto os melhores *softwares* de *Workflow* tinham agentes estáticos, algo muito mais sofisticado que esses *bots* existentes hoje. Pelo menos, por enquanto.

É verdade que boa parte do trabalho realizado em qualquer organização, hoje, pode ser feito de forma automatizada, por robôs de *software* – *bots*. Mas daí a preconizar, de novo, que a automação de processos é considerada a próxima grande onda a gerar um salto de produtividade e de grandes ganhos para as organizações vai uma distância enorme, pois tudo isso já foi prometido desde a década de 1980, e menos de 1% das organizações conseguiram obter tais ganhos.

4.5.3 PROTEÍNA ANIMAL "FABRICADA" POR MÁQUINAS

Uma vez, numa aula de gestão de processos, no curso de Engenharia de Produção no Mackenzie, onde dei aula durante muito tempo, eu disse para a classe:

– Eu não gosto de frango. Não é minha comida preferida.

Uma aluna perguntou:

– Mas por quê, professor?

– Porque estes frangos de hoje são feitos por computador. Não têm gosto de nada, só de anabolizantes.

Desnecessário dizer que foi uma gargalhada geral. Alguém ainda emendou:

– Ah vá, professor, é mentira que os frangos são feitos por computador...

Eu insisti:

– É verdade, sim, são feitos por computador.

Passaram-se dez anos e eis que surge a seguinte notícia: um frigorífico nos EUA produz carne de frango sem matar uma única ave.

Reportagem dos jornalistas Regan Morris e James Cook, da BBC News de São Francisco, nos traz alguma esperança de podermos alimentar mais de nove bilhões de habitantes do Planeta Terra no ano de 2050, sem precisarmos matar bilhões de aves e outros animais!

De acordo com diversos estudos, incluindo os da ONU, a demanda por carne está crescendo em todo o mundo e, por conta disso, há uma crise iminente diante do crescente apetite por proteína animal no planeta. Será que um frango que cisca em uma fazenda em São Francisco pode ser a solução?

Em 1931, Winston Churchill previu que um dia a raça humana "escaparia do absurdo de criar uma galinha inteira para comer o peito ou a asa, produzindo essas partes separadamente".

Oitenta e sete anos depois, esse dia chegou na Just, empresa de alimentos em São Francisco, nos EUA, onde os jornalistas provaram *nuggets* de frango fabricados a partir das células de uma pena de galinha. Ou seja: frango feito, literalmente, por computador!

O frango que serviu de doador das células ainda estava vivo, supostamente ciscando em uma fazenda não muito longe do laboratório.

Essa carne não deve ser confundida com os hambúrgueres vegetarianos à base de soja, verduras e legumes e outros produtos substitutos de carne que estão ganhando popularidade nos supermercados veganos. Não, trata-se de carne real fabricada a partir de células animais. Elas são chamadas de diversas formas: carne sintética, *in vitro*, cultivada em laboratório, ou até mesmo "limpa".

São necessários cerca de dois dias para produzir um *nugget* de frango em um pequeno biorreator, usando uma proteína para estimular as células a se multiplicarem, algum tipo de suporte

90 PROCESSOS ORGANIZACIONAIS & MÉTODOS | CRUZ

para dar estrutura ao produto e um meio de cultura – ou desenvolvimento – para alimentar a carne conforme ela vá se desenvolvendo.

O resultado ainda não está disponível comercialmente em nenhum lugar do planeta, mas o presidente-executivo da Just, Josh Tetrick, diz que estará no cardápio de alguns restaurantes até o fim de 2020. "Nós fazemos coisas como ovos, sorvete ou manteiga de plantas e fazemos carne apenas a partir de carne. Você simplesmente não precisa matar o animal", explica Tetrick.

Quem provou o produto assegura que o gosto, a textura, os resultados são impressionantes. Em alguns aspectos, até melhor do que o *nugget* original.

Com isso, visa-se impedir o abate de animais e proteger o meio ambiente da degradação da pecuária intensiva industrial e resolver (será?) o problema de como alimentar a crescente população sem destruir o planeta. Espera-se que, por não ser geneticamente modificada, essa nova "carne" não irá requerer tratamento com anabolizantes e antibióticos para crescer.

Segundo a ONU, a criação de animais para a alimentação humana é uma das principais causas do aquecimento global e da poluição do ar e da água. Abatemos 70 bilhões de animais por ano para alimentar sete bilhões de pessoas, destaca Uma Valeti, cardiologista que fundou a Memphis Meats, empresa de carnes fabricadas a partir de células, na Califórnia. Segundo Valeti, a demanda global por carne está dobrando, à medida que mais pessoas saem da pobreza. Nesse ritmo, acrescenta, a humanidade não conseguirá criar gado e frango suficientes para saciar o apetite de nove bilhões de pessoas até 2050. "Assim, poderemos literalmente cultivar carne vermelha, aves ou frutos do mar diretamente dessas células animais", diz Valeti.

A humanidade desenvolveu ao longo da sua história a crença de que tudo pode e de que tudo pode resolver com a criação e o desenvolvimento de tecnologias, mas nem sempre essas mesmas tecnologias puderam ser usadas com segurança ou não criaram mais problemas do que aqueles que supostamente iriam resolver.

Essa notícia nos mostra que a ficção científica daqui para a frente, e cada vez mais, não será tão ficção como nossas séries preferidas de TV quiseram ou querem nos fazer crer.

Estamos no limiar de uma nova era? Da criação de dispositivos que permitirão à humanidade replicadores de alimentos, como aqueles que vemos em todas as séries Star Trek! Muito em breve será preciso apenas ordenar a um replicador uma comida, uma bebida (um Raktajino, quem sabe?), e seremos servidos na hora.

Mas... sempre haverá um *mas*...

A humanidade não está no mesmo grau de desenvolvimento tecnológico em todos os cantos da terra, e, a despeito do que queiram nos fazer crer nossos especialistas, arautos das novas tecnologias, não haverá a tão sonhada disseminação e equalização tecnológica tão cedo por uma série de motivos: econômicos, sociais, políticos etc. Além do quê, haverá aqueles que não se interessarão pela comida sintética, por isso, eu continuo insistindo, ou crescemos todos juntos ou o futuro será mais sombrio do que alguns que já nos mostraram muitos filmes de ficção.

Não sou um ludita, não fui e nem o serei, mas nestes 44 anos de convivência com TI sempre fui bastante crítico, não cético, quanto à introdução de novas tecnologias em ambientes des-preparados para absorvê-las e utilizá-las. O Brasil está longe de ser um lugar igualitariamente preparado para tantas e tão fantásticas tecnologias. Basta ver o resultado do último *ranking* de produtividade mundial 2018, no qual caímos ano a ano, e estamos na lanterna. Estudo da FGV mostra que o país está na 50ª posição em lista com 68 economias. E produtividade não é algo que se alcance somente com tecnologias, mas isso é um tema para o próximo artigo.

O mundo, o planeta Terra, caminha para uma encruzilhada. Ou resolve seus problemas estruturais, reduzindo ou acabando com o superaquecimento, ou não terá como alimentar as pessoas que habitam nele.

4.6 O ESPAÇO PROFUNDO E AS NOSSAS DEFICIÊNCIAS COTIDIANAS

A NASA, agência espacial americana, ativou um relógio atômico, no dia 23 de agosto de 2019, que funcionará como uma espécie de GPS espacial para guiar futuros astronautas em suas viagens a outros planetas e naves autônomas navegando no espaço profundo. "Cada nave espacial que explora o espaço profundo é guiada por navegadores daqui da Terra. O Relógio Atômico do Espaço Profundo, DSAC, sigla em Inglês para *Deep Space Atomic Clock*, mudará tudo isso, permitindo a navegação autônoma a bordo", disse Jill Seubert (*apud* Cruz, 2019), vice-diretora da pesquisa que desenvolveu o sistema. Qualquer relógio atômico precisa ser incrivelmente preciso para ser usado nesse tipo de navegação. A imprecisão de apenas um segundo no relógio pode significar a diferença entre pousar em Marte ou errar por milhares de quilômetros. O DSAC é 50 vezes mais estável que os relógios atômicos dos satélites de GPS. Além disso, os pesquisadores estimam que o DSAC se defasará gradualmente um segundo a cada 10 milhões de anos e será um dos relógios mais precisos do universo.

Nós somos uma espécie muito peculiar e particular, acreditando-se que existem milhares de outras nos universos conhecidos e desconhecidos. Somos capazes de criar um instrumento que permitirá guiar nossas naves com precisão infinitesimal em viagens a lugares nunca antes explorados, mas ainda não sabemos como vamos alimentar 10 bilhões de seres humanos por volta do ano 2050. Pior, destruímos, inexoravelmente, o planeta, exaurindo seus recursos ano após ano, como se já pudéssemos "vazar daqui, numa boa" quando o ano de 2050 enfim chegar.

Há uma série de deficiências cotidianas que ainda não somos capazes de resolver ou, pelo menos, apontarmos soluções plausíveis, factíveis, e que vão do aquecimento global às crises migratórias também globais.

Em termos empresariais, nossas deficiências estão ligadas a coisas que vão da incapacidade de implantarmos processos melhorados, racionalizados, a soluções para resolver a exclusão digital ainda presente em todo mundo, independentemente das gigantescas redes de satélites que estão sendo projetadas e construídas por empresas americanas.

4.7 A EXPLOSÃO DOS DADOS

A explosão dos dados tem um nome: *Big Data*!

Big Data são dados cuja escala, diversidade e complexidade exigem nova arquitetura, novas técnicas, novos algoritmos e análises para gerenciá-lo e extrair valor e conhecimento ocultos neles.

Em 2010, a revista inglesa *The Economist* publicou uma reportagem de 14 páginas à qual ela deu o nome de *The Data Deluge, and how to handle it*; ou *O Dilúvio de Dados, e como lidar com isso*. Nessa reportagem, ela chamava a atenção para a avassaladora quantidade de dados que estava sendo gerada, e seria cada vez maior, no mundo.

Como fazer uso eficiente de tal avalanche de dados?

Como se proteger da exposição que esta avalanche causaria na vida das pessoas?

Como proteger dados pessoais e organizacionais de ataques de *hackers*?

Como tirar proveito desta avalanche de dados?

A internet e os meios eletrônicos tiveram um papel fundamental nesse dilúvio de dados. A população na internet cresceu 7,5% desde 2017, chegando ao patamar de mais de quase 4 bilhões de pessoas conectadas. Para fins de informação, somente os EUA, em média, geram mais de 2.657.700 *gigabytes* de dados a cada minuto.

Geramos diariamente 2,5 quintilhões de *bytes*! Isto é 1 = 10 elevado à 18ª potência! Esse número cresce exponencialmente, graças à distância cada vez menor entre as descobertas tecnológicas e sua aplicação em bens e serviços!

1 *exabyte* (EB ou *ebytes*) = 1.024 *petabytes*	10^{18}	1000000000000000000	1 quintilhão

O Google processa 70 PB por dia (2018).
O Wayback Machine tem 5 PB + 100 TB/mês (2018).
O Facebook tem 7 PB de dados do usuário + 15 TB/dia (2018).

VOCÊ SABIA?

Wayback Machine é um banco de dados digital criado pela organização sem fins lucrativos Internet Archive e que arquiva mais de 475 bilhões de páginas da World Wide Web desde 1996.

Tabela 4.1 Contagem de *bytes*

Classificação	Potências	Representação	Valores
1 Byte = 8 bits	1		
1 Kilobyte (KB ou Kbytes) = 1.024 bytes	10^3	1000	1 milhar
1 Megabyte (MB ou Mbytes) = 1.024 kilobytes	10^6	1000000	1 milhão
1 Gigabyte (GB ou Gbytes) = 1.024 megabytes	10^9	1000000000	1 bilhão
1 Terabyte (TB ou Tbytes) = 1.024 gigabytes	10^{12}	1000000000000	1 trilhão
1 Petabyte (PB ou Pbytes) = 1.024 terabytes	10^{15}	1000000000000000	1 quatrilhão
1 Exabyte (EB ou Ebytes) = 1.024 petabytes	10^{18}	1000000000000000000	1 quintilhão
1 Zettabyte (ZB ou Zbytes) = 1.024 exabytes	10^{21}	1000000000000000000000	1 sextilhão
1 Yottabyte (YB ou Ybytes) = 1.024 zettabytes	10^{24}	1000000000000000000000000	1 septilhão

Segundo a Tabela 4.1, a partir do *byte* a contagem é feita em relação a 1.024, ou seja, 1.024 *bytes* correspondem a 1Kb (*kilobyte*).

Como se envolver com o *Big Data* sem ser tragado por ele é o que todas as organizações estão buscando conhecer.

Em um livro meu, com o título *Gerência do conhecimento*, de 2000, eu usei a seguinte metáfora: com tanto dado, tanta informação, tanto conhecimento, é necessário tomar cuidado para que não ocorresse o mesmo que ocorreria com alguém que estivesse dentro de uma piscina cheia d'água e viesse a morrer de sede.

As possibilidades de uso do *Big Data* são quase infinitas, mas listo aqui algumas, para que você possa começar suas pesquisas:

- Agregação e Estatística.
- *Data Warehouse* e OLAP.
- Indexação, pesquisa e consulta.
- Pesquisa baseada em palavras-chave.
- Correspondência de padrões (XML/RDF).
- Descoberta do conhecimento.
- Mineração de dados.
- Modelagens estatísticas.

Processar tal quantidade de dados requer muita organização, processos, e algumas ferramentas tecnológicas, algumas novas, outras nem tanto. É aqui que entra o *Data Warehouse* junto com *Online Analytical Processing* (OLAP). A Figura 4.3 mostra a arquitetura geral do *Data Warehouse*.

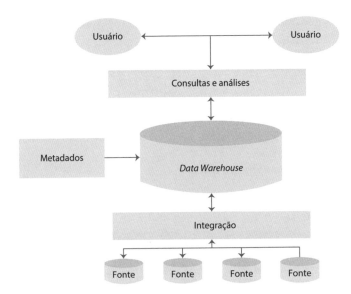

Figura 4.3 Arquitetura geral do *Data Warehouse*.

Veja a seguir cinco importantes pontos que você deve ter em mente ao desenhar a sua estratégia para o *Big Data*.

1. Você terá que pensar sobre Análise de *Big Data* a partir de grandes fornecedores de serviços *Web*, como Google, Yahoo e Twitter, todos necessários para tirar o máximo proveito dos dados gerados por usuários.

2. Dados úteis podem vir de qualquer lugar e podem estar em toda parte. Você pode pensar que seus *petabytes* de dados mereçam uma análise mais detalhada, mas precisa coletar todos os dados disponíveis em vários lugares.

3. Você vai precisar de novos conhecimentos para o *Big Data*. Ao configurar um sistema de análise de um grande volume de dados, seu maior obstáculo será encontrar o talento certo para trabalhar as ferramentas de análise dos dados.

4. *Big Data* requer que a organização planeje quais tipos de dados serão armazenados em um *Enterprise Data Warehouse* (EDW), para que mais tarde possa usá-los eficientemente.

5. Para usar *Big Data* de forma a obter excelentes resultados, será necessário um novo tipo de postura organizacional.

4.8 DATA WAREHOUSE E BUSINESS INTELLIGENCE

Dois *softwares* independentes, mas que têm uma relação simbiótica muito grande quando utilizados em conjunto. *Data Warehouse* (ou simplesmente DW) e *Business Intelligence System* (BI).

Sobre DW.
https://uqr.to/hr3x
Acesso em: 15 jan. 2020.

Enquanto os módulos de DW organizam e executam a estratificação e a extração dos dados existentes nos bancos de dados corporativos e operacionais, o BI trabalha sobre os dados extraídos resultantes das rotinas do DW, isto é, sobre os bancos de dados estratificados e prontos para gerar os relatórios gerenciais.

Uma definição de DW é apresentada a seguir.

É o conjunto de *hardware* e *software* que forma o lugar onde as pessoas podem acessar dados estratificados e consolidados de forma consistente e rápida, a fim de evitar buscas redundantes e dispersivas pelos diversos repositórios genéricos existentes na organização.

Um projeto de DW envolve os seguintes elementos:

- Fontes de dados, que são os sistemas corporativos.
- Extração dos dados dos bancos de dados corporativos.
- Preparação dos dados a serem estocados.
- Estocagem dos dados nos diversos "depósitos".
- Consulta dos usuários.

4.9 DATA MINING E ANÁLISE MULTIDIMENSIONAL

Vimos acima que o DW é uma tecnologia para ser implantada em sistemas de banco de dados tradicionais e é atualmente imprescindível para a utilização do BI. Entretanto, para que se tenha uma correta estruturação e desempenho, o DW deve ser modelado seguindo os preceitos da modelagem multidimensional ou matrizes multidimensionais.

Sobre produtividade.
https://uqr.to/hr3y
Acesso em: 15 jan. 2020.

A modelagem multidimensional é a técnica de modelagem de banco de dados para o auxílio às consultas do DW nas mais diferentes perspectivas. A visão multidimensional permite o uso mais intuitivo dos *softwares* de pesquisa e o processamento analítico pelas ferramentas OLAP.

OLAP possui um conjunto de tecnologias para o tratamento dos dados contidos na visão multidimensional do DW. As ferramentas OLAP podem são: MOLAP, ROLAP ou HOLAP.

O OLAP multidimensional (MOLAP) é o tipo de ferramenta que utiliza estrutura de banco de dados multidimensional. O OLAP relacional (ROLAP) utiliza a arquitetura relacional dos dados, onde o banco de dados possui a estrutura tradicional, isto é, hierarquizada. Já o OLAP híbrido (HOLAP) é a junção das duas anteriores, utilizando os melhores aspectos e recursos de cada um dos dois tipos.

Análise multidimensional é uma forma representativa do cruzamento de informações na utilização das tecnologias DW. Dimensão é uma unidade de análise, representa um eixo principal no estudo dos dados (exemplo de dimensões numa empresa: produto, tempo, região). Uma dimensão pode possuir níveis hierárquicos (exemplo: a dimensão região divide-se em estados, que, por sua vez, divide-se em cidades ou em áreas de atuação etc.). Visão é o cruzamento entre uma ou mais dimensões (exemplo: estudo de um produto ao longo do tempo para determinada região). Para melhor compreensão, tal análise é sempre associada a um cubo, onde as arestas representam as dimensões e cada célula representa um indicador resultado de uma determinada visão.

4.10 ENTERPRISE CONTENT MANAGEMENT (ECM)

É muito importante que você conheça um pouco desse *software*, que inclui, entre outras funcionalidades, o gerenciamento dos portais de informações e conhecimentos.

SAIBA MAIS

Sobre ECM.
https://uqr.to/hr40
Acesso em: 15 jan. 2020.

ECM ou Gerenciamento do Conteúdo Organizacional, numa tradução mais apropriada, é o *software* por excelência para concretizar e operacionalizar o conceito Gerência de Conhecimento (*Knowledge Management* – KM), tão discutida e tão pouco entendida e implantada nas atuais organizações, embora já estivesse disponível, tanto em metodologia quanto em tecnologia, desde a década de 1990.

A rigor, essa classe de *software* é composta de várias categorias de *softwares*.

4.11 GERENCIADOR DE CONTEÚDO

Esse é o coração de um sistema ECM (tanto *Content Management* – CM – quanto KM). A finalidade desse módulo é criar e manter os repositórios de conteúdo em qualquer parte da organização. São esses repositórios que formam o núcleo central de uma ferramenta da classe CM. O Gerenciador de Conteúdo é responsável também por gerenciar o ciclo de vida dos dados, informações e conhecimento e distribuí-los por toda a empresa por meio de portais, páginas *Web*, Intranets e Extranets. Manter as complexas redes de conteúdo, conhecimento, usuários e servidores exige que a ferramenta tenha capacidade de processamento de volumes, muitas vezes, inimagináveis para outros tipos de *software*.

O Gerenciador de Conteúdo deve possuir características técnicas para suportar a criação dinâmica dos repositórios e, até mesmo, da organização. Essa escalabilidade pode ser tanto de *hardware*, de *software*, quanto de ambiente, o que significa dizer que deve prever o crescimento departamental, organizacional, de clientes e de usuários.

Características desejáveis do Gerenciador de Conteúdo:

- Facilidade de uso.
- Baixo custo de aquisição.
- Baixo custo de propriedade.
- Contextualização do conteúdo.
- Reutilização dinâmica do repositório.
- Rapidez no desenvolvimento dos conteúdos.
- Rapidez e precisão na publicação de conteúdo.
- Funções para trabalho colaborativo.
- Gerenciamento de riscos.

4.12 GERENCIADOR DE PORTAL

Ao pensar em criar desde uma simples página *Web* a um megaportal para utilização via Internet, Intranet ou Extranet, a empresa vai necessitar de um módulo Gerenciador de Portal. Ele permitirá a criação, a publicação e a atualização dos conteúdos desses veículos de comunicação.

Dependendo da ferramenta adquirida, será possível, por meio de uma administração centralizada, coletar dados, informações e conhecimento das mais variadas fontes como: aplicações corporativas, bancos de dados departamentais e corporativos, e conteúdo em qualquer extensão (terminações como: .pdf, .wfl, .doc, .txt etc.), em qualquer tipo de mídia e que serão publicados em qualquer repositório, intra ou extraorganização.

Características desejáveis do Gerenciador de Conteúdo:

- Capacidade de integrar toda a organização e suas extensões como: fornecedores, clientes, acionistas, governos etc.

- Ponto de acesso único.

- Acesso personalizado.

- Segurança.

- Ótimo desempenho.

- Possibilidade de crescimento "ilimitado".

- Implantação modular.

- Baixo custo de aquisição e propriedade.

- Encadeamento de conteúdos internos e externos.

- Integração com sistemas legados.

Dentre os módulos que compõem o Gerenciador de Portal destaco o mais importante:

4.13 GERENCIADOR DE PESQUISAS

Por meio dele, será possível realizar pesquisas multilinguagem diretas, cruzadas e compostas. A base de dados que suporta o Gerenciador de Pesquisas deve manter e reconhecer relacionamentos semânticos de dados, informações e conhecimento depositados em diferentes repositórios.

Características desejáveis do Gerenciador de Pesquisas:

- Ferramentas para pesquisas inteligentes.

- Indexação automática.

- Segurança.

- Amplo acesso a dados, informações e conhecimento.

- Resultados rápidos.

- Alta precisão dos elementos de busca.

4.14 GERENCIADOR DE RELACIONAMENTO

Módulo que tem por finalidade gerenciar o relacionamento com clientes a fim de garantir sua lealdade com o conteúdo disponível no repositório. Entenda-se por clientes tanto os internos quanto os externos, que venham a acessar o conteúdo por meio de qualquer dispositivo. Entretanto, vale lembrar que, principalmente, os clientes externos buscam rapidez de acesso, precisão nas informações "recuperadas", garantia de atendimento e qualidade.

O tempo torna-se elemento cada vez mais escasso e valioso, tanto para quem constrói um repositório de conteúdo quanto para quem o acessa. Além disso, as atualizações obrigatoriamente frequentes devem ser feitas num curto espaço de tempo, nem sempre possível pela inexistência de ferramentas como as encontradas no Enterprise Content Management, o que hoje leva as organizações dos mais variados tamanhos a manterem informações desatualizadas por longos períodos em suas páginas *Web*.

Características desejáveis do Gerenciador de Relacionamento:

- Reação imediata às mudanças do mercado.
- Entendimento seguro das preferências do cliente.
- Personalização das preferências do usuário.
- Capacidade de potencializar o relacionamento com clientes.
- Racionalizar processos de CRM.
- Suportar relacionamento um a um (*one-to-one*).

4.15 GERENCIADOR DE DOCUMENTOS

Documentos são fontes de dados, informações e, dependendo do tipo, até mesmo de conhecimento. Gerenciá-los corretamente é fator crítico de sucesso para qualquer ferramenta de *Content Management*. Afinal, é por meio da coleta, organização, carga e administração de documentos nos repositórios de conteúdo que poderemos eliminar papel, racionalizar o uso de espaço físico ocupado por arquivos (vivos e inativos), economizar os recursos de impressão como tinta, toner, papel, além de permitir que a informação chegue a todos com a mesma qualidade e tempo necessários à execução de cada atividade.

Características desejáveis do Gerenciador de Documentos:

- Ferramentas que permitam que dados e informações cruciais ao negócio sejam coletados com rapidez.
- Eliminação dos custos de guarda e manutenção de arquivos físicos.
- Acesso uniforme a todo e qualquer tipo de documento.
- Gerenciamento de todos os tipos de informações.
- Racionalização dos processos de negócio.
- Disponibilização dos documentos por meio de soluções integradas.
- Facilidades que possibilitem seu rápido aprendizado.

- Rapidez no acesso a qualquer tipo de informação.
- Gerenciamento dos riscos inerentes à guarda de documentos legais.

Dependendo da "marca" da ferramenta que estiver sendo adquirida, existirão alguns módulos especialistas, que terão funções específicas no conjunto ECM. Dentre esses módulos, convém destacar:

4.16 CAPTURA DE DOCUMENTOS

A finalidade principal desse módulo é a de digitalizar documentos de qualquer tipo para que possam estar disponíveis, por meios eletrônicos, a toda organização. Essa funcionalidade, que também faz parte do Gerenciamento Eletrônico de Documentos (GED), permite reduzir os custos de manutenção e de acessibilidade aos documentos guardados fisicamente.

Literalmente, qualquer tipo de documento pode ser capturado, ou digitalizado, por meio desse módulo, e por isso esse, talvez, seja um dos mais importantes módulos do CM.

Características, desejáveis, do módulo de Captura de Documentos:

- Permitir a redução dos custos operacionais.
- Capacidade de processamento (alguns produtos podem digitalizar de 100 a 1.000.000 de documentos por dia).
- Permitir a racionalização dos custos dos equipamentos.
- Simplicidade de procedimentos operacionais.
- Permitir a eliminação de retrabalho.
- Suportar comércio eletrônico.

4.17 CAPTURA, GERAÇÃO E DISTRIBUIÇÃO DE RELATÓRIOS

Esse módulo tem capacidade de capturar dados e informações existentes em arquivos e bancos de dados para distribuí-los eletronicamente tanto para o pessoal da empresa como para fornecedores, parceiros, clientes, acionistas, governos, via *Web*. Como resultado, o acesso a informações críticas é agilizado por meio de ferramentas que permitem, a quem tiver sido dado direitos específicos de acesso, a possibilidade de gerá-los e ou acessá-los, liberando o pessoal de TI para tarefas mais especializadas.

Os problemas ocasionados pela geração, formatação e distribuição de quantidades cada vez maiores de relatórios nas empresas nos dias atuais serão eliminados por meio da ambientação eletrônica dos metadados, que são as bases desse tipo veículo de informação. Os relatórios devem ser analisados e cada vez menos impressos. Muito diferente do que ocorre frequentemente, pois eles são impressos, pouco lidos e menos ainda analisados.

Características desejáveis do módulo de Captura e Geração de Relatórios:

- Permitir a redução de custos.
- Precisão.

- Permitir o aumento de eficiência.
- Permitir o aumento de produtividade.
- Disponibilidade.
- Atualidade.

4.18 GERENCIADOR DE MÍDIAS

Também conhecido como *Media Asset Management*, o módulo Gerenciador de Mídias tem por finalidade organizar o caos gerado pela grande quantidade de suportes existentes hoje em qualquer empresa. Nas que são mais organizadas, é até mesmo possível saber, eletronicamente, quantos volumes existem, o nome de cada um e sua localização física ou eletrônica. Entretanto, para saber o que cada um dos volumes existentes contém, é preciso apelar para algum vidente de plantão.

Produtos generalistas de CM geralmente incorporam esse tipo de funcionalidade, quer mediante módulos específicos, quer por meio de opções em outras funcionalidades. Ocorre, porém, que *Media Asset Management* são, também, produtos especialistas de CM, como veremos mais adiante.

Muitas tecnologias, muitos dados, e como proteger legalmente tudo isso?

Temos apenas um ano para nos prepararmos para a entrada em vigor da Lei Geral de Proteção de Dados (LGPD). Sua vigência não será postergada, e, por isso, as organizações têm que se preocupar em implantar o que a lei estabelece.

4.19 LEI GERAL DE PROTEÇÃO DE DADOS PESSOAIS (LGPD)

A LGPD (Lei nº 13.709, de 14 de agosto de 2018) regulamenta a forma pela qual as organizações passarão a utilizar, no Brasil, dados pessoais enquanto informação relacionada à pessoa natural identificada ou identificável. Também conhecida como Lei Geral de Proteção de Dados, entrará em vigor em 24 meses a contar de sua publicação. Os pontos principais da legislação no que tange o mercado de dados são:

- **Primeiro ponto:** obtenção do consentimento do usuário no momento da coleta dos dados para todas as aplicações geradas pelo dado. Se você for usar o dado para modelagem, para marketing, para vendas, ou para qualquer outra aplicação, tem que avisar isso para a pessoa na hora em que ela estiver te passando a informação, e ela tem que dar o *ok* explícito.

- **Segundo ponto:** direito de conhecimento e de *opt-out*. Uma pessoa pode pedir a qualquer empresa informações sobre todos os dados dela que estão armazenados, e pedir para ser removida de qualquer base de dados.

- **Terceiro ponto:** finalmente, a lei impõe restrições na venda e/ou repasse de informações coletadas dos usuários e exige que seja adotada uma série de boas práticas de segurança para proteger os dados contra vazamentos e que sejam alertadas as pessoas afetadas caso um vazamento venha a ocorrer.

Apesar dessas restrições, a lei também especifica algumas situações onde esses limites e requisitos não se aplicam. As mais relevantes são aplicações de segurança pública e de proteção ao crédito do consumidor.

A LGPD traz um grande impacto social e econômico. O usuário brasileiro titular de dados pessoais precisará saber o que é proteção de dados pessoais, assim como haverá necessidade de se disponibilizar recursos financeiros para que o sistema da pequena empresa e de *startups* possam se adequar.

A lei prevê e exige que existam encarregados da proteção dos dados pessoais nas organizações. O controlador e o operador devem pensar em regras e meios técnicos para proteger os dados pessoais e comprovar sua efetividade nas empresas, seja por aplicação de recursos de anonimização, controle de acesso, procedimentos, políticas de gestão e treinamentos para equipes.

Fica a questão de quem deve ser essa pessoa e como fazer o treinamento e a seleção desse profissional na organização, seja ele interno ou terceirizado. A *vacatio legis* é de 18 meses inicialmente, o que é considerado um prazo curto. Agora todo e qualquer projeto já precisa ser iniciado com as premissas do *privacy by design*, e os projetos em andamento devem ser adaptados para atender aos mesmos princípios, ou seja, estar preparados para atender à nova realidade regulatória brasileira e internacional.

Para iniciar a implementação dos requisitos de conformidade à LGPD, o primeiro passo é a realização de um levantamento. Ou seja, deve-se fazer uma análise de diagnóstico para identificar como a instituição está no tocante aos indicadores de conformidade e o que falta para atender aos controles exigidos. Para tanto, a primeira atividade é fazer o inventário dos dados pessoais (quais são e onde estão). Depois, deve-se montar a matriz de tratamento dos dados pessoais (quais os tipos de tratamento e para que finalidades).

Na LGPD, em resumo, o passo a passo para a implantação das obrigações consiste em:

- Revisão e atualização da política de privacidade, para estar em conformidade com as novas regulamentações de proteção de dados pessoais.
- Atualização das cláusulas de contratos (seja como titular de dados pessoais consumidor final ou funcionário).
- Atualização das cláusulas de contratos com os parceiros e fornecedores que realizam algum tipo de tratamento de dados, principalmente fornecedores de soluções de gestão de informação, nuvem, monitoração, mensageria, *e-mail marketing*, *credit score*, *Big Data*, mídias sociais (coleta, produção, recepção, classificação, acesso, utilização, transmissão, armazenagem, processamento, eliminação, enriquecimento).
- Modelo de resposta para o *Notice Letter* do Órgão de Controle de Dados (sobre nível de conformidade da empresa e controles auditáveis) para prevenção a aplicação de multas e fiscalizações.
- Modelo de *checklist* de *compliance* para uso da área de compras para novos fornecedores e parceiros, que precisarão estar em conformidade com as novas regulamentações de proteção de dados pessoais.
- Modelo para gestão e guarda de trilha de auditoria para gestão dos *logs* de consentimento.

Na LGPD, os documentos que precisam ser atualizados são os seguintes:

- Mapa de fluxo de dados pessoais (*Personal Data Flow Map*).
- Tabela de temporalidade de guarda de *logs* de consentimento.

- Política de gestão de dados pessoais (que deve ser assinada inclusive *intercompanies* – entre empresas do mesmo grupo econômico, entre matriz e filiais).
- Política para tratamento de dados pessoais para terceirizados (*providers* que realizam tratamento de dados pessoais – vários procedimentos trazidos no GDPR e na LGPD sobre fluxo, padrão de criptografia, guarda de *logs* etc.).
- Termo de uso e política de privacidade (atualizar batendo tratamento × finalidade de uso × justificativa jurídica × matriz de consentimentos, novos direitos dos usuários como portabilidade, exclusão, minimização de uso, limitação e outros).
- Contratos (atualizar com cláusulas que preveem GDPR e LGPD).
- NDA (atualizar com cláusulas que preveem GDPR e LGPD).
- *Checklist Compliance* (atualizar com cláusulas que preveem GDPR e LGPD).
- Código de Conduta (atualizar com cláusulas que preveem respeito à proteção de dados pessoais).
- Política de Segurança da Informação (atualizar com cláusulas que preveem GDPR e LGPD).

4.20 CONCLUSÕES

Em se tratando de estruturas organizacionais, a pluralidade existente hoje é muito grande. Na verdade, todo dia as revistas de negócios e também as revistas acadêmicas trazem novas ideias e novas experiências que visam aumentar a produtividade, baixar os custos e manter a qualidade de forma consistente em tudo o que a empresa faz.

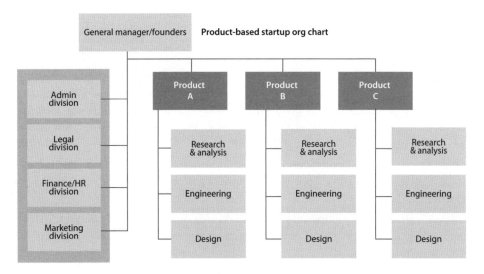

Figura 4.4 Organograma de *startups* baseado em produtos.

As antigas estruturas organizacionais ainda existem. Afinal, a grande maioria das empresas ainda teme adotar as novas ideias estruturais. As pequenas e médias empresas brasileiras, principalmente, estão numa espécie de encruzilhada de vida ou morte. Esse tipo de empresa é o que mais emprega, não só em nosso país, como também na maioria dos países ocidentais, mas é também quem mais perigo sofre numa economia globalizada.

Por quê?

- Primeiro, porque, quase sem exceção, são empresas que cresceram sem tempo e dinheiro para se organizarem, se documentarem. Cresceram sem tempo para adquirir conhecimento para serem mais produtivas, eficientes e conquistarem e manterem a qualidade pela qualidade, sem falar em nenhum tipo de certificação cara e de efeito duvidoso para quem não tem como mantê-la.

- Segundo, porque é justamente esse tipo de empresa que está fazendo o movimento de globalização da economia tornar-se efetivo, prático. Senão, vejamos. As grandes empresas já eram globalizadas antes mesmo de todo esse movimento econômico de quebra de barreiras alfandegárias começasse a acontecer. As grandes empresas eram, e ainda são, chamadas de multinacionais. Entretanto, as pequenas e médias empresas é que estão fazendo a globalização tornar-se efetiva. Elas produzem em seus países de origem e exportam para o mundo inteiro, competindo em custo, prazo, preço e qualidade com empresas que estão sediadas em nossas cidades ou países.

- Terceiro, porque as empresas estrangeiras saíram na frente na busca pela eficiência. A maioria já estava preparada para enfrentar a competição internacional. As empresas americanas e europeias não estiveram sob nenhum regime de exceção, que lhes proibisse a modernização sob falsas promessas de terem um país eternamente subjugado à inescrupulosidade de empresários espertos.

Hoje, o que vale é a criatividade aliada à capacidade de trabalho da empresa por meio do uso da mais atual TI existente. Ou seja, todas essas estruturas organizacionais só poderão existir se a TI disponível for adotada e utilizada corretamente.

Se não for assim, as empresas continuarão a ser departamentalizadas, ineficientes, improdutivas, sujeitas, às vezes, aos humores de uma única pessoa, comprometendo sua existência.

RESUMO GERENCIAL

Neste capítulo, aprendemos que:

A Revolução 4.0, ocasionada pelas TI, causará grande impacto na nossa vida pessoal e profissional.

Muitos empresários ainda se comportam de forma autoritária.

Algumas novas tecnologias revolucionarão nosso modo de vestir, comer, andar etc.

As novas estruturas organizacionais estão revolucionando a forma de produzir.

RESUMO ESQUEMÁTICO

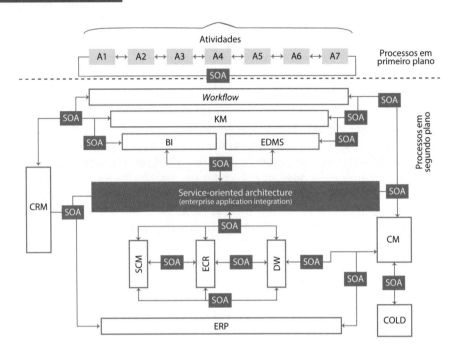

QUESTÕES PARA DEBATE

1. Como resolver o problema da corrupção?
2. Como os três elementos do Modelo de Relacionamento Cíclico interagem?
3. Das novas estruturas organizacionais, quais podem ser combinadas para criarem novas estruturas?
4. O comércio eletrônico é viável ou não?
5. Quais os principais pontos de atenção para se implantar uma estrutura em rede dentro de uma organização?

EXERCÍCIOS

Assinale a alternativa correta.

1. Existem dois tipos de operacionalização de processos. Quais são eles?
   a) Gerenciais e operacionais.
   b) Gerenciais e administrativos.
   c) Operacionais e matriciais.
   d) Matriciais e em rede.
   e) Gerenciais e produtivos.

2. As estruturas em rede têm quatro dimensões. Quais são elas?
   a) Largura. Altura. Profundidade. Espacialidade.
   b) Largura. Altura. Profundidade. Metragem.
   c) Largura. Hierarquia. Profundidade. Tempo.
   d) Largura. Altura. Profundidade. Tempo.
   e) Hierarquia. Altura. Profundidade. Metragem.

3. RPA significa o quê?
   a) Resposta Produtiva Automática.
   b) *Robotic Process Automation*.
   c) Resposta de Pronto Atendimento.
   d) Repositório de Processamento Audível.
   e) Requisitos Prioritários para Automação.

4. Qual o significado de *Big Data*?
   a) Dados incomensuravelmente grandes.
   b) Dados que não cabem em nenhum celular.
   c) Dados que são hackeados pelos malfeitores da *Deep Web*.
   d) Dados cujas escala, diversidade e complexidade exigem nova arquitetura, novas técnicas, novos algoritmos e análises para gerenciá-las e extrair valor e conhecimento ocultos nelas.
   e) Dados armazenados pelos governos do mundo todo.

5. O que é *Enterprise Content Management* ou Gerenciamento do Conteúdo Organizacional?
   a) *Software* por excelência para concretizar e operacionalizar o conceito Gerência de Conhecimento (KM).
   b) *Software* para gerenciar conteúdo.
   c) *Software* para implantar *Data Warehouse*.
   d) *Software* por excelência para tratar *Big Data*.
   e) *Software* que serve para implantar *Robotic Process Automation*.

CAPÍTULO 5

PROCESSOS, ORGANIZAÇÃO & MÉTODOS

OBJETIVOS DO CAPÍTULO

- Apresentar os principais conceitos relacionados a técnicas tradicionais de análise de O&M.
- Discutir as principais ideias sobre processos, organização & métodos.
- Entender a importância da análise, melhoria e modelagem de processos de negócio para as organizações.
- Compreender a TI na perspectiva da análise, melhoria e modelagem de processos de negócio.

PARA COMEÇAR

Você se lembra do Caso Palmeira, no início deste livro? Pois é. Agora imagine o Sr. Palmeira tendo de se envolver com processos, uma visão holística das atuais organizações.

Como você agiria diante dessas novas ideias?

Você está preparado?

5.1 TÉCNICAS TRADICIONAIS DE ANÁLISE DE O&M

Embora continue achando que não tem mais sentido falarmos daquela Organização & Métodos (O&M) que existiu no passado, é importante tratar um pouco sobre as técnicas tradicionais de análise de rotinas, mesmo porque, embora tradicionais, algumas ainda são úteis como ferramentas de levantamento de análise de processos.

O que se espera com isso é:

- Podermos aprender com a experiência do Caso Introdutório Sr. Palmeira, o que ele fez de errado e de certo, se alguma coisa certa houve.
- Não deixar que técnicas, mesmo tradicionais, caiam no esquecimento, principalmente se ainda podem ser úteis.
- Situar as novas técnicas, contrapondo-as às tradicionais. Isso dá oportunidade, a quem estiver lendo, de compará-las e decidir se quer utilizar uma ou outra sempre que ambas se equivalerem quanto ao resultado final de uso.

Entre essas tradicionais técnicas, a que mais se usa ainda hoje, embora de formas e maneiras diferentes de como se usava num passado recente, é sem dúvida a técnica chamada de fluxograma. Essa técnica pode assumir uma interminável série de nomes, formas e pequenos detalhes que não invalidam o caráter geral de técnica desenvolvida para "desenhar o fluxo" de processos, como, aliás, está no significado etimológico da palavra *fluxograma*.

Outra técnica de representação gráfica é o harmonograma. Ela é usada para representar graficamente o fluxo de uma rotina, detalhando as operações realizadas em cada unidade de trabalho envolvida na análise, os empregados que as executam e como esses as executam. O harmonograma representa também as distâncias existentes entre as unidades operacionais, equipamentos etc. Outros dados representados nessa técnica são equipamentos utilizados e quantidades, tempo de execução de cada operação, quantidades de pessoas e, por fim, o número de unidades produzidas em cada atividade.

VOCÊ SABIA?

Harmonograma: conjunto de diagramas parcelares num único gráfico. Registro gráfico de um ou mais diagramas de movimentos harmônicos. Os harmonogramas podem ser obtidos em papel milimétrico ou, no caso de instrumentos tecnologicamente mais avançados, podem ser registrados e guardados na forma digital para posterior análise em *softwares* adequados.

Como definição genérica, temos que tanto fluxogramas como harmonogramas são representações da sequência de operações de um processo.

CAPÍTULO 5 | PROCESSOS, ORGANIZAÇÃO & MÉTODOS **109**

Harmonograma – Departamento Administrativo

Tempo (médio)		Diretor geral	Secretária	Digitador(a)	Arquivista	Contínuo	Assunto: Carta entregue em mãos ao destinatário
horas	minutos						DESCRIÇÃO DAS FASES OU TAREFAS
–	7	●					Ditar a carta.
–	10		●				Dar a redação final.
–	10			●			Digitar em 2 vias.
–	4		□				Revisar a carta.
–	10	●					Ler e assinar a carta.
–	2		⇨				Levar para marcar expedição.
–	15					ω	Aguardar para ser levada ao destinatário.
–	40					⇨	Transportar 1ª via ao destinatário e protocolar a 2ª via
–	2				▽		Arquivar a 2ª via

RESUMO DO TRABALHO EXECUTADO

Fases/Tarefa	Quantidade	Símbolos	Tempo despendido em cada				
Operação	4	●	TM	–	h	32	min
Transporte	2	⇨	TM	–	h	42	min
Inspeção	1	□	TM	–	h	4	min
Espera	1	ω	TM	–	h	15	min
Arquivamento	1	▽	TM	–	h	2	min
TOTAL	9	TEMPO MÉDIO =		–	h	100	min

Figura 5.1 Exemplo de harmonograma.

Antes de continuar falando de harmonograma e fluxograma, é preciso abordar algo que estava intrinsecamente ligado a essas duas técnicas, ainda que rapidamente: rotinas.

5.2 ROTINAS

Rotina era o termo utilizado pelos analistas de O&M para descrever passo a passo como as pessoas interagiam dentro das empresas ou entre elas e os clientes executando as atividades pelas quais eram responsáveis.

Genericamente, a documentação de uma rotina servia para identificar um conjunto de ações que tinham como principal preocupação o fluxo da papelada dentro das áreas estudadas. Esse tipo de abordagem limitava em muito o escopo do analista de O&M. Em alguns livros sobre o tema, acham-se, inclusive, afirmações de que "as rotinas eram formadas pelo fluxo de papéis entre postos de trabalho" (Cruz, 1999).

PROCESSOS ORGANIZACIONAIS & MÉTODOS | CRUZ

Isso difere não só a abordagem de O&M, como também o resultado de sua análise, das preocupações atuais com processos de negócio como um todo.

Quando a informatização das atividades ainda engatinhava, era possível identificar várias disfunções apenas observando-se alguns sinais externos, que denotavam estar a rotina, dentro da qual a atividade estava inserida, sofrendo de algum mal. Era comum ver pilhas e pilhas de papéis, filas enormes nos locais onde havia atendimento ao público, mormente nas repartições governamentais, fossem elas federais, estaduais ou municipais, nos bancos, públicos ou privados; e com todo o avanço da tecnologia, continuam existindo filas, reclamações de atrasos e perdas frequentes de informações na grande maioria dessas organizações.

Por princípio, o estudo das rotinas de trabalho, do ponto de vista de O&M, tinha como objetivo conhecer, analisar e melhorar cada uma, usando técnicas que até certo ponto se assemelhavam às utilizadas hoje para o estudo dos processos de negócio.

5.3 OBJETIVOS DE O&M

Os objetivos de O&M são os seguintes:

- **Identificar** cada etapa que compunha a rotina que estivesse sendo analisada.
- **Analisar** a necessidade de cada etapa existir na rotina.
- **Analisar** a sequência das operações e a conveniência de alterá-la ou não.
- **Avaliar** se as pessoas estavam ajustadas às operações que executavam.
- **Desenvolver** variantes da rotina que melhorassem o fluxo das informações.
- **Desenvolver** formulários para suportar o fluxo de informações entre os diversos passos da rotina.
- **Desenvolver** treinamento para aumentar a eficiência das pessoas na execução das operações.
- **Implantar** as melhorias desenvolvidas para a rotina.

Em princípio, esses objetivos são muito semelhantes aos que buscamos hoje. A grande diferença talvez esteja não "no que buscar", mas sim "no que fazer" com o que tiver sido descoberto por nossa análise.

A visão de O&M era muito estreita e não ia além das preocupações com a rotina em si.

5.4 ETAPAS PARA O ESTUDO DAS ROTINAS

Quando um analista de O&M era designado para analisar uma rotina, ele se valia de um conjunto de conhecimentos não ordenados que o auxiliavam no trabalho. Nesse conjunto, havia o conhecimento adquirido com trabalhos anteriores, que ele acessava recorrendo a manuais ou pastas que continham tais projetos. Contava também com a ajuda de colegas mais experientes e com a supervisão do próprio chefe. Porém, era um trabalho difícil de ser realizado, pela falta de conhecimento formal, como cursos, seminários, livros etc.

5.5 SEQUÊNCIA PARA ANALISAR AS ROTINAS

A sequência mais comum das etapas necessárias ao trabalho de analisar as rotinas era a seguinte:

- Escolher a rotina a ser trabalhada.
- Coletar os dados.
- Desenhar a rotina.

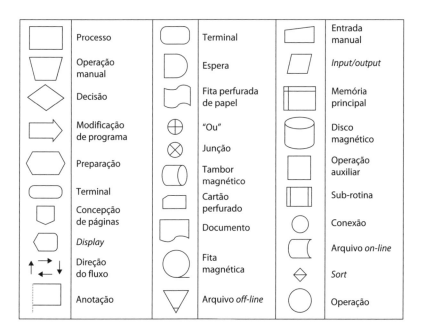

Figura 5.2 Símbolos para a construção de fluxogramas.

5.6 TÉCNICAS E TIPOS DE FLUXOGRAMAS

5.6.1 FLUXOGRAMA SIMPLES

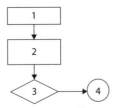

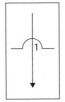

Figura 5.3 Direção e numeração.   Figura 5.4 Cruzamento de linhas.

A variedade de técnicas de confecção e tipos de fluxogramas dá ao analista de processos grande possibilidade de uso dessa ferramenta.

> **VOCÊ SABIA?**
>
> Como regra geral, o fluxograma deve ser construído de cima para baixo e da direita para a esquerda, no sentido do formulário, embora essa disposição não seja rígida e sirva apenas para dar ordem à representação gráfica.

A Figura 5.3 dá uma ideia resumida da representação.

Cada operação deve ser numerada de forma sequencial, a fim de possibilitar a identificação de cada uma delas numa lista que acompanhe o fluxograma com explicações. Isso permite que elas sejam referenciadas, comentadas, explicadas em qualquer parte do texto. Embora existam muitas observações sobre inúmeros detalhes com os quais se deve ter cuidado ao montar um fluxograma, a prática é muito simples, pois na maioria das vezes construímos fluxogramas simples.

Outro cuidado que se deve ter, na construção de fluxogramas, é com o cruzamento de linhas. A Figura 5.4 mostra como esse cruzamento deve ser feito no sentido vertical. O mesmo deve ser mantido para os cruzamentos horizontais.

5.6.2 FLUXOGRAMA SINTÉTICO

Essa técnica serve para representar genericamente um processo, um conjunto de atividades ou parte de um conjunto maior, de forma sintética, como, aliás, está definido em seu nome. As informações contidas nele são genéricas, não há títulos, cargos, localização da atividade, nada a não ser a informação genérica sobre o que cada atividade faz, traduzida por meio de um nome formado por substantivo.

Fazer um fluxograma sintético pode ser interessante quando precisamos ter apenas um conhecimento superficial do conjunto das operações e queremos discutir, principalmente com quem não esteja preparado para discutir o processo de forma detalhada. A Figura 5.5 mostra um fluxograma sintético. A rotina de recebimento em suas atividades iniciais, de forma resumida, parte de um fluxo maior, apenas para mostrar o recebimento puro e simples.

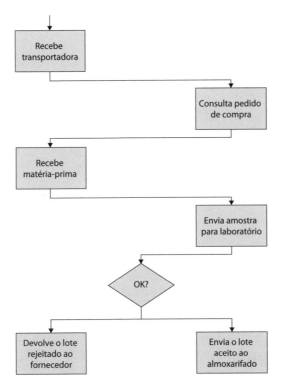

Figura 5.5 Fluxograma sintético.

5.6.3 FLUXOGRAMA DE BLOCO

O fluxograma de bloco (Figura 5.6) tem origem em outro instrumento de análise, chamado diagrama de bloco, muito utilizado pelos analistas de sistemas. Esse tipo de fluxograma é muito parecido com o fluxograma sintético, pois também mostra de forma resumida o processo objeto de análise.

As diferenças existentes entre os dois são:

- O fluxograma de blocos pode apresentar o fluxo alternativo quando este existir.
- O fluxograma de blocos pode estabelecer se o processo é positivo ou negativo.
- No fluxograma de blocos, os passos da atividade podem ser escritos dentro do símbolo.

A Figura 5.6 mostra um pequeno exemplo de fluxograma de blocos. É possível notar as diferenças e as semelhanças entre os dois fluxogramas.

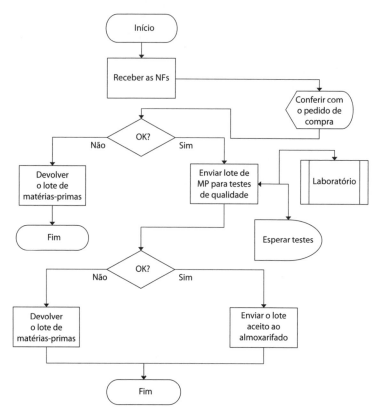

Figura 5.6 Fluxograma de blocos.

5.6.4 FLUXOGRAMA VERTICAL

O fluxograma vertical foi criado por um engenheiro chamado Michael Addison. É uma ferramenta poderosa para levantamento e análise de rotinas; permite que mesmo profissionais de países de idiomas diferentes o entendam, por utilizar uma simbologia padronizada e conhecida internacionalmente.

Os símbolos utilizados nesse fluxograma são os padronizados pela American Society of Mechanical Engineers (ASME). Em português, Associação dos Engenheiros Mecânicos dos Estados Unidos.

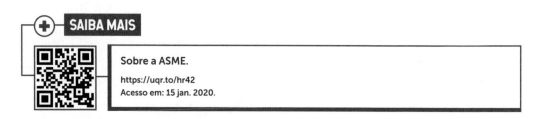

Outra diferença entre esse fluxograma e os outros vistos até aqui é que ele tem um formulário pré-impresso, o que facilita sua padronização, tornando seu preenchimento mais rápido e sua

CAPÍTULO 5 | PROCESSOS, ORGANIZAÇÃO & MÉTODOS **115**

leitura muito mais inteligível. Entretanto, devo alertar que, embora tenha todas essas vantagens, ele não é uma técnica que possa ser usada por quem não tenha experiência em processos.

Fluxograma Vertical

Símbolos		
●	Análise ou operação	
➡	Transporte	
▰	Execução ou Inspeção	
▲	Arquivo provisório	
▼	Arquivo definitivo	

Rotina: Operacional

Setor: Recebimento

Efetuado por: Tadeu Cruz

Data: Novembro de 2012

Ordem	Símbolos	Atividades	Tarefas
1	○ ➡ □ ▷ △	Recebimento	Receber Matéria-Prima com NF.
2	○ ➡ □ ▷ △		Enviar amostra de MP para laboratório.
3	○ ▷ ▰ △		Esperar resultados dos testes de qualidade.
4	● ▷ □ ▷ △		Se OK, receber. Se não OK devolver.
5	● ▷ □ ▷ △		Emitir AR (Aviso de Recebimento).
6	○ ➡ □ ▷ △		Enviar MP para almoxarifado com 1ª via de AR.
7	○ ➡ □ ▷ △		Enviar NF e 2ª via de AR para Contabilidade.
8	○ ▷ ▰ ▷ △	Contabilidade	Receber NF e 2ª via de AR.
9	● ▷ □ ▷ △		Conferir NF e 2ª via de AR.
10	○ ▷ □ ▷ ▼		Fim.

Figura 5.7 Fluxograma vertical.

5.6.5 OUTROS FLUXOGRAMAS

Fluxograma de Procedimentos, Fluxograma Esqueleto, Fluxograma Horizontal, entre outros, embora ainda existam, não vamos perder tempo conhecendo-os, pois ninguém mais pergunta por eles, principalmente depois da criação da notação *Business Process Modeling Notation* (BPMN).

Uma última palavra a respeito de fluxogramas: são bonitos, funcionais, ajudam na compreensão do trabalho de análise de processos (ou como antigamente: rotinas), embelezam as paredes das organizações, mas não devem ser superestimados.

Fluxogramas não documentam processos! São parte da documentação do processo.

Uma parte pobre, focada em determinado momento e sem o detalhamento necessário a um trabalho sério de mapeamento, análise, modelagem, implantação e gerenciamento de processos de negócio.

Se o trabalho de levantamento de dados não for bem-feito e, por conseguinte, a análise da situação ficar comprometida em decorrência disso, o fluxograma, qualquer que seja a técnica empregada, não servirá de nada, a não ser para enfeitar as páginas e as paredes do projeto.

O universo informacional de qualquer processo é muito mais amplo, detalhado, abrangente e profundo do que um fluxograma pode documentar.

Fluxos são superficiais!

Por isso, como últimas recomendações, procure outras informações, mais úteis e consistentes, para que possa entender o que está acontecendo com o processo.

Devemos procurar informações sobre:

- O que é que está sendo mostrado pelo fluxograma?
- Qual é o produto produzido no processo?
- Quais são as atividades do processo?
- Para que serve cada atividade do processo?
- Quem são os clientes do processo?
- Quais são as atividades necessárias ao processo?
- Quais são as atividades que agregam valor ao produto?
- Quais são as atividades que podem ser eliminadas do processo?
- Cada atividade está onde melhor poderia estar dentro do processo?
- Qual o tempo certo para executar cada atividade do processo?
- Quem deve executar cada atividade?
- Como cada atividade está sendo executada?

Essas são algumas perguntas que devem servir de parâmetro para que o analista de processos possa realizar a análise do fluxograma. Claro que é o mínimo, e que muitas outras podem e devem ser feitas com o intuito de tirar o melhor proveito do trabalho realizado pelo analista.

PROCESSOS, ORGANIZAÇÃO & MÉTODOS

Embora toda empresa seja formada por uma coleção de processos para poder produzir bens ou serviços, na maioria das vezes eles são puramente informais, isto é, não têm nenhum tipo de documentação, ninguém sabe como eles funcionam na totalidade e, por conta disso, não podem ser melhorados.

No passado, também era assim. Não existia organização, documentação ou qualquer registro ou vestígio de atividades e procedimentos escritos, e todos trabalhavam, e ainda na maioria das vezes trabalham, pensando estar fazendo o melhor que podem, sem qualquer registro de qualidade.

Infelizmente, ainda é assim na maioria das organizações!

Por que processos de negócio devem ser mapeados, analisados, modelados, melhorados, recriados?

- Nunca foram documentados.
- Ninguém sabe como funcionam.
- Nunca foram melhorados.
- Nunca foram simplificados.
- Estão visivelmente deteriorados.

- As reclamações são constantes.
- A diretoria quer.

Ainda hoje, encontramos um número muito grande de empresas sem qualquer organização ou documentação dos processos, primários e secundários, que executam. Isso tem causado um grande estrago a essas empresas, principalmente às pequenas e médias, que, tendo sido construídas e desenvolvidas pelos próprios donos, raramente tiveram a oportunidade de serem erguidas de forma organizada, com todos os processos documentados.

Exemplo disso é o fato de uma empresa ter que pedir concordata porque seu dono perdeu o controle sobre o fluxo de caixa e a deixou ficar inadimplente.

O analista de O&M, quando ainda existia, tentava realizar o que o atual analista de processos faz por meio das suas principais responsabilidades.

São elas:

- **Entender:** antes de qualquer outra preocupação, é preciso entender as necessidades de seus clientes. Conhecer as reais preocupações de cada usuário envolvido pelo projeto, saber distinguir as necessidades reais das necessidades imaginárias.
- **Levantar:** mapear um processo (levantar e documentar dados) é um trabalho difícil de ser iniciado e completado, mas importantíssimo, pois por meio dele o analista de processos pode entender todas as variáveis de cada problema.
- **Analisar:** nessa fase, o analista deve analisar o processo com base no conjunto de informações levantadas durante o mapeamento do mesmo.
- **Desenvolver:** no passo seguinte, o analista deve desenvolver uma ou várias soluções para o problema apresentado. As várias opções dariam aos usuários o benefício da escolha. É sempre bom que se dê esse benefício ao usuário.
- **Implantar:** por fim, é necessário implantar as soluções e sugestões previamente analisadas, discutidas e escolhidas pelo usuário.

Hoje, essas mesmas atribuições estão no perfil funcional do analista de processos. O cerne da questão permanece o mesmo: fazer os processos se tornarem mais eficientes, mais baratos, mais limpos, produzindo bens ou serviços com qualidade assegurada. Por isso, trabalhar processos é sempre algo sensível e crítico.

5.8 ENTENDER O PROCESSO

PROCESSO é a forma pela qual um conjunto de ATIVIDADES, dispostas em ordem lógica e cronológica, cria, trabalha ou transforma insumos (entradas), agregando-lhes VALOR, por meio de recursos e tecnologias, com a finalidade de produzir BENS ou SERVIÇOS, com qualidade, para serem entregues a clientes (saídas), sejam eles internos ou externos.

Processo de negócio é o conjunto de atividades, cadeia de eventos, que tem por objetivo transformar insumos (entradas), adicionando-lhes valor por meio de procedimentos, em bens ou serviços (saídas) que serão entregues, e devem atender, aos clientes.

Essa definição resume o processo no que ele tem de essencial, sua função de produzir bens ou serviços de forma organizada, sempre com a mesma qualidade.

É claro que alguns vocábulos aqui têm certa dose de otimismo.

Por exemplo, quando digo "de forma organizada", estou apenas colocando uma tese: a de que é isso que todo processo deveria ser: formalmente organizado. Entretanto, sabemos o quanto de desorganização ainda persiste nas empresas de todos os tipos nos dias atuais e no mundo todo.

A Figura 5.8 tem um mundo de conhecimentos sobre processos que estarei detalhando no decorrer deste capítulo.

Alguns processos podem ou devem ser divididos em subprocessos. Isso tem confundido os profissionais que precisam lidar com a conceituação e com as informações pertinentes a processos de negócio (*business processes*). Um dos erros mais frequentes é o de confundir procedimentos com processo, do qual eles fazem parte, por meio das atividades que formam o processo. Os processos podem ser enfeixados em macroprocessos, quando queremos dar uniformidade ao trabalho de mapeamento, análise, modelagem de processos de negócio.

Não devemos confundir métodos de produção com processos, pois, em meu modo de ver, ambos são diferentes. Enquanto método de produção define a técnica pela qual se produz algo, processo define a forma pela qual essa técnica é empregada. Para ficar claro, vamos tomar primeiro como exemplo a produção por encomenda.

Quando uma empresa recebe uma encomenda para fabricar um bem, um transformador, por exemplo, embora esse bem vá ser único, fabricado exclusivamente para determinado cliente, o processo pelo qual ele será produzido foi previamente definido. Os componentes serão comprados, recebidos, estocados e enviados à produção de acordo com uma sequência apoiada em informações que vão guiar cada atividade na ordem e na forma como ela deve ser realizada.

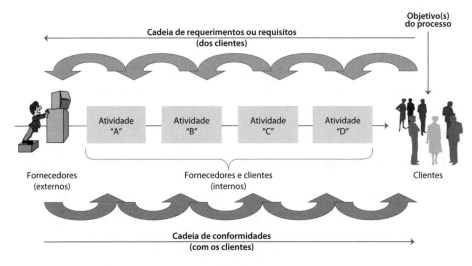

Figura 5.8 Representação gráfica do processo de negócio.

O mesmo se dá com empresas de produção em massa. A única diferença é que o bem não será exclusivo, fabricado segundo a vontade ou necessidade do comprador, mas feito para atender ao mercado potencial de forma genérica. Entretanto, hoje em dia cada vez mais empresas procuram atender especificações particulares, ainda que fabriquem determinado produto em massa.

Todo processo é composto de vários elementos, como mostra a Figura 5.9.

CAPÍTULO 5 | PROCESSOS, ORGANIZAÇÃO & MÉTODOS

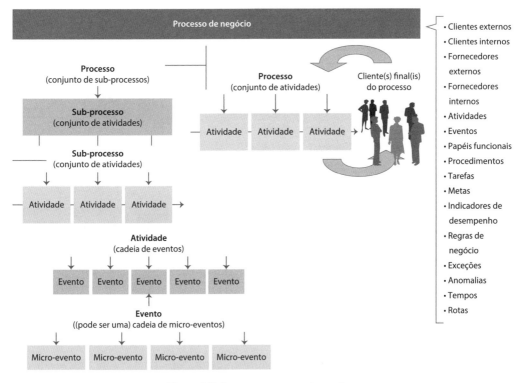

Figura 5.9 Processos e seus elementos.

5.9 DIFERENÇA ENTRE EXISTIR E OCORRER

Os elementos da Figura 5.9 existem em todo e qualquer processo. Eles são a essência de qualquer processo. Entretanto, alguns desses elementos podem não ocorrer em determinados momentos em um processo qualquer. Por exemplo, meta é um elemento que EXISTE no processo de forma essencial, mas se houver uma atividade sem metas estabelecidas, então, embora a meta exista, neste caso em particular, não OCORRE, porque não foi definida ou atribuída.

Por isso, vamos concentrar nossa atenção agora num conjunto mínimo de elementos para trabalhar com processos. Esses elementos são:

- Atividade:
  - Instruções.
  - Papel funcional.
  - Recursos.
  - Tecnologias.
- Insumos.
- Dados e Informações.
- Tempos.

Obviamente, não precisamos falar de clientes, pois eles existem sempre, sejam internos ou externos e fornecedores, igualmente internos ou externos.

Vamos ver cada um detalhadamente.

5.10 ATIVIDADE

A atividade é uma unidade de trabalho existente em todo e qualquer processo.

Atividade é o conjunto, também chamado de Unidade de Trabalho, formado por instruções (procedimentos, normas, regras etc.), papel funcional (mão de obra), recursos e tecnologias cujo objetivo é o de processar entradas para produzir parte do produto que o processo produz.

Existem dois tipos de atividades:

- Atividade operacional, que está diretamente envolvida em produzir parte do produto do processo.
- Atividade gerencial, que existe para supervisionar, gerenciar, orientar e facilitar a vida das atividades operacionais.

5.11 INSTRUÇÕES

Toda atividade contém em si mesma (e devem ser documentadas) dois tipos de informação, que chamo de código genético da atividade, ou DNA da atividade.

Um tipo de informação é de identificação, o outro diz respeito a procedimentos.

- O primeiro tipo, a identificação, diz qual é a forma da atividade, os recursos e as tecnologias alocados a ela, os riscos associados à sua operação e o produto que ela deve produzir cada vez que for executada.
- O segundo tipo, o procedimento, diz qual é a mecânica da atividade: como o procedimento deve ser executado para produzir o produto sob sua responsabilidade.

Parecem ser iguais, mas não são.

- **O primeiro tipo** de informação dá forma à atividade. É o que podemos chamar de alma da atividade. Esse tipo de informação diz o que deve ser realizado pela atividade. Define por que uma atividade se chama, por exemplo: contas a pagar; programação da produção etc. Diz por que a atividade existe, qual papel funcional é responsável por ela e qual será o produto resultante da atividade. Essa informação é basicamente O QUÊ.
- **O segundo tipo** é a informação operacional da atividade. Diz como a atividade deve ser realizada. No caso da atividade programação da produção, por exemplo, ela define que o

profissional deve começar seu trabalho recebendo a programação de vendas, as informações sobre matérias-primas, ou componentes em estoque, a capacidade de produção etc. para só então começar a programar o que será produzido, em qual quantidade e em que espaço de tempo. Essa informação é basicamente COMO.

Quanto à existência, os procedimentos dividem-se em:

- **Formais:** são os que foram criados para serem executados pelo ocupante do cargo que corresponde à atividade. Ainda que a empresa não tenha nenhuma documentação, os procedimentos formais são, até mesmo de forma oral, transmitidos como sendo os que devem ser executados na atividade. Entretanto, se o processo tiver já sido documentado, os procedimentos formais estarão nos manuais de processo.

- **Informais:** os informais são aqueles que não estão escritos em nenhum manual, quer técnico, quer funcional, e nem foram definidos como padrão, mas são do conhecimento exclusivo do ocupante do cargo. É esse tipo de procedimento que faz a diferença entre o sucesso e o fracasso de uma atividade, porque somente quem o criou sabe como funciona. Procedimentos informais são, também, estabelecidos pela prática que o ocupante adquire ao executar uma atividade e pelos anos de convivência com determinado equipamento. A falta de documentação e de gerenciamento do processo é a principal causa da criação dos procedimentos informais.

5.12 PAPEL FUNCIONAL

O papel funcional é o responsável, em termos operacionais, por uma ou mais atividades. Cada atividade tem que ter um, e somente um, papel funcional responsável por sua operação. Entretanto, um papel funcional pode ser responsável por mais de uma atividade. Outro detalhe importante é que vários funcionários podem representar um mesmo papel funcional, como é o caso de vendedores, analistas de sistemas etc.

5.13 RECURSOS

Tudo o que é consumido por cada atividade quando da sua operação: luz, água, gás, dinheiro. Não são insumos, porque insumos fazem parte do produto, mas são elementos como água, energia, tinta para impressoras, lenha etc. Todo recurso é finito, como, por exemplo, recursos financeiros, energéticos, hídricos e recursos humanos. Por isso, o moderno RH prefere chamar recursos humanos de outras coisas, por exemplo, nossos colaboradores, nossos parceiros etc.

5.14 TECNOLOGIAS

Tudo o que é utilizado pela atividade para produzir a parte do produto sob sua responsabilidade. Tecnologia não acaba, como recursos, mas fica velha, obsoleta ou quebra.

> **VOCÊ SABIA?** ?
>
> Segundo o *Moderno Dicionário da Língua Portuguesa Michaelis*: fa.tor, sm (*lat factore*) 1 Aquele que determina ou faz uma coisa. 2 Mat. Cada uma das quantidades que se multiplicam para formar um produto. 3 Qualquer elemento que concorra para um resultado.

5.15 INSUMOS

Conjunto de fatores que entram na produção de bens ou serviços. Por exemplo: matérias-primas; conjuntos, subconjuntos. Os insumos são divididos em dois tipos:

5.16 DADOS E INFORMAÇÕES

O dado é o sangue que corre "nas veias" do processo. É ele que movimenta todo processo. Sem dados entrando e saindo de cada atividade, o processo seria inerte, não produziria nada! Já a informação, como todos sabem, são os dados processados e contextualizados.

5.17 TEMPOS

Componente fundamental de todo e qualquer processo. Coloca o processo dentro de uma perspectiva prática, diz *quando* fazer e *quanto* tempo leva para que cada atividade faça o que tem que ser feito para que o bem ou serviço seja produzido.

Cada atividade, e o processo como um todo, têm duas razões de existir:

5.18 METAS

Objetivos mensuráveis do processo. O que produzir, em quais quantidades, com qual qualidade e em quanto tempo. As metas de produção devem ser claramente definidas e antecipadamente acordadas entre todos os participantes dos esforços para atingi-las.

5.19 CLIENTES

Principal objetivo de qualquer processo. São de dois tipos:

- Internos.
- Externos.

Clientes internos são todos aqueles que desempenham atividades dentro da própria empresa. Podem ser de dois tipos: internos locais e internos remotos. Clientes internos locais trabalham na mesma unidade em que trabalha quem está fornecendo o bem ou serviço; clientes internos remotos são aqueles que trabalham em outra unidade da mesma organização.

Clientes internos, conceito criado pela ISO para ressaltar a importância de se tratar clientes internos com os mesmos cuidados com que tratamos os externos, podem estar no processo propriamente dito, isto é, como responsáveis por cada atividade, ou ao final dele, esperado o produto do processo secundário; já que clientes externos sempre buscam adquirir produtos produzidos por processos primários. Como nos mostra a Figura 5.10, quando um papel funcional, executando uma atividade, recebe uma ocorrência, ele é um cliente interno; depois que a processa e a envia à próxima atividade, ele se transforma num fornecedor interno.

Clientes externos são aqueles que vão comprar e receber os bens ou serviços produzidos pela empresa.

Agora que já sabemos o que é um processo e cada um dos elementos nos quais ele se divide, podemos discutir as formas de documentá-lo, analisá-lo, melhorá-lo e recriá-lo. Vamos ver cada passo necessário para isso à luz das atuais técnicas para mapeamento, análise, modelagem, implantação e gerenciamento de processos de negócio.

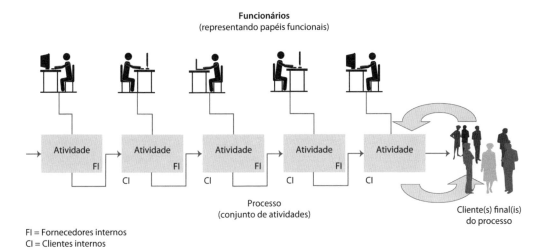

Figura 5.10 Conceito fornecedores internos – clientes internos.

Nesse contexto, você vai aprender sobre a Metodologia DOMP™.

Mapeamento, análise, modelagem e implantação dos processos de negócio devem ser feitos obedecendo-se determinados padrões metodológicos, sem os quais nenhum projeto terá sucesso. A Figura 5.11 mostra as principais fases que uma metodologia para documentar, organizar, analisar e melhorar processos deve ter.

- **Análise inicial:** nesse momento, tomamos contato com a realidade do projeto, sua extensão, duração, custo e objetivo e, como resultado, criamos uma proposta.
- **Mapeamento dos processos de negócio "As Is":** nessa fase, os processos e seus subprocessos são integralmente mapeados e documentados. O produto final dessa fase será o MANUAL

DO PROCESSO "*As Is*" para cada processo de negócio, e subprocessos que houver, contendo os elementos mostrados na Figura 5.9.

- **Modelagem (análise para solução de problemas e melhoria de desempenho) dos processos de negócio:** o produto final dessa fase será o MANUAL DO PROCESSO "*Will Be*" para cada processo de negócio e subprocesso que houver, contendo os elementos mostrados na Figura 5.9.
- **Implantação dos processos de negócio:** nessa fase, os processos e seus subprocessos serão implantados. O produto final dessa fase será o treinamento dos funcionários e terceiros responsáveis pela operação dos novos processos.

A Metodologia DOMP™ consiste em um conjunto de diretrizes e orientações, 200 formulários eletrônicos e regras de negócio, para mapeamento, análise, modelagem, implantação e gerenciamento de processos de negócio de qualquer tipo.

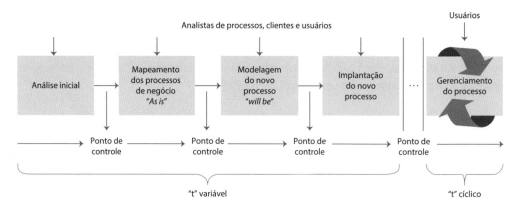

Figura 5.11 Fases do projeto para trabalhar processos de negócio.

O conjunto de dados e informações resultantes do trabalho de mapeamento, análise, modelagem, implantação e gerenciamento de processos de negócio baseado na Metodologia DOMP™ pode ser usado em qualquer *software* de processos de negócio, de *Workflow* ou de *Business Process Management System*.

Convém salientar que para documentar, organizar e melhorar processos de negócio é preciso usar uma metodologia adequada. Muitas metodologias existentes hoje não servem para esse tipo de propósito, algumas porque são superficiais, outras porque se restringem a aspectos relacionados ao desenvolvimento de sistemas de informação e à implantação de produtos de *software*. Há ainda as que se restringem à implantação de algum selo ligado a programas de certificação. É o caso, por exemplo, de metodologias como a CMM-I, ITIL e COBIT.

A Metodologia DOMP™ empregada nos projetos de análise & modelagem de processos de negócio vem sendo desenvolvida por mim há mais de 30 anos e se aplica a qualquer tipo de processo, em qualquer tipo de organização.

Existem três níveis de documentação de processos:

- **1º Nível, Básico,** serve para documentar e fazer os processos serem conhecidos por toda a organização e para que a própria organização conheça a si mesma. Serve também como base para desenvolver sistemas aderentes ao espírito dos negócios e para controlar atividades.
- **2º Nível, Intermediário,** serve para implantar políticas da qualidade ou outra certificação qualquer.

- **3º Nível, Avançado**, serve para implantar Tecnologias da Informação Emergentes, como *Workflow*, GED, KM e outras.

A Metodologia DOMP™ é exclusivamente voltada a documentar processos nos três níveis de detalhamento, dependendo das necessidades da organização e do escopo do projeto.

Benefícios e resultados que serão obtidos com o projeto de análise & modelagem de processos de negócio por meio da Metodologia DOMP™:

- Manuais dos processos e subprocessos.
- O registro formal das regras de negócio pertinentes aos processos.
- Estabilidade dos processos de negócio.
- Orientações e definições para adequação dos sistemas de informação aos processos de negócio.
- Implantação da gerência dos processos de negócio.
- Melhoria contínua da qualidade do processo e do produto produzido por este.

5.20 DOCUMENTAÇÃO DE PROCESSOS

Embora a antiga O&M tenha se esforçado para produzir a documentação das informações e das operações das empresas onde ela existiu, na maior parte das vezes O&M falhou.

Falhou por dois motivos. O primeiro deles é porque O&M, na prática, não entendia o processo como um conjunto de atividades que deviam funcionar de forma harmônica. Os teóricos falavam da natureza da O&M, e não de como adequá-la a uma realidade comum a 70% das empresas, que tinham profissionais desempenhando essa função. Para os antigos analistas de O&M, cada atividade existia por si só, ou, quando muito, como parte de um departamento. O outro motivo é que, ao desviar o foco das atenções da análise exclusivamente para as partes, sem considerar o processo, a documentação perdia a referência de conjunto, o que a deixava completamente solta no espaço.

É preciso deixar bem claro aqui que não adianta nada os teóricos de O&M dizerem que não era assim, que muitas vezes O&M atingiu o intento para o qual tinha sido desenvolvida e na teoria estava correta. O que conta mesmo é como ela, O&M, era praticada na maioria das empresas.

Talvez o principal motivo para tanta confusão tenha sido a falta de cursos de formação específica para os profissionais da área nos anos 1970 e 1980. Como conheci de perto profissionais na Alemanha, nos Estados Unidos, na Argentina, no Uruguai e no Chile etc., posso garantir que não eram nem diferentes nem mais espertos que nossos usuários; todos padeciam do mesmo mal.

5.20.1 FERRAMENTAS PARA LEVANTAR E DOCUMENTAR PROCESSOS

Mapear segundo vários dicionários, significa documentar o processo que será objeto de análise. É por meio do mapeamento do processo ou subprocesso que vamos tomar conhecimento de cada atividade que faça parte dele, seus problemas e desempenho atual.

5.20.2 PRIMEIRA FASE DO MAPEAMENTO: DOCUMENTAR AS ATIVIDADES

Muitas das ferramentas que O&M usava para levantar as atividades no passado são válidas, ainda hoje, para levantar e documentar os processos. Basicamente, existem três instrumentos para

126 PROCESSOS ORGANIZACIONAIS & MÉTODOS | CRUZ

levantar e documentar o processo: a entrevista, os formulários de coleta de dados e a observação direta da atividade sendo executada.

Imagine-se de posse de uma metodologia para análise & modelagem de processos de negócio e, ainda assim, possuindo dúvidas como:

- Como se constrói um processo?

- De onde vêm os dados e informações que formam o conhecimento sobre um processo?

- Como acessar as fontes que guardam dados, informações e conhecimentos sobre os processos de negócio?

Para responder a essas e outras questões, é preciso levar em consideração que qualquer documentação sobre processo de negócio se constrói por meio de dois instrumentos igualmente importantes.

O primeiro é a metodologia com a qual executamos o mapeamento, a análise e a modelagem dos processos; o segundo instrumento é também uma metodologia, que será empregada na pesquisa. É esta última que nos orienta sobre como buscar, coletar, guardar, contextualizar e inferir os dados, informações e conhecimentos com os quais tivermos contato na execução da metodologia de análise & modelagem de processos de negócio.

Resumindo, é preciso haver duas metodologias para que um projeto de mapeamento, análise e modelagem de processos de negócio tenha êxito. Uma para mapear, analisar e modelar processos de negócio e outra para conduzir a pesquisa, cujo resultado será os dados, informações e conhecimentos sobre o processo. Essa segunda metodologia tem o nome de Metodologia de Pesquisa.

Na verdade, a Metodologia de Pesquisa é largamente utilizada nas ciências sociais e em outros ramos do conhecimento. Os instrumentos desse tipo de pesquisa devem ser utilizados por analistas de processos quando buscam as fontes de dados, informações e conhecimentos necessários à criação ou recriação de qualquer processo. As preocupações que norteiam o nosso trabalho de pesquisa são basicamente as mesmas que norteiam os pesquisadores das ciências sociais, pois, afinal, trabalhar com processos é antes de tudo trabalhar com pessoas. Esse paralelismo está demonstrado na Figura 5.12.

Cada um dos elementos que fazem parte da pesquisa, adaptados às nossas necessidades de analistas de processos, são:

- **A meta** da pesquisa é a nossa necessidade. Ela pode ser uma melhoria incremental ou radical que necessitamos fazer em processos existentes, ou a criação de processos inteiramente novos, criados para que a organização possa produzir um novo produto, criar um novo negócio. Daí por que temos que coletar dados e informações que nos auxiliem no desenvolvimento do trabalho.

- **O modelo** é a nossa proposição de melhoria, ou, se estivermos falando de um processo inteiramente novo, aquilo que queremos que ele venha a ser. Pode ser também o projeto de um novo processo.

- **Os dados** são o conhecimento que precisamos adquirir para justificar ou modificar o modelo proposto.

- **A avaliação** é a inferência que fazemos sobre o conhecimento adquirido para validarmos ou rejeitarmos o modelo proposto.

- **A revisão** é o movimento que fazemos buscando melhorar o modelo proposto de forma continuada.

> Richardson (1999) nos alerta que, "não obstante a complexidade das pesquisas realizadas nas diversas áreas do conhecimento existe uma estrutura subjacente comum a todas elas. Segundo Pease e Bull (1999), essa estrutura integra cinco elementos: metas, modelos, dados, avaliação e revisão".

Basicamente, o trabalho do analista de processos resume-se a oito etapas, que na Metodologia DOMP™ são executadas de forma cíclica e recorrente para permitir a total absorção dos dados, informações e conhecimentos existentes na organização:

- Observação das relações sociais.
- Observação das relações operacionais e gerenciais.
- Coleta de dados, informações e conhecimentos operacionais e gerenciais.
- Interpretação sociocultural.
- Interpretação operacional – gerencial.
- Prototipação de modelos operacionais e gerenciais.
- Publicação de todo conhecimento gerado sobre a realidade atual.
- Publicação de todo conhecimento gerado sobre a realidade futura.

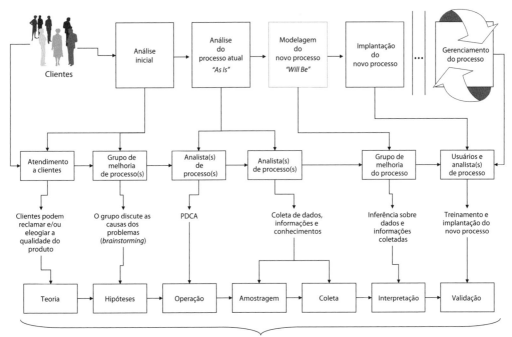

Fonte: Adaptada do Modelo Linear do Processo de Pesquisa de Uwe Flick (2004).

Figura 5.12 Paralelismos entre a pesquisa social e a pesquisa voltada à construção de processos de negócio.

PROCESSOS ORGANIZACIONAIS & MÉTODOS | CRUZ

Pesquisa e observações são fundamentais para o nosso trabalho.

Entrevista: a entrevista é a primeira e talvez a mais importante técnica de levantamento e documentação das atividades de um processo. É por meio dela que se pode tomar conhecimento dos meandros da organização. Se for bem realizada, pode fazer o profissional ganhar um precioso tempo no entendimento do que está sendo praticado em cada atividade. Até certo ponto, é comum as pessoas acharem que conversar é entrevistar, algumas por total desconhecimento de qualquer técnica de entrevista, outras por terem receio de serem objetivas, diretas e profissionais.

Existem muitas recomendações necessárias para que uma entrevista seja bem-sucedida, embora sejam difíceis de serem lembradas pelo profissional inexperiente no momento da realizá-la.

Em todo caso, os cuidados básicos são:

- Apresente-se de forma cordial logo no início da entrevista, colocando o objetivo e o tempo que você estima que ela vá durar.

- Não invada o espaço do interlocutor, coloque-se de maneira confortável à sua frente, de forma a não demonstrar nenhum constrangimento em estar ali, e muito menos cause constrangimentos.

- Peça licença para tomar notas; se você tiver um microgravador, certifique-se da conveniência ou não de seu uso. Tudo vai depender do tipo da entrevista e do tipo do entrevistado. Se houver possibilidade de que informações confidenciais sejam ventiladas, é melhor não usar esse recurso.

- Olhe o interlocutor nos olhos, sem, entretanto, ameaçá-lo. Aja naturalmente.

- Fale o estritamente necessário. Lembre-se de que você está ali para ouvir, ouvir, ouvir...

- Faça perguntas pertinentes ao tema da entrevista. Ela não deve transformar-se numa sessão de fofocas.

- Procure tomar nota apenas das partes mais importantes, que permitam que você se lembre depois do contexto da entrevista. Cuidado para não transformar a entrevista numa daquelas aulas de ditado.

- Jamais, JAMAIS, fale mal de alguém de dentro da organização. Não se imiscua nos problemas alheios.

Lembre-se sempre de que você está ali para:

- Obter informações.

- Conhecer a opinião dos componentes do processo.

- Informar os objetivos do seu trabalho.

- Estabelecer uma relação de confiança entre você e o entrevistado.

5.20.3 PONTOS POSITIVOS INERENTES À ENTREVISTA

Alguns pontos positivos relacionados com a entrevista são os seguintes:

- Fazer com que o entrevistado se expresse livremente, pois muitas pessoas têm dificuldade em transpor para o papel informações e opiniões.

- Quando bem conduzida, cria um clima de cooperação entre o entrevistador e o entrevistado, essencial ao bom andamento do projeto.

- O entrevistado pode fazer críticas, comentários e dar sugestões que não faria na frente de outras pessoas.

- Faz o entrevistador conhecer os meandros da organização, suas ligações informais, suas zonas de conflito e uma série de outras informações que poderão guiá-lo durante o desenrolar do projeto.
- Permite ao entrevistador conhecer a opinião pessoal de cada indivíduo sem que a presença dos outros integrantes do grupo a influencie.

5.20.4 PONTOS NEGATIVOS INERENTES À ENTREVISTA

Na entrevista, como em tudo o que fazemos, existem pontos positivos e pontos negativos para levantar informações.

Os pontos negativos são:

- Se você não tem prática em ouvir, olhar para o entrevistado e escrever, tudo ao mesmo tempo, certamente você terá muita dificuldade em fazê-lo nas primeiras vezes. Entretanto, não há outra forma de aprender a não ser praticando.
- Envolvimento emocional! Cuidado para não se envolver emocionalmente com o entrevistado. Se ele começar a desabafar, mantenha a postura profissional de neutralidade. Ouça e evite a todo custo fazer comentários dos quais você possa vir a arrepender-se no futuro.
- Procure distinguir o que é necessidade do que é ansiedade no que está sendo passado para você. O usuário não avisa antes se o que ele está colocando é uma coisa ou outra.
- Cuidado com o que você escreve ao ouvir expressões como: "eu acho", "eu penso...", "eu, em seu lugar...", "eu faria... (ou não faria...)".

5.20.5 *STRESS* EM ENTREVISTAS

A seguir, temos dois exemplos de situações estressantes em entrevistas.

EXEMPLOS

Recentemente, uma analista que trabalha comigo teve que acalmar uma funcionária estressada que chorou mais de 20 minutos logo que a entrevista começou. Na verdade, ela estava querendo mais desabafar do que ser entrevistada.

Noutra ocasião, tive que tirar um analista de um projeto porque o funcionário que ele entrevistava falou mal do chefe e o analista aproveitou para falar mal dele também. O funcionário foi dizer ao chefe que o analista estava falando mal dele. O chefe me chamou e pediu que o analista fosse tirado da equipe.

5.20.6 IMPORTÂNCIA DA ENTREVISTA

Existem diversas abordagens e várias orientações sobre como a entrevista deve ser realizada, mas, para não nos perdermos no meio dessa profusão de ideias, vou esquematizá-las da seguinte forma:

As entrevistas buscam obter dados, informações e conhecimentos por meio de dois tipos de pesquisa qualitativa (não vamos abordar as quantitativas):

- A qualitativa verbal.
- A qualitativa visual.

5.20.7 PESQUISA QUALITATIVA VERBAL

A pesquisa qualitativa verbal busca conhecer uma realidade por meio de um contato dialético com as fontes dos dados e informações que o projeto necessita acessar. As fontes desse tipo de pesquisa têm a capacidade de se expressar e interagir verbalmente com o pesquisador. Em outras palavras, a pesquisa qualitativa verbal é feita entre seres humanos.

Em qualquer tipo de pesquisa, e muito mais na verbal, obrigatoriamente temos que buscar os dados e as informações nas fontes que os originaram (fontes primárias), pois somente elas serão capazes de contextualizá-las para o pesquisador, embora não possamos, *a priori*, descartar o acesso a fontes complementares (secundárias).

Um exemplo típico de acesso incorreto a fontes primária e secundária é o do analista de processos que, em vez de buscar dados e informações com o funcionário que executa uma atividade (fonte ativa primária original), o faz acessando o superior hierárquico deste funcionário (fonte ativa secundária original). Esse tipo de comportamento deve ser evitado pelos analistas de processo a qualquer custo. Entretanto, tendo obtido os dados da fonte ativa primária original, o analista, ou o grupo de trabalho, pode achar ser necessário, ou interessante, coletá-los de outras fontes para poder confrontá-los e/ou validá-los com os obtidos na fonte ativa primária original.

As entrevistas devem ser cuidadosamente executadas para poderem ser corretamente entendidas, porque os seres humanos podem influenciar (e muitos o fazem) os dados e as informações que estiverem passando aos analistas. É preciso separar dados de informações e informações de inferências, assim como evitar, sempre que possível, basear a coleta em juízos de valor, para que não haja contaminação, já na origem, do material que estivermos coletando. Essas influências advêm de fatores culturais, educacionais, sociais e religiosos, entre muitos outros.

5.20.8 PESQUISA QUALITATIVA VISUAL

A pesquisa qualitativa visual busca conhecer uma realidade por meio da observação de uma fonte de dados e informações. Ela tem os mesmos tipos de fontes da pesquisa verbal. Para realizá-la, tanto podemos observar fontes primárias quanto secundárias, pois a escolha sobre qual fonte deverá ser observada vai depender do escopo, da profundidade e da seriedade da pesquisa.

É possível, mesmo na pesquisa visual, que, tendo observado uma fonte primária, o analista de processos chegue à conclusão de que deverá confrontar seus dados com os de uma fonte secundária.

Lembre-se de que a pesquisa qualitativa visual tem como objeto de estudo não só observar as pessoas no seu ambiente de trabalho, mas também obter dados e informações a partir de fontes como vídeos, filmes, livros, fotografias, mapas, plantas etc.

5.20.9 FONTES DE PESQUISA

O analista de processos deve escolher suas fontes de pesquisa a partir da necessidade de conhecimento que seu trabalho de pesquisador requer. Isto é, antes de tudo, ele deve saber o que precisa encontrar para acessar uma fonte de conhecimento. As fontes de dados para as pesquisas verbal e visual são divididas em primárias e secundárias. Por razões óbvias, devemos sempre buscar os dados, as informações e os conhecimentos que necessitamos capturar da fonte que os possua em estado original, ou seja, a fonte que os tenha gerado. Quando essa abordagem

CAPÍTULO 5 | PROCESSOS, ORGANIZAÇÃO & MÉTODOS **131**

não for possível, o analista precisa se certificar de que a fonte acessada tem credibilidade para substituir a fonte original.

As fontes de pesquisa têm a classificação definida segundo alguns critérios, como acessibilidade, originalidade, interatividade, passividade e atividade.

- **Fonte ativa:**
  - Primária:
    - Original.
    - Complementar.
  - Secundária:
    - Original.
    - Complementar.

- **Fonte passiva:**
  - Primária.
    - Original.
    - Complementar.
  - Secundária:
    - Original.
    - Complementar.

As fontes ativas são as pessoas que detêm os dados, as informações e os conhecimentos. Acessá-las não é uma tarefa das mais fáceis, pois requer habilidades que muitas vezes estão além da capacitação e da competência da média dos analistas de processos. Entretanto, não há outra forma para se conseguir o material que esse tipo de fonte possui a não ser interagindo com as pessoas.

As fontes passivas são todos os dispositivos eletroeletrônicos, mecânicos e tradicionais (arquivos ativos e inativos (os antigos arquivos mortos)) dos quais se podem obter dados, informações e conhecimentos. Podem ser bancos de dados, planilhas eletrônicas, dispositivos industriais, manuais, pastas, arquivos em geral. Ressalvo, entretanto, que algumas dessas fontes são ricas em dados quantitativos, caso dos equipamentos industriais como controladores de processos, sensores de medição e analisadores industriais.

Por que as pessoas estão classificadas como fontes ativas enquanto as máquinas (e seus respectivos *softwares*), como fontes passivas?

Porque as máquinas, por melhores e mais evoluídas que sejam, foram programadas pelos seres humanos, o que significa que, se precisarmos coletar dado e informações de um equipamento qualquer e tivermos que dirimir qualquer dúvida, faremos com os seres humanos que as programaram.

Por mais evoluídos que sejam os *softwares* especialistas, eles ainda não são autopoiéticos.

Devido à natureza dos seus dados e informações, as fontes podem ser:

- **Primárias:** são as que mais nos interessam acessar quando estamos levantando dados, informações e conhecimento num projeto de análise & modelagem de processos de negócio. Exemplificando, as fontes primárias são as executoras do trabalho que está sendo objeto da pesquisa que estivermos fazendo. Devemos evitar a qualquer custo obter informações sobre uma atividade acessando outro tipo de fonte que não aquela que a executa, a não ser que esse tipo de acesso seja para validar dados obtidos com a fonte primária.

- **Secundárias:** fontes desse tipo podem nos interessar por vários motivos, entre eles para validar informações obtidas de outras fontes, para exemplificar um acontecimento que necessite ser esclarecido, para confrontar um dado que não possa ser obtido com precisão de uma única fonte.

Com base na natureza dos dados e informações, as fontes primárias e secundárias são subdivididas em:

- **Original:** é a fonte que está na atividade que executa o evento gerador do dado.
- **Complementar:** é a fonte da qual podemos obter dados que complementam e nos ajudam a entender aqueles obtidos numa fonte original.

5.20.10 QUESTIONÁRIO

O uso do questionário como técnica de levantamento de dados, informações e conhecimento não é tão frequente quanto a técnica anterior, a entrevista. Entretanto, em muitos casos, o questionário pode ser mais objetivo e eficaz que qualquer outra técnica, pois dá ao entrevistado mais tempo para pensar e de formular melhor suas respostas. Algum cientista social já disse que, quando se fala, pensa-se uma vez; quando se escreve, entretanto, pensa-se no mínimo duas vezes.

O questionário deve conter todas as informações necessárias a seu preenchimento a fim de evitar que o entrevistado perca tempo tentando adivinhar o que cada questão significa e deve conter também a data em que o questionário deve ser enviado de volta ao entrevistador.

Os meios pelos quais podemos aplicar hoje os questionários fazem dele uma ferramenta poderosa para quando não há tempo para entrevistas, a localização geográfica dos entrevistados é distante da do entrevistador, ou há uma vasta dispersão geográfica das áreas onde os dados ou informações precisam ser coligidos. Podemos servir-nos de uma variada gama de tecnologias para aplicar qualquer tipo de questionário com a segurança que for necessária.

Assim, ele pode ser aplicado:

- No local.
- Ou remotamente por meio de:
    - Internet.
    - Intranet.
    - *e-mail.*
    - *Softwares* diversos.

Todas essas tecnologias facilitam muito a tarefa de aplicar qualquer questionário ou de fazer qualquer pesquisa que se fizer necessária.

5.20.11 PONTOS POSITIVOS INERENTES AO QUESTIONÁRIO

Alguns pontos positivos do questionário são:

- O fato de ter que responder por escrito a cada pergunta dará ao entrevistado a oportunidade de refletir sobre aquilo que vai escrever.

- O entrevistador passa a ganhar tempo, pois isso permite que ele realize outras tarefas ou aplique vários questionários ao mesmo tempo.

- Em muitos casos, é até mais fácil conseguir que determinado tipo de funcionário colabore com o levantamento de informações, porque suas respostas ficarão arquivadas por escrito, o que lhe dá maior segurança, principalmente em ambientes onde existe muita politicagem.

- O entrevistador poderá vir a ter melhores respostas, propiciadas pelo tempo que o questionário dá para o entrevistado respondê-lo.

5.20.12 PONTOS NEGATIVOS INERENTES AO QUESTIONÁRIO

Como pontos negativos do questionário, temos:

- Como muita gente não gosta de responder a nenhum tipo de questionário, e muito menos de escrever, o número dos que resistirão a fazê-lo pode vir a ser muito maior do que o número dos que se dispuserem a tal. Para garantir que todos respondam, há necessidade de que alguma autoridade maior dentro da empresa, um diretor, um gerente geral, assuma a responsabilidade por sua realização.

- Outro cuidado que se deve tomar é com a possibilidade de que o questionário seja preenchido com informações pouco ou nada verdadeiras. Por isso, é fundamental que determinados tipos de questionários sejam assinados: jamais aceitá-los de forma anônima.

5.20.13 OBSERVAÇÃO EM CAMPO

Essa técnica requer prática para ser utilizada. O observador coloca-se de forma conveniente, a fim de observar a atividade objeto de sua análise. Essa observação pode ser feita tanto aberta como secretamente, e quando digo secretamente não estou querendo dizer que o observador seja desonesto ou tenha qualquer comportamento antiético. O motivo é bem simples: deve-se observar secretamente a atividade a fim de não influenciar no resultado da sua operação. Só isso!

Pontos positivos inerentes à observação de campo:

- Permite ao analista conhecer mais detalhadamente o que estiver sendo objeto de estudo, facilitando o levantamento, a análise e a conclusão do trabalho.

- Pode ser um meio eficiente de comparar as informações que tiverem sido coletadas por meio de outras técnicas, tais como questionários e entrevistas.

- Demonstra que o analista está seriamente interessado em conhecer aquilo que está sendo estudado.

Pontos negativos inerentes à observação de campo:

- Pode requerer muito tempo de observação.

- Pode vir a atrapalhar o andamento normal das atividades observadas.

- Se for numa observação secreta, e o analista for descoberto, isso pode causar danos difíceis de serem remediados ao trabalho de levantamento de informações.

5.21 DOCUMENTAR O PROCESSO E SUAS ATIVIDADES

A Metodologia DOMP™ tem a seguinte estrutura documental.

- Macroprocesso.
- Processo.
- Atividades do processo.
- Subprocessos (se houver).
- Atividades do subprocesso.
- Rotinas (se houver).
- Atividades da rotina.

Depois que tivermos levantado todas as informações necessárias para podermos documentar o processo, vamos fazê-lo de acordo com o roteiro definido abaixo:

1. Documentar o processo.
2. Documentar as funções que fazem parte do processo.
3. Listar as atividades que fazem parte do processo.
4. Documentar a identificação de cada atividade.
5. Documentar eventOgrama,[1] as entradas e saídas das atividades do processo.
6. Documentar os procedimentos, processo grama, de cada atividade.
7. Desenhar o fluxOgrama do processo.
8. Documentar o processo.

Vamos ver uma descrição resumida de cada uma dessas etapas.

O processo será documentado por meio do formulário Descrição do Processo, conforme Quadro 5.1. O exemplo dado é bastante didático, mesmo assim vamos explicar rapidamente o que deve ser escrito em cada um dos campos.

- **Nome do projeto:** escolha um nome para o projeto, isso vai identificá-lo entre outros projetos.
- **Nome da equipe:** escolha um nome para a equipe, isso vai identificá-la entre outras equipes.
- **Nome do processo:** nesse campo, escreve-se o nome pelo qual o processo que está sendo documentado é conhecido.

Do lado desses grandes campos, existem três campos onde aparece: início, meio e fim, que serve apenas para orientar o preenchimento do campo principal do formulário.
Esse grande campo é subdividido em três retângulos.

1. O primeiro corresponde à parte do fluxograma chamada de início do processo. Aqui vamos escrever de forma sucinta como é o início do processo: informações como: de onde vem a matéria-prima, quem a compra, como é o recebimento dela, de que forma ela é estocada etc.

---

1 EventOgrama, processOgrama, fluxOgrama, infOgrama, rOtina devem, obrigatoriamente, ser grafadas como aparecem, pois são marcas registradas da Metodologia DOMP™.

2. No segundo retângulo, que é o maior deles, vamos descrever o módulo central do processo, ou seja, sua parte principal: informações sobre a transformação que os insumos sofrem para produzir o produto final e se existem ligações com outras atividades, se existem testes específicos para garantia da qualidade etc.

3. No terceiro retângulo, vamos escrever as operações finais do processo: informações sobre para onde vai o produto acabado, ou semiacabado, de que forma é estocado, como é expedido, quem fatura etc.

Quadro 5.1 Identificação e descrição do processo

DESCRIÇÃO DO PROCESSO	NOME DO PROJETO: Reengenharia PPS-B 01	EQUIPE: DPO&M
Início	PROCESSO: FABRICAÇÃO DE SOLADO DE BORRACHA O processo de fabricação de solado de borracha tem origem na atualização da carteira de pedidos, atualizada por Vendas, pois os produtos são feitos sob encomenda. Na primeira parte do processo, as áreas envolvidas são: Vendas; Recebimento de Pedidos; Compras; Recepção MP; CQ e Almoxarifado de MP.	
Meio	Com base na carteira de pedidos, é feita a programação da produção, que é enviada tanto ao Almoxarifado de MP quanto à Produção. A matéria-prima é transformada em material semielaborado e os produtos semielaborados são enviados ao Controle de Qualidade para análise de padrão. Depois de aprovada, ela é vulcanizada, segue para o Acabamento, que depois de concluído envia os produtos para o Almoxarifado de Produtos Prontos. As áreas envolvidas são: ■ Transformação de MP; ■ Vulcanização; ■ Acabamento; e ■ Almoxarifado de Produto Acabado.	
Fim	Ao final do processo de fabricação, o produto é estocado no Almoxarifado de Produto Acabado, a Expedição recebe a programação de embarque, confecciona o romaneio e o envia ao Faturamento, quando é então emitida a NF e feita a atualização do Estoque de Produtos Acabados. Áreas envolvidas: Almoxarifado de PA; Expedição, Faturamento.	
Analista: Tadeu Cruz	Data: 02/19/2019	

No rodapé do formulário vamos documentar:

■ Nome do analista responsável pelo levantamento dos dados e rubrica.

■ Data de preenchimento do formulário.

Obs.: Alguns campos, como nome do analista e data, repetem-se em todos os formulários do projeto.

Documentar as funções que fazem parte do processo.

O formulário Identificação das Funções (Quadro 5.2) serve para esse propósito. Seus campos são autoexplicativos e o exemplo apresentado é bem claro.

A documentação das funções serve para que o analista conheça e documente a abrangência do processo que está sendo estudado. Ao identificarmos as funções que fazem parte do processo, estamos garantindo uma informação muito mais importante: descobrir em qual função está cada atividade.

136 PROCESSOS ORGANIZACIONAIS & MÉTODOS | CRUZ

É bom fazer essa análise, aparentemente sem importância, porque nossas empresas são extremamente instáveis, não confundir com "dinâmicas", pois alguns acham que empresas instáveis são dinâmicas, e de uma hora para outra uma atividade que está em determinada função pode mudar completamente sua relação de subordinação, muitas vezes sem motivo plausível, a não ser a eterna luta política existente dentro das empresas.

Listar as atividades que fazem parte do processo.

Seja analista interno, seja analista externo, uma das grandes dificuldades iniciais de todo projeto para mapeamento é descobrir quais são as atividades que fazem parte do processo. É quase impossível termos certeza de quais são as atividade que fazem parte do processo e quais não fazem, e isso dificulta o trabalho do analista. Minha sugestão é que o analista liste todas as atividades que SUPOSTAMENTE façam parte do processo. A palavra-chave aqui é: supostamente, pois num primeiro momento não há certeza sobre quais atividades devem ser documentadas.

No formulário Lista das Atividades (Quadro 5.3), vamos apenas listá-las. Agregando cada atividade em sua respectiva função, estamos construindo o fluxograma do processo de forma muito mais segura e descomplicada do que a que é usual. Não é preciso escrever mais do que o título de cada função. Escreva primeiro uma e passe para a documentação das atividades.

Do lado direito do formulário Lista das Atividades (Quadro 5.3), escreva o nome de cada atividade. Repita essa sequência para cada atividade. Quando se esgotarem todas as atividades de uma função, passe para a próxima função, e repita o ciclo funções-atividades até que ambas tenham se esgotado.

Quadro 5.2 Identificação das funções

IDENTIFICAÇÃO DAS FUNÇÕES	NOME DO PROJETO: Reengenharia PPS-B 01	EQUIPE: DPO&M
	PROCESSO: FABRICAÇÃO DE SOLADO DE BORRACHA	
	Administrativa Financeira	
	Responsável por todas as atividades que vão do RH, na parte administrativa, a todas as atividades financeiras e de contabilidade.	
Descrição do processo	**Industrial**	
Fabricação e comercialização de solados de borracha para calçados masculinos por meio do método de vulcanização	Responsável apenas pelas atividades de recebimento, transformação e fabricação do produto.	
	Técnica	
	Responsável por todos os testes de qualidade e conformidade necessários em todas as fases de fabricação do produto.	
	Comercial	
	Responsável pela comercialização do produto, tanto no mercado interno quanto no mercado externo.	
Analista: Tadeu Cruz	Data: 02/19/2019	

Quadro 5.3 Lista das atividades e respectivas funções

LISTA DAS ATIVIDADES	NOME DO PROJETO: Reengenharia PPS-B 01		EQUIPE: DPO&M
RAÍZES	ATIVIDADES PROCESSO: FABRICAÇÃO DE SOLADO DE BORRACHA		
Administração Financeira	Compras	Faturamento	Contas a Pagar
Industrial	Recepção	Transformação	Vulcanização
	Acabamento	Estocagem	Expedição
Técnica	Pesquisa & Desenvolvimento	Testes de MP	Testes do Produto Acabado
Comercial	Vendas	Administração de Vendas	Relacionamento com Clientes
Analista: Tadeu Cruz	Data: 02/19/2019		

5.22 ROTEIRO PARA LISTAR E AGRUPAR AS ATIVIDADES

Para listar e agrupar atividades, faça o seguinte:

1. Liste todas as atividades que supostamente façam parte do processo.
2. Descubra qual delas termina o processo.
3. Construa o formulário eventOgrama para a atividade que termina o processo.
4. Desenhe o fluxo-reverso ligando a atividade que termina o processo à(s) atividade(s) que imediatamente a precede(m) para construir a cadeia de requerimentos.
5. Calcule ou documente o tempo de processamento de cada atividade.
6. Calcule ou documente o tempo de ciclo de cada atividade.
7. Descubra se existe alguma exceção em cada atividade.
8. Repita os passos 3 a 7 para todas as atividades que fazem parte do processo em folhas separadas
9. Mapeie o resultado.
10. Documente a identificação de cada atividade.

Como já disse anteriormente, cada atividade deve ser identificada com dois tipos de informação. O primeiro diz respeito à identificação da atividade. São informações sobre a natureza da atividade, a faixa salarial, o perfil do funcionário que a executará, o período de funcionamento e, muito importante, os fatores pelos quais o desempenho da atividade será medido.

Ao identificarmos convenientemente cada atividade, estaremos montando um conjunto de informações que possibilitarão organizar o fluxo operacional da produção. Esse trabalho é sem dúvida um fator de racionalização dos mais importantes que dispomos na empresa. Se, entretanto, você não tiver a menor ideia de como caracterizar o cargo, procure o auxílio do RH, onde você pode conseguir as informações que vão auxiliá-lo a definir cada cargo existente na empresa.

O formulário Identificação das Atividades (Quadro 5.4) mostra quais são as informações importantes na identificação de atividades. Ele permite que se tenha numa única folha os dados necessários para caracterizar cada uma das atividades do processo em análise. Por ser simples, o formulário é autoexplicativo e você, como pessoa de processos, pode até criar outro que lhe sirva melhor, a partir dessa ideia. Lembre-se sempre de que o importante é identificar e documentar todos os elementos que fazem parte de um processo. Jamais se deixe levar pelas ideias imediatistas, que querem tudo rápido e para ontem, e pelos milhares de desorganizados sempre de plantão, que dizem ser desnecessário organizar e documentar o trabalho. O custo da desorganização só aparece quando a situação já está bastante deteriorada, e aí pode ser tarde demais para salvar a empresa de, no mínimo, uma concordata.

Um conselho: não invente, pois além de depois você não achar um profissional com o perfil adequado ao cargo, ainda terá que, sozinho, situá-lo no mercado de trabalho quando tiver a necessidade de modificar ou o perfil ou o piso salarial do cargo, entre outras coisas.

Quadro 5.4 Identificação das atividades

IDENTIFICAÇÃO DAS ATIVIDADES	NOME DO PROJETO: Reengenharia PPS-B 01		EQUIPE: DPO&M
PROCESSO: FABRICAÇÃO DE SOLADO DE BORRACHA			
Raiz: Industrial	Atividade: Recepção		
Responsável por todo o recebimento de qualquer mercadoria que entre na empresa, mesmo as conduzidas na mão, pois as NFs terão que passar por ela para serem encaminhadas à Contabilidade.			
Seus funcionários ficam nas portarias e cumprem o horário das 8h30 às 17h, de segunda a sexta-feira.			
O ocupante deve, no mínimo, estar cursando o segundo grau.			
Cargo: mensalista.			
Faixa salarial: R$ 00,00 a R$ 00,00.			
O desempenho da atividade será medido por meio dos seguintes indicadores de desempenho: X, P, T, O.			
Raiz: Industrial	Atividade: Transformação		
Responsável por moldar as solas nos suportes apropriados e por preparar o composto que será levado à vulcanização.			
Seus funcionários ficam nos postos "N" dentro da área de fabricação e cumprem períodos de 6h de segunda a sexta-feira.			
O ocupante deve, no mínimo, estar cursando o segundo grau.			
Cargo: horista.			
Faixa salarial: R$ 00,00 a R$ 00,00 por hora.			
O desempenho da atividade será medido por meio dos seguintes indicadores de desempenho: X, P, T, O.			
Analista: Tadeu Cruz		Data: 02/19/2019	

5.22.1 DOCUMENTAR O EVENTOGRAMA, AS ENTRADAS E SAÍDAS DAS ATIVIDADES DO PROCESSO

O que vamos fazer agora é um importante passo para conseguirmos montar um fluxograma do processo que estamos analisando. Usando o formulário eventOgrama, exemplificado nos Quadros 5.5 e 5.6, vamos levantar, para todas as atividades listadas até aqui, as informações necessárias para conhecermos todo o fluxo do processo e, assim, podermos construir um fluxograma mais racional, sem perda de tempo.

O formulário tem, além dos campos que já conhecemos em outros formulários, dois lados, ou seja, a parte principal é dividida em duas partes. Na parte da esquerda, vamos escrever as entradas da atividade e, na parte da direita, vamos escrever as saídas da atividade.

O que são ENTRADAS E SAÍDAS da atividade?

CAPÍTULO 5 | PROCESSOS, ORGANIZAÇÃO & MÉTODOS   139

É tudo o que entra e que sai de uma atividade, pode ser matéria-prima (insumos), formulários, mas não é nem recursos e nem tecnologias. Esses dois elementos nem entram e nem saem, pois estão na atividade, sempre.

Para começar, elas são de dois tipos:

- **Físicas:** são matérias-primas, conjuntos, subconjuntos ou toda e qualquer parte física que vá ser usada pela atividade, ou que, no outro extremo, saia como resultado das operações realizadas nela.

- **Lógicas:** são elementos eletrônicos, independentemente do suporte, ou mídia, de apresentação que entrem ou saiam da atividade.

Para identificar a natureza de cada entrada ou saída, coloca-se a seu lado, entre parênteses, a letra (F) para entradas e saídas físicas e (L) para entradas e saídas lógicas, ou (L/F) se puder ser física e lógica ao mesmo tempo, como as notas fiscais eletrônicas com cópia em papel.

A notação para identificação.

Entradas: "nome da entrada" (natureza) origem.

Saídas: "nome da saída" (natureza) destino.

Aqui cabe uma explicação para minha sugestão anterior: ao iniciar um projeto para mapeamento e modelagem de processos, liste todas as atividades que SUPOSTAMENTE façam parte do processo. Pois bem, depois de ter construído o eventOgrama de todas as atividades listadas, existindo alguma atividade que não tenha nem entradas E nem saídas para outra atividade do processo, essa atividade não faz parte do processo.

Quadro 5.5 EventOgrama atividade RECEPÇÃO

eventOgrama	NOME DO PROJETO: Reengenharia PPS-B 01		EQUIPE: DPO&M
PROCESSO: FABRICAÇÃO DE SOLADO DE BORRACHA		Atividade: Recepção	
ENTRADAS		**SAÍDAS**	
Ordem de compra (L) Compras		Amostra para CQ (F) CQ	
Matéria-prima (F) Fornecedor		Formulário de identificação das amostras (F) CQ	
Nota fiscal (L/F) Fornecedor		Notas fiscais (L/F) Contabilidade	
Planejamento e Controle de produção (L) PCP		Nota de recebimento (F) Almoxarifado	
Resultados dos exames de CQ (L) CQ		MP (F) Almoxarifado	
Analista: Tadeu Cruz		Data: 02/19/2019	

Quadro 5.6 EventOgrama atividade TRANSFORMAÇÃO

eventOgrama	NOME DO PROJETO: Reengenharia PPS-B 01		EQUIPE: DPO&M
PROCESSO: FABRICAÇÃO DE SOLADO DE BORRACHA		Atividade: Transformação	
ENTRADAS		**SAÍDAS**	
MP (F) Almoxarifado		Amostra para CQ (F) CQ	
Resultados dos exames de CQ (L) CQ		Formulário de identificação das amostras (F) CQ	
Planejamento e Controle de produção (L) PCP		Solado (F) Acabamento	
		Relatório de produção (L) Industrial	
Analista: Tadeu Cruz		Data: 02/19/2019	

5.22.2 DOCUMENTAR OS PROCEDIMENTOS, PROCESSOGRAMA, DE CADA ATIVIDADE

Tendo documentado a atividade, identificando-a com as informações que a distinguirão do restante das atividades, dando-lhe uma personalidade que nos permita trabalhar no conhecimento de sua natureza e, consequentemente, na sua melhoria, vamos agora documentar os procedimentos a serem executados para que a atividade cumpra seu papel dentro do processo.

Toda atividade tem dois tipos de procedimentos, os formais e os informais.

Os procedimentos formais são os oficiais. Eles podem estar nos manuais de processos, nos manuais técnicos, nas descrições dos postos de trabalho etc.

Os procedimentos informais estão na cabeça das pessoas. Muitas vezes, a falta de procedimentos oficiais, formais, existe por uma simples deficiência de documentação, outras por absoluta falta de organização ou por completa desorganização informacional. Qualquer que seja o motivo, agora é uma excelente hora de criar o que não existe.

Para documentar os procedimentos, use o formulário Procedimentos da Atividade (Quadros 5.7 e 5.8). Na falta dos procedimentos formais dentro da empresa, recomendo uma série de pesquisas para que a atividade não seja descrita com algum tipo de devaneio, ou loucura, da parte do analista responsável por sua documentação.

Quadro 5.7 Procedimentos da atividade RECEPÇÃO

PROCEDIMENTOS DA ATIVIDADE	NOME DO PROJETO: Reengenharia PPS-B 01	EQUIPE: DPO&M
PROCESSO: FABRICAÇÃO DE SOLADO DE BORRACHA		
Função Industrial	Atividade: RECEPÇÃO	
Procedimentos formais		
O responsável pelo almoxarifado recebe a transportadora, confere a mercadoria da nota fiscal com a ordem de compra, encaminha amostra para o laboratório e espera a aprovação do lote. Se o lote for aprovado, ele libera a transportadora; se for reprovado, ele comunica ao departamento de compra e rejeita o lote.		
Procedimentos informais		
Devido à enorme experiência no desempenho da atividade, o funcionário "X" não encaminha alguns lotes para o controle de qualidade por achá-los normais. Não exige que o comunicado do laboratório seja formal, recebendo a aprovação via telefone quando o correto seria por escrito.		
Analista: Tadeu Cruz	Data: 02/19/2019	

Assim, é importante:

- Consultar outras empresas que tenham cargos similares aos de nossa empresa.
- Consultar órgãos de classe.
- Consultar sindicatos.
- Consultar conselhos regionais.
- Consultar toda e qualquer fonte que possa auxiliar na definição dos procedimentos.
- Desenhar o fluxOgrama do processo.

Depois do levantamento dos dados e informações sobre o processo, a empresa tem em mãos um conjunto valiosíssimo de informações que servirão para que ela possa aumentar a produtividade, melhorar a qualidade de seus produtos, ter melhor controle sobre a situação financeira e econômica e, acima de tudo, permitir que todos os que trabalham nela, sem exceções, possam participar mais da vida da empresa.

CAPÍTULO 5 | PROCESSOS, ORGANIZAÇÃO & MÉTODOS 141

Quadro 5.8 Procedimentos da atividade TRANSFORMAÇÃO

PROCEDIMENTOS DA ATIVIDADE	NOME DO PROJETO: Reengenharia PPS-B 01	EQUIPE: DPO&M
PROCESSO: FABRICAÇÃO DE SOLADO DE BORRACHA		
Função Industrial	Atividade: TRANSFORMAÇÃO	
Procedimentos formais		
Primeiro, o funcionário deve separar a matéria-prima de acordo com a receita, misturar todos os ingredientes e homogeneizar a pasta.		
Depois disso, envia uma amostra para o laboratório e aguarda a aprovação.		
Só então ele pré-formata a sola e encaminha o molde para a vulcanização.		
Procedimentos informais		
Recebe a aprovação do laboratório por telefone, quando o correto seria por escrito.		
Analista: Tadeu Cruz	Data: 02/19/2019	

O formulário fluxOgrama do Processo serve para realizarmos essa tarefa.

Entretanto, devo alertar para a dificuldade que é desenhar um fluxograma. Não tente fazê-lo certo da primeira vez. Faça rascunhos até que todas as atividades e suas ligações lógicas e físicas tenham sido interligadas. Só então passe para um formulário definitivo.

Em termos de fluxOgrama, temos hoje uma nova notação. Ela atende pelo nome de *Business Process Modeling Notation* (BPMN).

Por hora, temos que ter sempre em mente que fluxOgramas não documentam processos, mas são parte da documentação destes.

O próximo passo é analisar o processo como um todo e cada uma de suas partes em particular, para melhorá-lo.

5.23 ANALISAR O PROCESSO

A análise do processo pode servir a inúmeros propósitos. Podemos estar querendo apenas saber se o que está sendo feito é o mais conveniente em forma e conteúdo ou se existem discrepâncias que devam ser eliminadas. Claro que a abordagem não é tão simplista assim, por isso vamos conhecer algumas das preocupações que podem estar nos guiando na busca do aperfeiçoamento dos métodos de operação da empresa.

Analisar um processo não é tarefa fácil, pois requer certo grau de experiência não só no processo como em diversas disciplinas que de uma forma ou de outra estão presentes em qualquer processo. Entretanto, existem alguns pontos básicos com os quais todo cuidado é pouco e que podem ser resumidos nas seguintes perguntas:

- Qual o motivo da existência de cada atividade que compõe o processo?
- Há alguma atividade sem motivo aparente para existir?
- É possível eliminar alguma atividade?
- Existe alguma possibilidade de juntar várias atividades em uma única?
- É preciso criar alguma atividade nova?

Respondendo a cada uma dessas perguntas, o processo vai sendo analisado quanto a sua forma e conteúdo, não se esquecendo de que todas as entrevistas, questionários, levantamentos e observações terão nesse momento papel fundamental para o bom andamento do trabalho do analista de processos, quer como subsídio para análise, quer como base para se desenvolver o novo modelo de processo.

5.24 SWOT

Outro tipo de análise passível de ser feita neste momento é uma técnica conhecida como SWOT (*Strength, Weakness, Opportunities and Threats*) ou, em português, Pontos Positivos (Força/*Strength*), Pontos Negativos (Fraquezas/*Weakness*), Oportunidades (*Opportunities*) e Ameaças (*Threats*). Cada um desses pontos deve ser analisado com relação ao processo.

Cabe aqui uma pequena explicação a respeito do uso da SWOT.

Essa análise é geralmente empregada em outros níveis, como no planejamento estratégico, por exemplo. Entretanto, creio que ela seja muito útil para esse nível de planejamento, processos, pois permite que de forma clara e objetiva tanto os primários quanto os secundários sejam analisados em sua essência.

O uso da técnica SWOT é muito simples.

Numa folha em branco, escrevem-se os quatro pontos que serão analisados em contraponto, como mostra a Figura 5.13.

Primeiro, listam-se todos os pontos positivos do processo. Depois, em contraponto, levantam-se as oportunidades existentes, principalmente as novas oportunidades, por causa dos pontos positivos levantados anteriormente.

Após a análise do "S" e do "O", passamos à fase da análise do "W" e do "T".

Levantamos todos os pontos negativos do processo, suas deficiências, partes que precisam ser modificadas, melhoradas, recriadas etc., e também, em contraponto, levanta-se, com cuidado, cada uma das ameaças que pairam sobre o processo por causa das deficiências existentes nele.

O resultado disso tudo é que podemos concentrar-nos em desenvolver as oportunidades e atacar as ameaças de forma bastante objetiva, evitando com esse tipo de procedimento perder tempo com coisas sem importância.

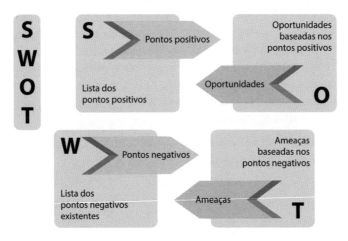

Figura 5.13 Modelo SWOT.

CAPÍTULO 5 | PROCESSOS, ORGANIZAÇÃO & MÉTODOS **143**

5.25 MELHORIAS E SOLUÇÕES

Após ter analisado o processo atual, seus pontos positivos, seus pontos negativos, ameaças e oportunidades, o analista pode começar a desenvolver os dois planos necessários à modelagem: o plano de melhoria do desempenho atual do processo, aumentando sua eficiência, eficácia, controle e adaptabilidade, e o plano contendo as soluções para os problemas encontrados no processo *"As Is"*.

A seguir, descrevem-se técnicas, métodos e instrumentos para melhoria de desempenho e solução de problemas em processos de negócio.

- **Análise do valor:** com vistas a reduzir os custos de produção de bens ou serviços por meio da identificação de alguns pontos importantes do item dentro da cadeia produtiva, surge, em 1947, criada por Lawrence Miles, a Análise de Valor, uma ferramenta poderosa que permite reduzir em até 60% os custos de produção. Para que a empresa possa adotar a análise de valor, é necessário conhecer o que, como e quanto custa produzir o bem objeto da análise que está sendo feita. Assim, se uma empresa estiver interessada em reduzir custos de produção, de forma ponderada e consistente, pode usar o resultado da fase de documentação do processo para a implantação dessa metodologia. Entretanto, convém lembrar que essa não é uma técnica simples e que, principalmente, exige conhecimentos nem sempre de domínio dos administradores de empresas.

- **Simplificação/racionalização:** a análise do processo pode ter como objetivo principal a simplificação e a racionalização deste, à medida que se esteja buscando aumentar a eficiência e a produtividade por meio de uma série de ações visando modificar sua realidade quando recriado. Como resultado, as atividades existentes no processo podem ser:
  - Desmembradas.
  - Eliminadas.
  - Criadas.
  - Aglutinadas.
  - Estendidas.
  - Encurtadas.
  - Modificadas.

- **Reengenharia:** embora digam que a reengenharia morreu, acabou, está ultrapassada, acho que, muito pelo contrário, a reengenharia está agora em sua quarta fase. Essa fase é mais produtiva do que as anteriores, justamente porque agora a estamos tratando como mais uma metodologia de que as empresas podem se valer para recriarem seus processos. Para isso, é fundamental levantar, documentar e analisar o processo atual, uma vez que seria impossível fazer diferente algo que nem sabemos como está sendo feito.

  Por que a reengenharia ainda é importante? Porque a ideia de recriar radicalmente é muitas vezes a única que pode dar resultado.

O método para solução de problemas PDCA, criado por Walter A. Shewhart e amplamente difundido por Edwards Deming, no Japão pós-guerra, já preconizava que, se algo escolhido ou criado, desenvolvido, para corrigir determinado problema não surtiu o efeito esperado, deve-se

144 PROCESSOS ORGANIZACIONAIS & MÉTODOS | CRUZ

abandonar completamente a solução que não deu certo e partir para algo radicalmente novo, que ele chamava de *breakthrough*. Ora, o mesmo que pregaram Michael Hammer e James Champy no seu famoso *Reengineering the corporation*.

Eu divido a reengenharia em ciclos.

- **Primeiro ciclo: FIAT LUX.** Nele, o nome *reengenharia* ainda não tinha sido inventado e as empresas usavam de numerosas técnicas, metodologias, ideias e conceitos, visando melhorar os níveis de produtividade, da participação dos empregados e de atendimento aos clientes. São desse ciclo práticas como *Kaizen*, TQC (*Total Quality Control*), TQM (*Total Quality Management*), CCQ (Círculos de Controle de Qualidade), JIT (*Just in Time*), LO (*Learning Organizations*) e inúmeras outras técnicas e métodos. Todas eram aplicadas de forma tópica e, por isso, não se preocupavam com todo o processo como um todo. Resolviam? Sim, resolviam, também, de forma tópica, mas não iam além dos efeitos localizados.

  Faltava a todas elas uma visão mais abrangente, a preocupação com o conjunto das atividades que compunham o processo, fossem elas de processos primários ou de processos secundários. E, o mais importante, nenhuma se preocupava em reinventar a maneira como o processo estava sendo operado, contentando-se apenas em melhorá-lo.

- **Segundo ciclo:** *PANIS ET CIRCENSES*. Teve de tudo, gente séria, gente que só queria aparecer e não sabia como, gente que queria realmente fazer um trabalho construtivo, outros que aproveitaram a onda e fizeram muitos trabalhos bobos dizendo, entre outras coisas, que "reengenharia era O&M e bom-senso". Foi um ciclo que se estendeu de 1990, com base no artigo do Hammer na *HBR*, até meados de 1997. Nele aconteceu de tudo. Primeiro, veio a reengenharia de processos, que, como querem alguns, incluindo seu inventor, é a verdadeira e única reengenharia. Mas é sabido que a obra, uma vez exposta, deixa de pertencer a seu criador para pertencer ao homem, e isso não foi diferente com a reengenharia. Logo, surgiram a reengenharia estratégica, a de negócios, a de *software* e algumas outras tantas. Entretanto, a que mais deu o que falar foi sem dúvida a original. Uma porque foi a mais utilizada e, assim, a que mais se expôs, outra porque foi a mais traumática ao ambiente de negócios, quando, sob o nome de reengenharia, foram feitas reduções de pessoas e estruturas, o *downsizing*.

- **O terceiro ciclo:** *MARIS TRANQUILITATIS*. Embora a reengenharia não seja propriamente algo que se possa fazer com tranquilidade, dei esse nome não por ela, mas pela possibilidade de fazê-la agora com certa tranquilidade. Por que agora? Porque agora passou aquela febre, aquele desespero, a loucura que foram os anos 1990.

  Daqui por diante, quem precisar fazer reengenharia poderá fazê-la de forma segura, racional, desapaixonada, e com isso usufruir o melhor que a reengenharia tem: sua metodologia para recriar processos, empresas, estratégias e tudo o mais que se queira reinventar.

  Reengenharia pode e deve ser feita agora de forma mais consciente, segura e com maiores chances de sucesso do que no ciclo anterior. Muitas empresas estão usufruindo os benefícios da metodologia de reengenharia de forma extraordinária.

  Claro que todos estão chamando a reengenharia por outro nome, mas o princípio é o mesmo.

5.26 TIPOS BÁSICOS DE IMPLANTAÇÃO

Os quatro tipos básicos para implantação de processos são:

- **Com descontinuidade total do processo em operação:** se esse for o tipo de implantação escolhido, os dois processos não poderão existir ao mesmo tempo, pois, no momento em que o novo for implantado, o antigo terá que ser retirado de operação, e todos os testes têm que ser feitos.

- **Com descontinuidade parcial do processo em operação:** alguns processos podem ter sua implantação desmembrada em partes e por suas características podem ser implantados com a descontinuidade parcial do processo que estiver sendo executado. Geralmente, mas não é uma regra, os processos são subdivididos em subprocessos para poderem ser implantados dessa forma.

- **Com sobreposição ao processo em operação:** geralmente, mas também sem assumir como regra, a sobreposição é praticada para a implantação de pequenas melhorias resultantes dos programas da qualidade.

- **Em paralelo com o processo em operação:** esse é o tipo mais trabalhoso do ponto de vista dos atores do processo, pois eles terão que "atuar" em dois ao mesmo tempo, e isso certamente vai gerar uma dupla carga de trabalho. Muito comum na área de TI, onde programas, sistemas e até mesmo certos dispositivos necessitam ser "certificados" antes que os antigos sejam desativados.

Essas quatro formas de implantação de um processo não são mutuamente exclusivas e dependem do tipo de processo que temos que implantar para serem escolhidas.

5.27 TIPOS DE OPERACIONALIZAÇÃO

De que forma um processo pode ser operacionalizado?

A operação de qualquer processo pode ser automatizada, semiautomatizada/semimanual e manual. As três não são mutuamente exclusivas num mesmo processo, e a escolha por cada uma delas depende do tipo de tecnologia que for escolhida para suportar o processo.

- **Automatizada:** processos têm as operações automatizadas por meio de mecanismos que assumem os controles da execução dos seus eventos e microeventos. Esses mecanismos vão de equipamentos (*hardware*) como PLCs (Controladores Lógicos de Processos) a *softwares* como os de *Workflow*.

- **Semiautomatizada/semimanual:** processos são semiautomatizados/semimanuais quando tanto o homem quanto as tecnologias interagem como responsáveis pela execução dos eventos e microeventos existentes neles.

- **Manual:** os processos são operacionalizados de forma manual quando não há mecanismos com "inteligência" ou funcionalidades suficientes para assumir a execução de eventos e microeventos diretamente envolvidos com a produção do bem ou serviço que deve ser produzido.

5.28 CONCLUSÕES

Vimos neste capítulo que no passado a área de O&M tentou fazer um trabalho que desse a base necessária e permitisse que sistemas de informações fossem desenvolvidos de acordo com as necessidades da organização. Entretanto, O&M não teve sucesso, e frequentemente entrava em conflito com os analistas de sistemas.

Depois da extinção da área de O&M nas organizações, o caos se instalou definitivamente nas áreas administrativas de toda e qualquer empresa, sem exceção. Apenas existiam ordem e visão de processos nas manufaturas, tanto discretas quanto de transformação.

Foi somente depois do surgimento da ISO que o mundo passou a falar em processos também nas atividades administrativas.

Hoje, a situação é a seguinte: há consenso, universal, de que é preciso fazer o mapeamento, a análise, a modelagem, a implantação e o gerenciando dos processos de negócio, mas, na prática, muito pouco, ou quase nada, as empresas fazem para documentarem e gerenciarem corretamente seus processos.

Se estiver interessado em aprender mais sobre processos de negócio e sobre a Metodologia DOMP™, leia meu livro *Manual para gerenciamento de processos de negócio* (CRUZ, 2015).

RESUMO GERENCIAL

Neste capítulo, aprendemos que:

- Processos são complexos, mesmos os mais simples.

- Processos são compostos de atividades, no mínimo duas.

- Não há nada no universo (incluindo o nosso planeta) que NÃO tenha sido produto de um processo.

- Não há no universo (incluindo o nosso planeta) um único processo que NÃO produza no mínimo um produto.

- Pessoas, e não tecnologias quaisquer, são as partes mais sensíveis e críticas de qualquer processo de negócio.

CAPÍTULO 5 | PROCESSOS, ORGANIZAÇÃO & MÉTODOS

RESUMO ESQUEMÁTICO

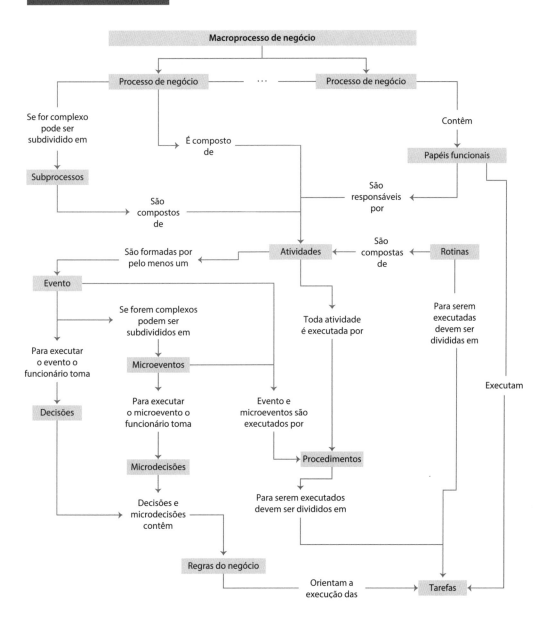

QUESTÕES PARA DEBATE

1. Tente fazer o fluxograma das atividades que você executa antes de sair de casa.
2. Como evoluir da análise das rotinas para a análise de processos?
3. Estabeleça uma comparação entre as técnicas tradicionais de análise de rotinas e as técnicas atuais de análise de processos.
4. Discuta com seu grupo e escreva sobre a afirmação: Processos são complexos, mesmo os mais simples.
5. Qual das ferramentas, para melhoria de desempenho e solução de problemas, descritas neste capítulo mais chamou sua atenção e por quê?

Assinale a alternativa correta.

1. Entre essas tradicionais técnicas de representação de processos, a que mais se usa ainda hoje, embora de formas e maneiras diferentes de como se usava num passado recente, é sem dúvida a técnica chamada de:
   a) Fluxograma.
   b) Organograma.
   c) Hierárquica.
   d) *Poka-Yoke*.
   e) *Lean*.

2. O analista de O&M, quando ainda existia, tentava realizar o que o atual analista de processos faz por meio das suas principais responsabilidades. Quais são essas responsabilidades?
   a) Entender. Levantar. Analisar. Entrevistar. Documentar.
   b) Entender. Levantar. Desenvolver. Implantar.
   c) Desenvolver. Implantar. Gerenciar.
   d) Entender. Levantar. Analisar. Desenvolver. Implantar.
   e) Levantar. Analisar. Desenvolver. Implantar.

3. **Atividades.** Conjunto de instruções (conhecidas como procedimentos, normas e regras), mão de obra, recursos e tecnologias cujo objetivo é o de:
   a) Produzir parte do produto de um processo.
   b) Atender aos objetivos da organização.
   c) Processar as entradas para produzir parte do produto de um processo, a fim de atender aos objetivos da sua função dentro da organização.
   d) Processar as entradas.
   e) Compor um processo para que ele tenha mais de uma atividade.

4. As entrevistas buscam obter dados, informações e conhecimentos por meio de dois tipos de pesquisa qualitativa. Quais são?
   a) A qualitativa visual e a quantitativa.
   b) A qualitativa verbal e a qualitativa documental.
   c) A qualitativa verbal e a qualitativa visual.
   d) A pré-qualitativa e a pós-qualitativa.
   e) A visual e a documental.

5. Eliminando-se desperdícios, a qualidade melhora e o tempo e o custo de produção diminuem. Qual é a metodologia que deve ser utilizada para que possamos atingir esses objetivos?
   a) *Lean manufaturing*.
   b) *Kaizen*.
   c) *Kanban*.
   d) *Poka-Yoke*.
   e) *Agile*.

CAPÍTULO 6

NOÇÕES BÁSICAS SOBRE QUALIDADE

OBJETIVOS DO CAPÍTULO

- Apresentar os principais conceitos relacionados a normas da qualidade.
- Discutir as principais normas da qualidade.
- Entender a importância da implantação da melhoria contínua da qualidade.
- Compreender que as organizações só produzem melhor sob padrões de qualidade gerenciáveis.

PARA COMEÇAR

Você está pronto para participar de um projeto de implantação de uma norma da qualidade?

Embora pareça algo de conhecimento de muitos, não é, e existem muitas armadilhas no caminho de um líder de projeto para implantação de melhoria contínua da qualidade.

Prepare-se para conhecer os principais pontos de um projeto de TQM.

6.1 CONCEITOS

Alguns conceitos importantes relacionados com a qualidade são os seguintes:

- O que é **qualidade**? É a totalidade de características de uma entidade que lhe confere a capacidade de satisfazer as necessidades explícitas e implícitas.
- O que é um **plano da qualidade**? Um documento que estabelece as práticas, os recursos e a sequência de atividades relativas à qualidade de um produto, projeto ou contrato.
- O que é **controle da qualidade**? São técnicas e atividades operacionais usadas para atender os requisitos para a qualidade.
- O que é **garantia da qualidade**? É o conjunto de atividades planejadas e sistemáticas, implantadas no sistema da qualidade e demonstradas como necessárias, para prover confiança adequada de que uma entidade atenderá aos requisitos para a qualidade.
- O que é **gestão da qualidade**? São todas as atividades da função gerencial que determinam a política da qualidade, os objetivos e as responsabilidades, e os implantam por meios como planejamento da qualidade, controle da qualidade, garantia da qualidade e melhoria da qualidade dentro do sistema da qualidade.

6.2 O QUE É QUALIDADE?

A International Standardization Organization (ISO), situada na Suíça e responsável pelas normas de qualidade, define qualidade como:

"Qualidade é a adequação ao uso. É a conformidade às exigências. É cumprir com o prometido."

Basicamente, qualidade está em dois lugares quando falamos de produção de bens e serviços:

- Qualidade no processo de produção.
- Qualidade no produto.

6.3 PRINCÍPIOS DA QUALIDADE

Os princípios da gestão da qualidade são tópicos definidos para dar base às organizações que desejam se estabelecer no mercado com eficiência de gestão. Esses princípios são:

1. Foco no cliente.
2. Liderança.
3. Envolvimento das pessoas.

4. Abordagem de processo.

5. Abordagem sistêmica da gestão.

6. Melhoria contínua.

7. Abordagem factual para tomadas de decisões.

8. Relações mutuamente benéficas com fornecedores.

6.4 PADRONIZAÇÃO DE PROCEDIMENTOS

Para que possamos ter qualidade no processo, é necessário que os procedimentos estejam formalmente documentados para que possam ser continuamente melhorados e gerenciados corretamente.

A padronização dos procedimentos aumenta e garante a eficácia, a eficiência e a produtividade, pois todos os colaboradores executarão suas atividades sob padrões de operações.

Nome da atividade: RECEX	Nome do processo/subprocesso/rotina: RECEBIMENTO	Código do procedimento: prO-Ver-001-2007-V3	REVISA
Papel funcional executante: Técnico da qualidade	Tipo de procedimento: Operacional	Fase: Will be	

Data original: 15 de novembro de 2006		Data modificação: 7 de março de 2007	Página 1 de 1	
T	Descrição	Exceção/Desvio	Regra de negócio e detalhamento	TT
	PROCEDIMENTO/RECEX DE MATERIAL DE CONSUMO			
01	Atender ao motorista que estiver fazendo a entrega do material de consumo.	Material de consumo sem NF executar tarefa 07.	O RECEX não pode receber material de consumo sem nota fiscal.	2m
02	Receber o material que está sendo entregue.			
03	Assina o canhoto da NF.			
04	Devolver o canhoto da NF para o motorista do caminhão.			
05	Solicitar a presença do funcionário do estoque.			
06	Entregar o material de consumo recebido juntamente com a NF correspondente ao funcionário do estoque.			
07	Despachar o motorista.			
08	Liberar o caminhão.			
		Executar tarefa 99.		10m
99	Fim do procedimento.			
Exceções/observações:				
Analista responsável: Tadeu Cruz Assinatura:		Gerente de projeto: Tadeu Cruz Assinatura:	Código do documento:	

Figura 6.1 Exemplo de procedimento.

6.5 INDICADORES DE DESEMPENHO (ID)

A primeira escolha ou decisão sobre o uso de indicadores é: qual tipo de indicador eu devo usar? Em outras palavras, para que eu quero ou necessito usar um indicador?

Indicadores de desempenho, ou de performance, ou ainda em inglês *Key Performance Indicators* (KPI), servem, como o próprio nome diz, para revelar como alguma coisa está indo. Podemos usar ID tanto para medir o índice de acerto e progresso nas organizações quanto para nossa vida pessoal.

Alguns especialistas dividem os ID em dois tipos:

- **Indicadores de desempenho estratégicos:** servem para verificar se a organização está alcançando os objetivos criados no planejamento estratégico pela direção da empresa.
- **Indicadores de desempenho de processos:** mais conhecidos como KPI, devem ser definidos a partir das metas estabelecidas para cada atividade existente no processo e servirão para medir seu desempenho e se o responsável por ela, atividade, está conseguindo atingir as metas.

Os KPI são aplicados às atividades, e os resultados de cada um dão a medida do desempenho do processo como um todo.

6.6 OBJETIVOS, METAS E MÉTRICAS

Para falarmos em ID, antes precisamos entender o que são objetivos, metas e métricas.

Ao criarmos o planejamento estratégico, construímos um caminho que deverá ser percorrido pela organização como parte do esforço para manter-se viva, produtiva e lucrativa. Esse caminho, construído cheio de boas intenções (ninguém seria capaz de construí-lo cheio de más intensões, não é?), deve ter marcos, pontos a serem alcançados para que a organização se certifique se o plano estratégico está ou não sendo seguindo. Esses marcos são os objetivos.

Objetivos são resultados que se espera alcançar a longo prazo, embora esse longo prazo esteja ficando cada vez mais curto, dada a volatilidade da economia mundial.

Antes, construía-se um plano estratégico para cinco, dez anos. Hoje, os planos estratégicos são feitos entre um e cinco anos, mas sempre com revisões mensais, de preferência.

Depois que os objetivos são criados, eles precisam ser desdobrados em metas. Por quê? Metas são resultados que se espera alcançar em curto prazo, em horas, minutos, em dias, meses. Nunca devemos estabelecer metas para mais de um ano, pois aí estaríamos criando objetivos.

Metas são resultados que se espera alcançar a curto prazo (até um ano) e que têm por finalidade medir a **eficiência**, a **eficácia**, a **variabilidade** e a **adaptabilidade** da atividade dentro de determinado período.

CAPÍTULO 6 | NOÇÕES BÁSICAS SOBRE QUALIDADE **153**

Infelizmente, não é comum todas as atividades de um processo de negócio terem METAS definidas. Entretanto, seria conveniente que cada atividade as tivesse, pois assim todas poderiam ser avaliadas de acordo com o desempenho obtido no período estipulado para cumpri-las.

As METAS devem ser formadas por partes:

- Qualitativas.
- Quantitativas.

E devem ser medidas sempre por métodos estatísticos, a fim de evitar erros de interpretação e, consequentemente, equívocos e confusões.

As métricas, também conhecidas como ID, servirão para aferir o cumprimento das **metas** e apontar a eficiência e a eficácia de cada atividade e, por extensão, do processo como um todo.

Os ID são numéricos de três tipos:

- Os que servem para contar: aferir resultados na manufatura discreta e em qualquer processo que se produza algo que possamos reduzir à unidade, carros, TVs, *smartphones* etc.
- Os que servem para medir: manufatura de transformação, papel, tecido etc.
- Os que servem para pesar: manufatura de transformação, química, adubo, materiais peri-gosos etc.

Se resumirmos o papel dos ID, é o de medir o cumprimento das metas. Devem abordar os principais requisitos dos clientes do processo de negócio, sejam eles internos ou externos, e estar associados a:

- **Eficiência:** índice que mede o nível de recursos utilizados para atender aos requisitos dos clientes. Em outras palavras: fazer da melhor maneira possível utilizando a menor quantidade possível de recursos.
- **Eficácia:** índice que demonstra o grau de conformidade com os requisitos dos clientes. É, também, a relação entre os resultados obtidos e os resultados pretendidos: fazer da melhor maneira, isto é: cumprir com o prometido ao cliente. O que a ISO chama de conformidade.
- **Efetividade:** efetividade é a conjugação da eficácia com a eficiência.
- **Controle:** índice que mede a variabilidade do processo.
- **Adaptabilidade:** índice que mede a flexibilidade do processo em atender às mudanças de requisitos e ou de condições especiais dos clientes, sem necessidade de aprovações dos níveis superiores.

6.7 OUTROS TIPOS DE INDICADORES DE *PERFORMANCE*

Entre inúmeros outros, temos os seguintes indicadores de desempenho.

- **Indicadores de capacidade:** relação entre a quantidade que se pode produzir e o tempo para que isso ocorra, ou seja, mede a capacidade de produção instalada para atender a determinada demanda. Por exemplo: A montadora X tem capacidade de produzir 200 carros por mês.
- **Indicadores de produtividade:** relação entre as saídas geradas por um trabalho e os recursos utilizados para isso. Exemplo: Um operário consegue instalar 20 m^2 de piso em uma hora.

Outro consegue instalar apenas 17 m² de piso em uma hora, portanto, é menos produtivo que o primeiro.

- **Indicadores de qualidade:** relação entre as saídas totais (tudo que foi produzido) e as saídas adequadas ao uso, ou em conformidade com o que foi prometido ao cliente, isto é, sem defeitos ou não conformidades. Exemplo: 980 peças adequadas a cada 1.000 produzidas (98 % de conformidade).
- **Indicadores de lucratividade:** relação percentual entre o lucro e as vendas totais. Exemplo: Numa empresa, foram vendidos R$ 200.000,00 em mercadorias e apurado um lucro de R$ 20.000,00. Portanto, a lucratividade é de 10%.
- **Indicadores de rentabilidade:** relação percentual entre o lucro e o investimento feito na empresa. Exemplo: Na mesma empresa do exemplo anterior, foram investidos R$ 500.000,00, com um lucro de R$ 20.000,00. A rentabilidade foi de 4%.
- **Indicadores de competitividade:** relação da empresa com a concorrência. O percentual de participação no mercado pode ser usado para isso.
- **Indicadores de valor:** relação entre o valor percebido ao se receber algo (um produto, por exemplo) e o valor efetivamente despendido para a obtenção do que se recebeu.

Indicadores de *performance* são importantes e muito úteis, pois somente com o uso deles podemos medir o desempenho de cada atividade, em cada processo, em toda e qualquer organização.

SAIBA MAIS

Sobre ID.
https://uqr.to/hr4b
Acesso em: 15 jan. 2020.

6.8 DEFINIÇÃO DE PRIORIDADES

Existem diversas maneiras e métodos para priorizarmos ações. Antes de decidirmos quais priorizar e quais deixar para depois, é preciso considerar riscos e oportunidades de melhoria. No Capítulo 7, trataremos detalhadamente da gestão de riscos.

Segundo a Norma ISO 31000, "organizações de todos os tipos e tamanhos enfrentam influências e fatores internos e externos que tornam incerto se e quando elas atingirão seus objetivos. O efeito que essa incerteza tem sobre os objetivos da organização é chamado de 'risco'".

Peter Drucker dizia: "já que é inútil tentar eliminar os riscos e questionável tentar minimizá-los, o essencial é que os riscos considerados sejam certos".

6.9 OPORTUNIDADE

Segundo o dicionário eletrônico Michaelis, oportunidade é "qualidade, caráter do que é oportuno; ocasião favorável; circunstância oportuna e propícia para a realização de alguma coisa; ensejo; circunstância útil; benéfica e vantajosa; conveniência; utilidade".

O certo, na minha opinião, é utilizarmos o mesmo princípio da ISO 9001:2015 para tratarmos riscos e oportunidades.

6.10 SISTEMAS DE GESTÃO DA QUALIDADE (SGQ)

Segundo a Norma ISO 9001:2015, SGQ é a compreensão das atividades pelas quais a organização identifica seus objetivos e determina os processos e recursos necessários para alcançar os resultados desejados.

O SGQ é uma ferramenta de gestão organizacional que traz meios e formas de controlar e gerenciar processos e também permite a verificação da eficácia das ações tomadas, com foco na satisfação do cliente e na busca da melhoria contínua dos processos.

6.11 DOCUMENTAÇÃO DO SISTEMA DE GESTÃO DA QUALIDADE

Todo sistema da qualidade deve ter vários tipos de documentos. Aqui estão alguns que, além de importantes, são obrigatórios para que a organização obtenha a certificação da ISO 9001:2015.

- Manual da qualidade: esse documento declara a política de qualidade de uma empresa e descreve o sistema da qualidade implantado nela. É o mais importante manual dentro de um sistema da qualidade. Deve ser lido por todos e apresentado sempre que se queira mostrar a visitantes o grau de organização da empresa.
- Manuais de processos: procedimentos são a forma especificada de executar uma atividade. Os manuais de procedimentos são muito importantes na medida em que estabelecem por quem e como cada atividade deve ser executada.
- Política da qualidade.
- Registros de ocorrências de não conformidade.
- Registros de documentos externos.
- Registros de fornecedores etc.
- Controle de documentos.
- Controle de registros.
- Auditorias internas.
- Auditorias externas.
- Controle de produtos não conformes.

156 **PROCESSOS ORGANIZACIONAIS & MÉTODOS | CRUZ**

- Ação corretiva.
- Ação preventiva.

6.12 AUDITORIA DO SISTEMA DE GESTÃO DA QUALIDADE

A própria norma ISO 9001 tem um item que trata da auditoria do sistema como um todo. Entretanto, a norma 19011 – Diretrizes para auditoria de sistemas de gestão deve ser empregada com tal finalidade.

Essa norma não estabelece requisitos, mas fornece diretrizes sobre a gestão de um programa de auditoria, sobre o planejamento e a realização de uma auditoria de sistema de gestão, bem como sobre a competência e avaliação de um auditor e de uma equipe auditora.

Os principais elementos na norma ISO 19011 são:

1. **Critério de auditoria:** conjunto de políticas, procedimentos ou requisitos usados como uma referência na qual a evidência de auditoria é comparada.

2. **Evidência de auditoria:** registros, apresentação de fatos ou outras informações, pertinentes aos critérios de auditoria e verificáveis.

3. **Constatações de auditoria:** resultados da avaliação da evidência de auditoria coletada, comparada com os critérios de auditoria.

4. **Conclusão de auditoria:** resultado de uma auditoria, após levar em consideração os objetivos da auditoria e todas as constatações de auditoria.

Há uma série de outras definições, tais como clientes, auditores etc. Para implantá-las, você deverá consultar a norma ISO 9000 – Fundamentos e Vocabulário e a norma ISO 9001:2015 Sistemas de gestão da qualidade – Requisitos.

6.13 FERRAMENTAS E TÉCNICAS DE SUPORTE

De que forma e com quais instrumentos é possível controlar as melhorias implantadas em qualquer sistema da qualidade?

A resposta é: por meio de uma série de técnicas e ferramentas divididas em três grandes grupos.

- O primeiro é composto pelos formulários de coleta de dados.
- O segundo grupo é formado pelas ferramentas e técnicas para dados não numéricos.
- O último grupo tem os instrumentos para controlar dados numéricos.

Por meio do uso correto desses instrumentos, garante-se o sucesso dos projetos e das atividades de melhoria da qualidade.

As três partes do conjunto ferramentas e técnicas de suporte são:

1. Formulário para coleta de dados.
   Serve para coletar dados oriundos do processo que se quer medir a fim de que se possa obter um quadro claro dos fatos.

2. Ferramentas e técnicas para dados não numéricos.

    a) Diagrama de afinidade.

    b) *Benchmarking.*

    c) *Brainstorming.*

    d) Diagrama de causa e efeito.

    e) Diagrama de fluxo.

    f) Diagrama de árvore.

3. Ferramentas e técnicas para dados numéricos.

    a) Gráfico de controle.

    b) Histograma.

    c) Diagrama de Pareto.

    d) Diagrama de dispersão.

No Brasil, a Associação Brasileira de Normas Técnicas (ABNT) zela para que as normas da família ISO sejam a expressão fiel das normas originais. Por isso, toda a família ISO recebeu o prefixo NBR. Porém, é o órgão do governo federal chamado INMETRO quem credencia qualquer organismo como certificador dos sistemas da qualidade.

6.14 PROCEDIMENTOS OPERACIONAIS PADRÃO (POP)

É um documento onde devem constar as tarefas repetitivas do colaborador, na forma e na sequência que devem ser executadas.

No POP, devem estar descritos de forma clara:

- A tarefa.
- O executante.
- O objetivo da tarefa.
- Os recursos necessários.
- Os materiais necessários.
- Os procedimentos.
- Os cuidados especiais.
- Os resultados esperados.
- As ações corretivas.
- As aprovações.

Os POP são documentos importantes, embora não sejam os únicos a existirem com este propósito, para que qualquer tarefa possa ser realizada com qualidade, eficiência e eficácia, obedecendo a critérios técnicos e observando normas e legislação das áreas pertinentes. Os POP servem de veículo para que as informações acerca dos mais diversos procedimentos cheguem com segurança ao colaborador que executará as ações.

158 PROCESSOS ORGANIZACIONAIS & MÉTODOS | CRUZ

Quadro 6.1 Exemplo de formulário POP

Restaurante Classe A	POP		Padrão no: POP03-COZ-421
			Criado em: 01/02/2020
Nome do procedimento: Preparo do arroz branco			Revisado em: 07/07/2020
Responsável: Ajudante de cozinha			Código da revisão: 02
Recursos necessários			
Gás			
Energia			
Água			
Materiais necessários			
Panela de arroz	01	Fogão	01
Medidor de arroz	01	Colher grande	01
Peneira de arroz	01		
Pote de tempero	01		
Luva térmica	01		
Tarefas			
1. Verificar o número estimado de atendimentos no dia. 2. Verificar com o chefe da cozinha quantos tipos de arroz serão feitos no dia. 3. Colocar a água na panela de arroz. 4. Pegar o saco de arroz. 5. Lavar o arroz na peneira de arroz. 6. Colocar o arroz na panela de arroz se a água já estiver fervendo. 7. Temperar o arroz conforme receita de preparo do arroz. 8. Esperar a água secar. 9. Deixar o arroz descansar com a panela tampada.			
Manuseio do material			
1. Após servir o arroz, lavar a panela de arroz. 2. Guardar a panela de arroz no local apropriado. 3. Guardar todos os materiais nos seus locais de origem.			
Resultados esperados			
1. Arroz perfeitamente cozinhado, com grãos soltinhos e temperado na medida certa. 2. Quantidade suficiente para o consumo do dia em cada turno do restaurante.			
Ações corretivas			
Caso haja reclamações quanto a: a) Consistência do arroz. b) Cozimento do arroz. c) Tempero do arroz Revisar o procedimento e a receita de cada tipo de arroz.			
Aprovações			
Chefe de cozinha			
Gerente			

6.15 METODOLOGIAS PARA GERENCIAMENTO E MELHORIA DE PROCESSOS

Características e finalidades: para que possamos executar qualquer trabalho com qualidade, é necessário que tenhamos uma metodologia que servirá de guia e evitará que façamos mais do que o necessário. A metodologia vai garantir que serão executadas as tarefas que foram definidas, nem mais nem menos.

Quando realizamos qualquer trabalho sem termos por base uma metodologia, corremos o risco de fazermos mais do que teríamos que fazer e pior.

Aqui estão algumas dessas metodologias.

6.15.1 PLAN, DO, CHECK, ACT (PDCA)

O PDCA foi idealizado por Walter A. Shewhart e divulgado por Deming, quem efetivamente o aplicou. Inicialmente, foi usado para estatística e métodos de amostragem.

Walter Andrew Shewhart (1891–1967) foi um físico, engenheiro e estatístico estadunidense, conhecido como o "pai do controle estatístico de qualidade".

Em síntese, Shewhart:

- Criou o Controle Estatístico de Processos (CEP).
- Criou a carta de controle para a média (famosa Xbar).
- Implantou o CEP para a Bell Telefones em busca da redução de falhas nos sistemas.

O ciclo que popularmente ficou conhecido como Ciclo de Deming tem por princípio tornar mais claros e ágeis os processos envolvidos na execução da gestão, como, por exemplo, na gestão da qualidade, dividindo-a em quatro principais passos (Figura 6.2).

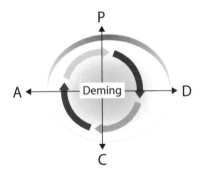

Figura 6.2 Ciclo Shewhart – Deming.

O PDCA é aplicado para se atingir resultados dentro de um sistema de gestão e pode ser utilizado em qualquer empresa de forma a garantir o sucesso nos negócios, independentemente de sua área de atuação.

6.15.2 PASSOS DO PDCA

Os passos do PDCA são os seguintes:

- *Plan* (planejar): estabelecer uma meta ou identificar o problema (um problema tem o sentido daquilo que impede o alcance dos resultados esperados, ou seja, o alcance da meta); analisar o fenômeno (analisar os dados relacionados ao problema); analisar o processo (descobrir as causas fundamentais dos problemas); e elaborar um plano de ação.

- *Do* (executar): realizar, executar as atividades conforme o plano de ação.

- *Check* (verificar): monitorar e avaliar periodicamente os resultados, avaliar processos e resultados, confrontando-os com o planejado por meio de KPIs, objetivos, especificações e estado desejado, consolidando as informações, eventualmente confeccionando relatórios. Atualizar ou implantar a gestão a vista.

- *Act* (agir): agir de acordo com o avaliado e de acordo com os relatórios, eventualmente determinar e confeccionar novos planos de ação, de forma a melhorar qualidade, eficiência e eficácia, aprimorando a execução e corrigindo eventuais falhas.

6.15.3 ROTEIRO PARA A CRIAÇÃO DE PDCA

O roteiro para criação de PDCA é o seguinte:

- Identificar o problema.
- Definir o que queremos controlar.
- Definir uma abordagem sobre o que queremos controlar.
- Construir um formulário para coleta de dados de controle.
- Construir o gráfico de controle com os dados coletados.
- Gerar ideias por meio de sessões de *Brainstorming*.
- Construir o diagrama de causa & efeito.
- Definir prioridades.
- Desenvolver e implantar melhorias.
- Analisar os resultados.
- Padronizar a solução encontrada.

6.15.4 METODOLOGIA DE ANÁLISE E SOLUÇÃO DE PROBLEMAS (MASP)

Todas as empresas buscam hoje conseguir soluções inovadoras e eficientes para resolver os problemas empresariais. Entretanto, isso não é uma tarefa fácil, pois os problemas estão cada dia mais e mais complexos e para solucioná-los é necessário que se busquem conhecimentos diversos.

Como as empresas tentam vencer esses desafios diários?

Elas buscam soluções nem sempre eficazes, o que pode aumentar o problema ou aumentá-lo ainda mais.

Em primeiro lugar, a empresa deve conhecer seus processos, rotinas e atividades, e isso significa documentá-los, analisá-los e melhorá-los, para garantir que eles estejam em concordância com os objetivos da organização. Dessa forma, fica mais fácil identificar problemas e tomar as medidas necessárias para resolver corretamente cada um deles.

O profissional responsável por buscar soluções para resolver quaisquer problemas deve ter uma visão clara da organização. É importante estar atento a qualquer detalhe, momento e em qualquer situação que possa contribuir para a solução de um problema. É importante, também, estar atento às oportunidades de melhoria nos processos, pois isso ajudará a definir corretamente os problemas e a conhecer a importância de cada um deles dentro da organização.

No geral, o profissional deve identificar e priorizar sempre os problemas mais graves e/ou aqueles que possuem maior urgência para serem solucionados, ou, ainda, aqueles que venham a causar maior impacto negativo à organização e, consequentemente, aos seus clientes.

O MASP é um método sistemático para realizar ações corretivas e preventivas para identificar e eliminar a causa de não conformidades, além de descobrir e resolver problemas, evitando a repetição deles por meio de padronização de procedimentos. O MASP utiliza o conceito do PDCA, visto anteriormente, pois tem foco na melhoria contínua da qualidade.

6.15.4.1 ETAPAS DO MASP

As etapas do MASP são as seguintes:

1. Identificar o problema.
2. Observar o problema.
3. Analisar o problema e suas causas.
4. Propor planos de ação.
5. Sugerir boas práticas para execução das ações.
6. Verificar os resultados.
7. Padronizar procedimentos.
8. Elaborar relatórios de conclusão.

Etapa 1 – Identificar o problema

As seguintes ações fazem parte da etapa 1:

- Conhecimento do problema e a sua importância no contexto da empresa.
- Definição do problema: identificar o problema e as perdas prováveis em decorrência de sua existência e identificar quais riscos ele representa.
- Histórico do problema: analisar o problema, a frequência com que ocorre, local, equipes envolvidas, fornecedores e clientes.
- Levantamento das perdas atuais e avaliação de ganhos.
- Levantamento das perdas e análise das oportunidades de melhorias: identificar o que está sendo perdido e o que é possível ganhar com a solução do problema.
- Escolha e preparação da equipe: para finalizar a identificação, é necessário definir as responsabilidades pela execução das tarefas e o prazo para que o problema seja solucionado.

162 PROCESSOS ORGANIZACIONAIS & MÉTODOS | CRUZ

Nessa etapa, podemos usar a Matriz Gravidade, Urgência e Tendência (GUT), uma metodologia que contribui para a tomada de decisão, pois permite a alocação de recursos nos tópicos considerados mais importantes. Podemos usar também o Gráfico de Pareto e o Gráfico de Controle.

Quadro 6.2 Exemplo de Matriz GUT

NOTAS	GRAVIDADE	URGÊNCIA	TENDÊNCIA (Se nada for feito...)
5	Extremamente grave	Precisa de ação imediata	... irá piorar rapidamente
4	Muito grave	É urgente	... irá piorar em pouco tempo
3	Grave	O mais rápido possível	... irá piorar
2	Pouco grave	Pouco urgente	... irá piorar a longo prazo
1	Sem gravidade	Pode esperar	... não irá mudar

Na Matriz GUT mostrada, os problemas foram classificados pelas notas de 1 a 5, depois obteve-se o grau crítico pela multiplicação GxUxT e, posteriormente, foi estabelecida a sequência de atividades, elencando aquelas que são mais graves, urgentes e com maior tendência de piorar. Assim, a ordem de ataque aos problemas pode ser concebida sem maiores problemas, dando subsídios para a tomada de decisão dos gestores.

Etapa 2 – Observar o problema
Nessa etapa, vamos analisar o problema sob vários aspectos. Quanto mais tempo dedicarmos a essa etapa, melhor será para identificarmos a solução para o problema.

Etapa 3 – Analisar o problema e suas causas
Nessa etapa, temos que identificar a raiz do problema. Ferramentas úteis para essa etapa: Diagrama de Causa e Efeito (Ishikawa), *Brainstorming* e Gráfico de Dispersão.

Etapa 4 – Propor planos de ação
Certifique-se de que as ações serão tomadas sobre as causas fundamentais.

Etapa 5 – Sugerir boas práticas para execução das ações
O objetivo dessa etapa é resolver ou eliminar as causas do problema.

Etapa 6 – Verificar os resultados
Comparar os resultados coletando dados antes e após a execução do plano para resolver o problema.

Etapa 7 – Padronizar procedimentos
O objetivo dessa etapa é adotar a solução como padrão para prevenir o reaparecimento do problema.

Etapa 8 – Elaborar relatórios de conclusão
Por último, devemos avaliar todo o processo de solução de problemas para aproveitar potenciais situações futuras.

Agora, você sabe como identificar, analisar e solucionar problemas por meio do método MASP.

6.15.5 5W2H

O 5W2H, basicamente, é um *checklist* de determinadas atividades que precisam ser desenvolvidas com o máximo de clareza possível por parte dos colaboradores da organização.

Ele funciona como um mapeamento dessas atividades, onde ficará estabelecido o que será feito, quem fará o quê, em qual período de tempo, em qual área da empresa e todos os motivos pelos quais essa atividade deve ser feita. Deverá figurar nessa tabela como será feita essa atividade e quanto custará tal processo.

A planilha 5W2H é uma ferramenta administrativa que pode ser utilizada em qualquer empresa a fim de registrar de maneira organizada e planejada como serão efetuadas as ações, assim como por quem, quando, onde, por quê, como e quanto irá custar para a empresa. Seu nome não é por acaso, pois designa uma sigla que contém todas as iniciais dos processos em inglês.

Existem também duas variações da planilha 5W2H: uma sem o *How much* (quanto custará) formando uma planilha 5W1H, ou 5W3H, que inclui a etapa *How many* (quantos).

- *What* (O que será feito?).
- *Who* (Quem irá fazer?).
- *When* (Quando será feito?).
- *Where* (Onde (em que local) será feito?).
- *Why* (Por que isso será feito?).
- *How* (Como será feito?).
- *How much* (Quanto irá gastar?).

  Uma variante contém mais um *H*.

- *How many* (Quantos serão feitos?).

6.15.6 5S

O 5S surgiu nas empresas do Japão, durante a reconstrução do país depois da Segunda Guerra Mundial. Depois da guerra, os japoneses receberam orientação de especialistas americanos para o controle da qualidade. O que os americanos faziam bem foi aperfeiçoado no Japão, formando-se o que ficou conhecido como Qualidade no Estilo Japonês, ou *Total Quality Control* (TQC – Controle da Qualidade Total).

O papel do 5S é cuidar da base, facilitando o aprendizado e a prática de conceitos e ferramentas para a qualidade. Isso inclui cuidar dos ambientes, equipamentos, materiais, métodos, medidas, e, especialmente, pessoas.

No princípio, o 5S era mais focado em liberar área, evitar desperdícios, resolvendo efeitos de guerra e de gestão inadequada. Com os novos desafios, inclusive a evolução da Tecnologia da Comunicação, o 5S evoluiu.

Quadro 6.3 Descritivo 5S

5S	Significado
Seiri	Senso de utilização	Separar o que é útil do que não é. Melhorar o uso do que é útil.
Seiton	Senso de ordenação	Um lugar para cada coisa. Cada coisa no seu lugar.
Seisou	Senso de limpeza	Limpar e evitar sujar.
Seiketsu	Senso de saúde	Padronizar as práticas saudáveis.
Shitsuke	Senso de autodisciplina	Assumir a responsabilidade de seguir os padrões saudáveis.

6.15.7 BENCHMARKING

Robert Camp, Ph.D., introduziu a ideia de *benchmarking* na operação logística da Xerox em 1981. Segundo Camp, *benchmarking* é a busca das melhores práticas que podem conduzir a um desempenho superior.

No passado, vários povos já se serviram da ideia de *benchmarking* para copiar e, nem sempre, aperfeiçoar, produtos. Claro que eles o fizeram não da forma estruturada como a criada por Camp, mas os mecanismos de aprender e copiar sempre estiveram presentes na história da humanidade. Hoje, quem mais faz isso são os chineses, mas no passado já o fizeram os japoneses, os coreanos etc.

O *benchmarking* é uma das mais antigas ferramentas de gestão. Seu propósito é estimular e facilitar as mudanças organizacionais e a melhoria de desempenho das organizações por meio de um processo de aprendizado.

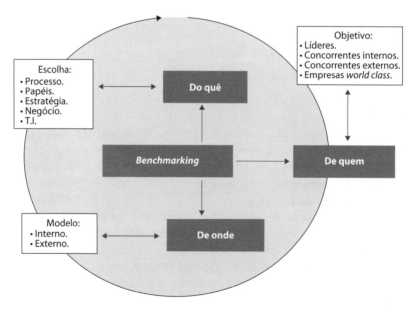

Figura 6.3 Visão geral de *benchmarking*.

Isso é feito de duas maneiras:

- Identificando resultados excelentes, geralmente mensurados por meio de métricas ou indicadores. Tais resultados servem de estímulo para os esforços de melhoria e dão uma garantia de que, mediante esforços inteligentes, tais resultados poderão ser igualados.

- Identificando as chamadas melhores práticas, que, geralmente, com alguma adaptação à cultura e às peculiaridades da organização, podem servir de referência para uma mudança que leve a melhores resultados. O objetivo principal de se fazer *benchmarking* é implantar mudanças que levem a melhorias significativas nos produtos e processos da organização e, consequentemente, nos seus resultados.

Qualquer organização, pública ou privada, com ou sem fins lucrativos, de qualquer setor ou porte, pode utilizar o *benchmarking* para entender e melhorar os seus processos.

O *benchmarking* é uma das formas mais eficazes de se estabelecer metas e tem um efeito motivacional muito grande junto às equipes.

Benchmarking é uma técnica que consiste em acompanhar processos de organizações concorrentes, que sejam reconhecidas como representantes das melhores práticas administrativas.

É um processo de pesquisa, contínuo e sistemático, para avaliar produtos, serviços e métodos de trabalho, com o propósito de melhoramento organizacional, procurando a superioridade competitiva. Isto é, o *benchmarking* consiste na busca das melhores práticas da administração, como forma de ganhar vantagens competitivas. Utiliza-se de pontos de referências que funcionam em vez de criar algo novo.

Pode-se dizer que o processo de *benchmarking* foi inserido no ambiente de negócios pela Xerox, que o definiu como "o processo contínuo de medirmos nossos produtos, serviços e práticas com os mais fortes concorrentes ou com as companhias reconhecidas como líderes da indústria".

6.15.7.1 PROCESSO DE *BENCHMARKING*

O processo de *benchmarking* tem cinco fases, que são autoexplicativas e que para serem executadas vai depender do detalhamento da metodologia utilizada.

- Planejamento.
- Coleta de dados.
- Análise.
- Adaptação.
- Implantação.

6.15.7.2 METODOLOGIA DOMP™ PARA *BENCHMARKING*

Baseada em Camp, a Metodologia DOMP™ para *benchmarking* consiste em:

1. Identificar os marcos de referência.
2. Identificar empresas comparativas.
3. Definir método e coletar os dados.
4. Determinar a lacuna de desempenho.
5. Projetar níveis de desempenho futuro.

166 PROCESSOS ORGANIZACIONAIS & MÉTODOS | CRUZ

6. Comunicar descoberta dos marcos de referência e obter aceitação.

7. Estabelecer metas funcionais.

8. Desenvolver plano de ação.

9. Implantar ações específicas e monitorar progresso.

10. Recalibrar marcos de referência.

O que *benchmarking* é:

■ Um processo contínuo de aprendizagem.

■ Uma investigação que fornece informações valiosas.

■ Um trabalho intensivo, consumidor de tempo, que requer disciplina.

■ Uma ferramenta viável a qualquer organização e aplicável a qualquer processo.

O que *benchmarking* não é:

■ Um evento isolado.

■ Uma investigação que fornece respostas simples e "receitas".

■ Cópia, imitação.

■ Rápido e fácil.

■ Mais um modismo da administração.

6.15.7.3 METODOLOGIA DE IMPLANTAÇÃO

O processo de implantação de *benchmarking* está dividido em cinco fases, que, por sua vez, estão subdivididas em atividades, e estas em tarefas.

As cinco fases deste processo são:

■ Fase 1 – Planejamento.

■ Fase 2 – Recolha interna de informação.

■ Fase 3 – Recolha externa de informação.

■ Fase 4 – Melhoria do desempenho do item.

■ Fase 5 – Melhoria contínua.

6.15.7.4 TIPOS DE *BENCHMARKING*

Alguns tipos de *benchmarking* são apresentados a seguir:

■ **Benchmarking competitivo:** caracteriza-se por ter como alvo específico as práticas dos nossos concorrentes. É na prática o menos usual, uma vez que é quase impossível que as empresas se prestem a facilitar dados que estão ligados diretamente com sua atividade à concorrência. Por isso, muitas vezes é necessário contratar uma consultoria externa para obter informações sobre *benchmarking* competitivo.

■ **Benchmarking funcional:** baseado em uma função específica, que pode existir ou não na própria organização e serve para trocarmos informações sobre uma atividade bem definida, como, por exemplo, distribuição, faturamento ou embalagem.

CAPÍTULO 6 | NOÇÕES BÁSICAS SOBRE QUALIDADE **167**

- **Benchmarking interno:** a busca pelas melhores práticas ocorre dentro da própria organização em unidades diferentes (outros departamentos, sedes etc.). Tem como vantagens a facilidade para se obter parcerias, custos mais baixos e a valorização pessoal interna. A grande desvantagem é que as práticas estarão sempre impregnadas com os mesmos paradigmas. Esse é o tipo mais utilizado.

- **Benchmarking genérico:** ocorre quando o *benchmarking* é baseado em um processo que atravessa várias funções da organização e pode ser encontrado na maioria das empresas do mesmo porte, como, por exemplo, o processo desde a entrada de um pedido até a entrega do produto ao cliente. É nesse tipo de *benchmarking* que encontramos a maioria dos exemplos práticos e onde as empresas estão mais dispostas a colaborar e serem mais verdadeiras.

6.16 METODOLOGIA DOMP™

A partir desse ponto, vamos poder fazer uma comparação qualitativa do trabalho que o Sr. Palmeira (ver Caso Introdutório) realizava nos anos 1980 e seus pares atuais, analistas de processos, com formação em metodologias para mapeamento, análise, modelagem e implantação dos processos de negócio nos dias atuais.

Antes de qualquer outra preocupação com processos de negócio, tais como gerenciá-los e melhorá-los, devemos mapeá-los (documentar), analisá-los e modelá-los (criar ou recriar), para só então implantarmos e gerenciarmos processos de negócio corretamente visando sua melhoria contínua. Muitas pessoas, estudiosos, escritores, técnicos, gestores, diretores, donos de empresas, preocupam-se mais com ferramentas e tecnologias da informação do que com a organização do processo em si.

A Metodologia DOMP™ empregada nos projetos de análise & modelagem de processos de negócio vem sendo desenvolvida por mim há mais de 25 anos e se aplica a qualquer tipo de processo, em qualquer tipo de organização.

6.16.1 AS QUATRO DIMENSÕES DA METODOLOGIA DOMP™

A falta de percepção das dimensões da Metodologia DOMP™ por parte dos gestores de programas da qualidade os leva a programas que são apenas conjuntos de manuais, em papel ou eletrônicos, que raramente servem para fazer as pessoas aprenderem alguma coisa, mas servem para fazê-las decorar o que devem fazer no dia a dia; quando muito, são vistos uma única vez.

Portanto, ferramentas e tecnologias, sejam ou não da informação, são importantes e têm seu papel bem definido, mas nada substitui o mapeamento, a análise, a modelagem, a correta implantação e o gerenciamento de processos de negócio como alicerce para a melhoria total das organizações.

A Metodologia DOMP™ conta hoje com dezenas de *templates* (formulários) eletrônicos, o que faz dela não somente uma metodologia para mapear, analisar, modelar, implantar e gerenciar qualquer tipo de processo em qualquer tipo de organização, mas, e principalmente, com um nível de detalhamento que nenhuma outra metodologia para projetos de gerenciamento e melhoria de processos possui. DOMP™ tem, também, um conjunto de formulários para que as organizações realizem um planejamento estratégico ligado ao dia a dia das operações.

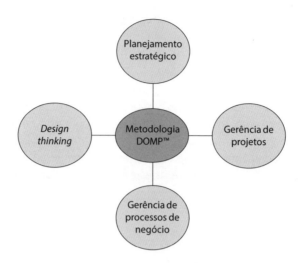

Figura 6.4 As quatro dimensões da Metodologia DOMP™.

A Metodologia DOMP™ faz com que o planejamento estratégico esteja presente nas ações de cada funcionário, por meio dos processos de negócio. Tem, também, um conjunto de formulários que possibilita a efetiva gerência de projetos, para qualquer produto, com um grau de detalhamento que o PMBoK não tem, e, por fim, mas não menos importante, a Metodologia DOMP™ traz um conjunto de ferramentas *Design Thinking*, possibilitando a qualquer organização inovar na criação de qualquer produto, quer seja um bem, quer seja um serviço.

6.16.2 DIMENSÃO PLANEJAMENTO ESTRATÉGICO

A Metodologia DOMP™ e os 10 passos para planejamento estratégico.

1. Definição da visão e da missão da empresa.
2. Análise SWOT.
3. Análise de clientes e mercados.
4. Análise da concorrência.
5. Definição do *statement* estratégico.
6. Criação do plano de três anos.
7. Desdobramento do plano estratégico.
8. Análise financeira para adequação do plano estratégico.
9. Alinhar o plano estratégico ao plano operacional – Hoshin.
10. Roteiro para a implantação dos planos estratégico e operacional.

Gerenciar projetos é aplicar conhecimento, habilidades, técnicas e ferramentas por meio dos processos que formam a estrutura de todo projeto para produzir um produto que tanto pode ser um bem como um serviço.

6.16.3 DIMENSÃO GERÊNCIA DE PROJETOS

Os processos de projeto são ao todo 42 e estão organizados em cinco grupos, cada um deles contendo um número variável de processos:

- **Iniciação:** autorização do projeto ou fase.
- **Planejamento:** definição e refinamento dos objetivos e seleção da melhor das alternativas de ação para alcançar os objetivos que o projeto estiver comprometido em atender.
- **Execução:** coordenar pessoas e outros recursos para realizar o plano.
- **Monitoramento e controle:** assegurar que os objetivos do projeto estão sendo atingidos, por meio da monitoração regular do seu progresso, para identificar variações do plano e, portanto, ações corretivas podem ser tomadas quando necessárias.
- **Encerramento:** formalizar a aceitação do projeto ou fase e encerrá-lo(a) de forma organizada.

6.16.4 DIMENSÃO GERÊNCIA DE PROCESSOS DE NEGÓCIO

A dimensão gerência de processos de negócio consiste em:

- Entender o ambiente organizacional em um novo contexto.
- Entender o que é uma estrutura em rede.
- Entender o que são processos de negócio.
- Conhecer os principais elementos de um processo de negócio.
- Entender como os elementos se relacionam entre si num processo.
- O que são eventos.
- O que é eventOgrama.
- O que é processOgrama.
- O que é infOgrama.
- O que é funcionOgrama.
- Como mapear (documentar) um processo de negócio.
- Como analisar um processo de negócio.
- Como modelar (criar ou recriar) um processo de negócio.
- Simulação de processos.
- Implantação de processos.

6.16.5 DIMENSÃO INOVAÇÃO – *DESIGN THINKING*

A Metodologia DOMP™ possibilita o desenvolvimento do "desenho de processos baseados nas pessoas", tanto para inovação quanto para invenção de qualquer produto, sejam bens ou serviços. Desde 1995, realizamos projetos, no Brasil e no exterior, voltados a:

- Diagnóstico da qualidade dos serviços, mesmo na manufatura discreta e contínua.
- Análise do desempenho dos serviços.
- Análise e diagnóstico da experiência do cliente em cenários B2C e B2B.
- Gerenciamento da experiência dos serviços em cenários B2C e B2B.
- Criação do plano para solução dos problemas encontrados nos processos de serviços.

PROCESSOS ORGANIZACIONAIS & MÉTODOS | CRUZ

- Criação do plano para melhoria do desempenho dos processos de serviços.
- Inovação em serviços.
- Criação de estratégias diferenciadas e relevantes em serviços para qualquer organização, tanto do setor público quanto privado.

Por meio do conjunto de formulários específicos para *Design Thinking* da Metodologia DOMP™, as organizações podem repensar todos os seus processos, primários e secundários, e produtos, sejam bens ou serviços, usufruindo das atuais abordagens sobre inovação aberta (*open innovation*).

6.17 PRINCIPAIS FERRAMENTAS DE CONTROLE E GESTÃO DE PROCESSOS

6.17.1 DIAGRAMA DE CAUSA E EFEITO – ISHIKAWA

O diagrama de causa e efeito foi criado pelo matemático japonês Kaoru Ishikawa e, por isso, ele é conhecido como Diagrama de Ishikawa. Seu formato lembrando uma espinha de peixe faz com que ele também seja chamado de Diagrama Espinha de Peixe.

Ishikawa (1915 a 1989) ainda é um dos autores mais reverenciados de administração de empresas e controle da qualidade, tanto no Japão quanto no ocidente. Criado numa família com extensa tradição industrial, Ishikawa se formou em Química pela Universidade de Tóquio em 1939. De 1939 a 1947, trabalhou na indústria e no exército. Foi professor na área de engenharia da mesma universidade.

O Diagrama de Ishikawa permite estruturar hierarquicamente as causas de determinado problema ou oportunidade de melhoria. Pode ser utilizado também com outros propósitos, além do apresentado, por permitir estruturar qualquer sistema que resulte em uma resposta (uni ou multivariada) de forma gráfica e sintética.

As causas de um problema podem ser agrupadas, a partir do conceito dos 6M, como:

- Materiais.
- Métodos.
- Mão de obra.
- Máquinas.
- Meio ambiente.
- Medidas.

A única ressalva que faço é que qualquer problema só pode ser caracterizado como tal se for uma não conformidade.

Explico. Se alguém me diz:

– Vou comprar na sua loja, desde que você me garanta a entrega em até quatro horas.

Eu digo:

– Nada feito. Eu garanto a entrega em até oito horas. Serve?

Ou seja: não poder garantir a entrega em até quatro horas não é um problema, mas uma deficiência causada, por exemplo, por falta de recursos ou de tecnologia.

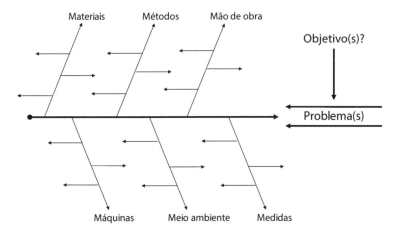

Figura 6.5 Diagrama de Causa e Efeito usando os 6Ms.

Se eu prometer e não cumprir, É UM PROBLEMA, uma não conformidade. Se eu não prometer algo que não possa cumprir e o cliente não quiser comprar comigo, paciência.

6.17.1.1 ROTEIRO PARA CONSTRUÇÃO E ANÁLISE DO DIAGRAMA C&E

- Realizar *brainstorming* para levantar informações sobre a situação de não conformidade.
- Avaliar as ideias geradas no *brainstorming*.
- Definir o defeito a ser analisado.
- Realizar *brainstorming* para levantar ideias sobre causas primárias e secundárias.
- Avaliar as ideias geradas no *brainstorming*.
- Isolar as principais categorias de causas primárias e secundárias.
- Criar a folha para a coleta de dados sobre o defeito que esta sendo analisado.
- Coletar dados.
- Organizar dados.
- Analisar dados.
- Realizar o Ciclo PDCA.

6.17.2 GRÁFICO DE TENDÊNCIA

O conceito de tendência é absolutamente essencial para o enfoque técnico de análise de mercados, entre outras aplicações. O gráfico de tendência tem um só propósito: detectar e medir a tendência de preços, matérias-primas, mercados, consumo etc. para permitir que a organização possa criar e gerenciar operações de compra e venda dentro de determinado mercado. Assim, o gráfico de tendência mostra o que acontecerá no futuro, em bases estatísticas, de acordo com os dados que a organização possui no presente.

O conceito de tendência, embora pareça, não é privativo dos mercados financeiros.

Podemos definir **tendência** como padrão de comportamento de determinados elementos dentro de um contexto em particular durante determinado período.

6.17.2.1 DIMENSÕES DA TENDÊNCIA

Tendência de alta, de estabilidade e de baixa. Além dessas três direções, a tendência se divide em:

- Tendência de longo prazo, a principal.
- Tendência de médio prazo, a intermediária.
- Tendência de curto prazo, a imediata.

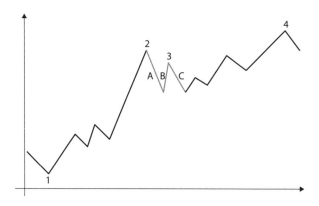

Figura 6.6 Modelo genérico de tendências.

Na realidade, as dimensões da tendência são infinitas. A Figura 6.6 mostra a classificação das tendências. A tendência principal 1-2-3-4, claramente de alta; a tendência intermediária 2-3, que pode ser considerada um retrocesso da principal e está formada por tendências de curto prazo A-B-C.

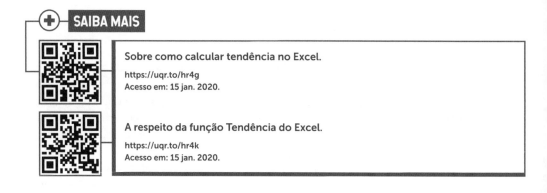

6.17.3 GRÁFICO DE DISPERSÃO

Um diagrama de dispersão, ou gráfico de dispersão, é um tipo de diagrama matemático que utiliza as coordenadas cartesianas para mostrar os valores de duas variáveis de um conjunto de dados. Os dados são representados como um conjunto de pontos, cada um com o valor de uma variável que determina a posição no eixo horizontal e o valor de outra variável determinado pela posição no eixo vertical. Em síntese: os diagramas de dispersão são representações de duas ou mais variáveis que são organizadas em um gráfico, uma em função da outra.

Um gráfico de dispersão pode sugerir vários tipos de correlações entre as variáveis com um intervalo de confiança determinado. A correlação pode ser positiva, negativa ou nula, quando as variáveis não estão correlacionadas. Um dos aspectos mais interessantes de um diagrama de dispersão é sua capacidade de mostrar relações não lineares entre variáveis.

Quando uma variável tem o seu valor diminuído e o valor da outra variável tem seu valor aumentado, diz-se que elas são negativamente correlacionadas. Por exemplo, a venda de carros é negativamente correlacionada com o aumento de desemprego. Quanto maior o índice de desemprego, menor a venda de carros.

O gráfico de dispersão, utilizado como ferramenta de qualidade, permite verificar a existência ou não de relação entre duas variáveis de natureza quantitativa, ou seja, variáveis que podem ser medidas ou contadas, tais como: sinergia, horas de treinamento, intenções, número de horas em ação, jornada, intensidades, velocidade, tamanho do lote, pressão, temperatura etc.

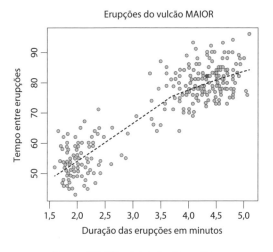

Figura 6.7 Diagrama de dispersão.

SAIBA MAIS

Sobre as ferramentas disponíveis no Excel.
https://uqr.to/hr4n
Acesso em: 15 jan. 2020.

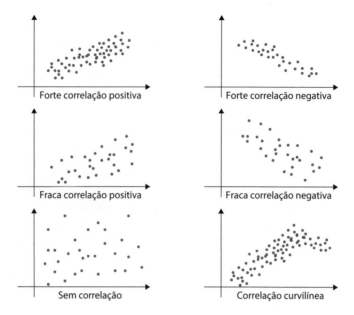

Figura 6.8 Tipos de dispersão.

6.17.4 HISTOGRAMA

Em estatística, o histograma é uma representação gráfica de uma variável em forma de barras, de onde o topo de cada uma é proporcional à frequência dos valores representados.

No eixo vertical, representamos as frequências e no eixo horizontal representamos os valores das variáveis, normalmente assinalando a metade do intervalo em que estão agrupados os dados.

Os histogramas são mais usados nas ciências sociais, ciências humanas e econômicas do que em ciências naturais e exatas. O histograma permite a comparação dos resultados de qualquer processo.

Os padrões mais comuns de histogramas são:

- Normal.
- Assimétrico.
- Bimodal.
- Duplo.

Resumindo, histogramas são usados para:

- Apresentar padrão de variação.
- Informar sobre o comportamento do processo.
- Ajudar a decidir onde devem ser concentrados os esforços para a melhoria do processo.

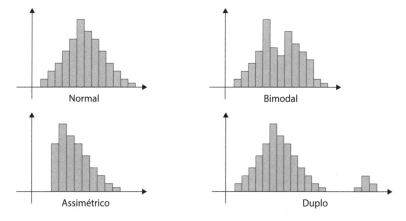

Figura 6.9 Representações genéricas de histogramas.

SAIBA MAIS

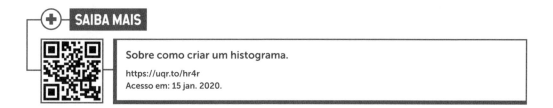

Sobre como criar um histograma.
https://uqr.to/hr4r
Acesso em: 15 jan. 2020.

6.17.5 GRÁFICO DE CONTROLE (GC)

O gráfico de controle é uma ferramenta de qualidade muito conhecida e difundida. Muitas empresas já a utilizam há muito tempo, pois é muito útil no controle de processos e produtos.

O gráfico de controle é baseado em estatística, considerando como princípio que todo processo tem variações estatísticas. A partir da determinação dessa variação, é possível a determinação de parâmetros que nos informem se o processo está ocorrendo dentro dos limites esperados ou se existe algum fator que está fazendo com que ele atue fora das especificações de controle.

Existem dois tipos de gráfico de controle:

- Gráfico para variáveis: utiliza valores que podem ser medidos, tais como: tempo de um ciclo, comprimento, diâmetro, temperatura etc.
- Gráfico para atributos: serve para medir valores discretos, tais como: passa/não passa, bom/ruim, alto/baixo etc.

GC é gráfico e cronológico e indica também a faixa de variação incluída no sistema. Os limites de controle não são os mesmos que limites de especificação, os limites de controle indicam apenas o que e quanto o processo pode variar.

Associados ao gráfico de controle estão os seguintes limites:

- Controle (ou nominal).
- Superior.
- Inferior.

O gráfico de controle tem por finalidade "fotografar" em determinados momentos o comportamento de um processo de negócio. Os pontos mostrados na Figura 6.10 são chamados de *snapshots*, numa tradução livre, "fotografias instantâneas", do processo que estamos analisando. Quanto mais aderentes os *snapshots* estiverem ao eixo Controle, mais dentro dos parâmetros de controle estará o processo. O excelente seria todos os *snapshots* estarem sobre o eixo Controle, mas isso é impossível, porque todo processo sofre variações.

Os pontos que estiverem fora dos limites superior e inferior são chamados de causas especiais de variação.

Os pontos que estiverem dentro dos limites superior e inferior são chamados de causas comuns de variação.

Quando um processo está funcionando de forma ideal, ou seja, dentro dos limites de variação estabelecidos, aparecem nas medições apenas causas comuns de variação, e nenhuma ação corretiva será necessária. Querer ajustar um processo que já está no seu limite pode na verdade aumentar a variabilidade do processo.

Quando um processo está desordenado, fora dos limites superior e inferior, será necessário executar algumas ações corretivas para ajustá-lo e trazê-lo de volta aos limites normais de variação.

Exemplos de causas especiais de variação:

- Lote isolado de matéria-prima fora das especificações.
- Mau funcionamento ocasional do equipamento.
- Quebra de equipamento de medição.
- Falhas humanas ou de comportamento.
- Operação inadequada do equipamento.

Exemplos de causas comuns de variação:

- Compra sistemática de matéria-prima de baixa qualidade.
- Falta de treinamento.
- Falta de padronização das operações.
- Falta de documentação do processo.
- Documentação desatualizada.

A representação genérica do Gráfico de Controle da Figura 6.10 é algo impensável de ocorrer. O processo estaria totalmente fora de controle.

O GC permite medir por amostragem a qualidade de qualquer processo.

No *site* do Grupo GEN, baixe a planilha Excel para construir seu GC.
https://uqr.to/hr4t
Acesso em: 15 jan. 2020.

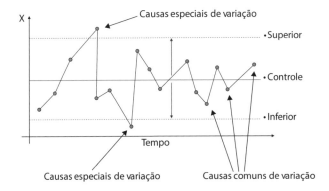

Figura 6.10 Gráfico de controle genérico.

6.17.6 DIAGRAMA DE PARETO

Diagrama de Pareto é um gráfico representado pelo plano cartesiano e graficamente distribuído sob a forma de colunas e linha, onde as colunas representam o total de desvio de um determinado problema. Está ordenado do problema com maior número de ocorrências para o que menos ocorreu, de preferência sob a forma percentual. As linhas representarão o total acumulado da primeira ocorrência adicionado do total da segunda ocorrência, e assim cumulativamente.

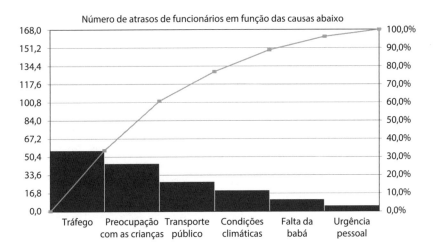

Figura 6.11 Exemplo de Diagrama de Pareto.

Na Figura 6.11, temos um exemplo simples de Diagrama de Pareto usando dados hipotéticos. Nele, estão as frequências relativas a um diagrama de barras e, na linha que cruza todo o gráfico, estão as frequências acumuladas das causas pelas quais os funcionários chegam tarde ao trabalho.

O Diagrama de Pareto, também chamado de curva 80-20, é um gráfico para organizar dados em ordem descendente, da esquerda para a direita e separados por barras. Essa configuração permite atribuir uma ordem de prioridade aos problemas e soluções.

O gráfico permite mostrar o princípio de Pareto: 20% dos problemas consomem 80% dos recursos e 80% dos problemas consomem 20% dos recursos, o que mostra que os 20% mais significativos deverão ser atacados e resolvidos primeiro. O diagrama permite, também, o estudo comparativo de numerosos processos dentro das organizações, fenômenos sociais, fenômenos naturais e ambientais.

No *site* do Grupo GEN, baixe a planilha Excel para construir seu Diagrama de Pareto.

https://uqr.to/hr4v
Acesso em: 15 jan. 2020.

6.17.7 *BALANCED SCORECARD* (BSC)

Indicadores Balanceados de Desempenho, em português, é uma metodologia de medição e gestão de desempenho desenvolvida em 1992, pelos professores da Harvard Business School (HBS) Robert Kaplan e David Norton.

Os métodos usados na gestão do negócio, dos serviços e da infraestrutura geralmente baseiam-se em metodologias consagradas e utilizam as TI como base para a confecção do BSC.

Os passos para a construção das quatro perspectivas do BSC incluem:

- **Definição da estratégia empresarial:** deverá ser feita por meio da construção do seu planejamento estratégico. Como visto nos capítulos anteriores, quando a organização constrói um plano estratégico, ela também direciona suas operações a fim de atingir esses objetivos.
- **Gerência do negócio:** na medida em que o plano estratégico esteja construído, a organização pode criar uma gerência efetiva de negócios, que, por sua vez, assemelha-se ao plano operacional, pois estará focada a realizar o plano estratégico nas operações do dia a dia da organização.
- **Gerência de serviços:** cada vez mais, a gerência de serviços ganha importância nas atuais organizações. Sejam elas da manufatura discreta, da manufatura de transformação, da indústria de serviços, todas devem estar atentas às transformações que as TICs trouxeram e ainda vão trazer. Em outras palavras, a área de serviço ganhará mais e mais importância com a introdução dos robôs nas operações de manufatura.
- **Gestão da qualidade:** impossível pensarmos em todas essas melhorias operacionais e gerenciais sem estarmos atentos à gerência da qualidade e aos programas de melhoramento contínuo da mesma.

Esses passos são implantados por meio de indicadores de desempenho. Eles orientarão as operações e permitirão à organização saber se estão atingindo ou não os objetivos criados no planejamento estratégico.

O BSC é um modelo de medição de desempenho. Antes dele, surgiu na França, nos anos 1960, um modelo de medição de desempenho muito semelhante com o nome de *Tableau de Bord*. Porém, para Kaplan e Norton, professores da Harvard Business School (HBS), esse modelo francês ficou limitado a medidas financeiras e, no início da década de 1990, eles propuseram um novo modelo, que passou a ser conhecido como *Balanced Scorecard*.

De acordo com Kaplan e Norton, o modelo *Tableau de Bord* continuava enfatizando a busca de objetivos financeiros desenvolvidos durante a Era Industrial, que contavam a história de acontecimentos passados, por isso passou a ser inadequado para orientar e avaliar a trajetória das empresas da Era da TI.

6.17.7.1 O BSC E SUAS QUATRO PERSPECTIVAS

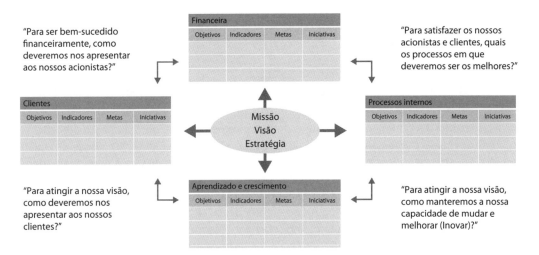

Figura 6.12 As quatro perspectivas do BSC.

- **Perspectiva financeira:** representa metas de longo prazo, a fim de gerar retornos acima do capital investido na unidade de negócio. O BSC permite tornar os objetivos financeiros explícitos, além de permitir ajustes entre unidades de diferentes negócios e de diferentes fases de seus ciclos de vida e de crescimento. É, segundo Kaplan, a estratégia para crescimento, lucratividade e risco, vista pelo acionista. As medidas de desempenho dessa perspectiva são tipicamente relacionadas às rentabilidades, tais como: receita operacional, retorno sobre o capital, valor econômico adicionado etc.

- **Perspectiva clientes:** dá ao executivo uma ideia clara de seus segmentos-alvo de clientes e negócios, dispondo um conjunto de medidas essenciais: participação, retenção, captação, satisfação e lucratividade. Representam metas para operações, logística, marketing e desenvolvimentos de produtos e serviços da empresa. É a estratégia para criar valor e diferenciação a partir da perspectiva do consumidor.

- **Perspectiva processos internos:** identifica para os executivos os processos críticos em que devem buscar a excelência, a fim de atender aos objetivos dos acionistas e de segmentos específicos de clientes. São, para Kaplan, as prioridades estratégicas para vários processos comerciais, criando satisfação do consumidor e do acionista.

- **Perspectiva aprendizado e crescimento:** desenvolve objetivos e medidas para orientar o aprendizado e o crescimento organizacional. São, na visão de Kaplan, as prioridades para criar um clima que dê suporte à mudança, inovação e crescimento organizacional.

Para Kaplan, combinar excelência nos negócios e uma administração focada na estratégia permite que as organizações façam certo as coisas certas, e isso nada mais é que a integração do ABC/ABM com BSC. Essa integração é fortalecida quando se olha pelo lado da análise de valor, técnica empregada em ambos os modelos.

Quando da elaboração dos modelos, deve-se buscar com que os direcionadores do custeio ABC coincidam com os indicadores do BSC.

Como o BSC mensura os fatores que criam receita para a empresa nos dizendo onde competir, que clientes conquistar e o que é preciso fazer para criar valor para esses clientes, torna-se fundamental uma integração entre essas ferramentas. Assim, estará sendo criada uma sinergia que atuará simultaneamente sobre os custos e receita da empresa.

6.18 NORMAS DA QUALIDADE

As normas são documentos que contêm muitos pontos que precisam da nossa atenção. As normas chegam a conter 100, 200 requisitos, muitos de difícil entendimento, por serem muito abertos para permitirem que a norma seja aplicada a organizações de vários tipos e tamanhos.

Se você se vir, de uma hora para outra, responsável por um projeto de implantação de qualquer uma das normas estudadas aqui, saiba que, como disse no início, não será uma tarefa fácil, pois, além de ler a norma em questão e entendê-la, será preciso implantá-la, isto é, terá que fazer com que todos que direta ou indiretamente atuam na organização participem com vontade, com comprometimento dos esforços para a implantação da norma, e isso, na maioria das vezes, é a parte mais difícil do projeto.

6.19 QUALIDADE TOTAL

O Controle Estatístico de Processos (CEP) foi criado por Walter Andrew Shewhart (New Canton, 18/03/1891–11/03/1967), físico, engenheiro e estatístico americano que ficou conhecido como o "pai do controle estatístico de qualidade". Dr. Shewhart, que trabalhou nos laboratórios Bell (Bell Laboratories) na década de 1920, apresentou o conceito no seu livro *Economic control of quality of manufactured products*, em 1931. Alguns dos seus discípulos foram Joseph Juran e W. E. Deming, este último o responsável pela popularização do método PDCA criado por Shewhart. Embora o livro de Shewhart tenha mais de 70 anos, ele continua atualíssimo, e o mais interessante é que a maioria se recorda de Shewhart somente como criador dos Gráficos de Controle (*Control Chart*), mas o Dr. Shewhart foi muito além disso enquanto esteve vivo.

SAIBA MAIS

Sobre Walter Andrew Shewhart em: *Complete dictionary of scientific biography*, 2008. Encyclopedia.com. 2 Dec. 2012.

https://uqr.to/hr4z
Acesso em: 15 jan. 2020.

Qualidade era algo com o qual as empresas não se preocupavam muito. Claro, ninguém queria produzir lixo, mas a qualidade como hoje a conhecemos era algo considerado como secundário e na maioria das vezes ignorada, mas essa ideia prevalecia principalmente nas empresas ocidentais.

Depois da Segunda Grande Guerra, a América vitoriosa tinha um belo parque industrial instalado, a economia americana ia bem e a sociedade tinha dinheiro para gastar sem precisar se preocupar com outra coisa senão adquirir tudo que era produzido no país. O que a indústria produzia era vendido.

Os japoneses, entretanto, derrotados, tiveram seu parque industrial destruído e sua economia ameaçada de colapso por conta do esforço de guerra que fora inútil. Tudo que os japoneses produziam era encarado como "lixo" e dificilmente conseguia mercado no exterior.

Em resumo, foi nessa atmosfera que o Dr. William Edwards Deming (14/10/1900 – 20/12/1993), estatístico americano, foi convidado para ir ao Japão ensinar aos japoneses como melhorar a qualidade dos seus produtos por meio de métodos de controle estatísticos. Em 1947, ele foi recrutado pelo Comando Supremo das Forças Aliadas (SCAP) para, como estatístico, ajudar a preparar o censo demográfico japonês, que seria realizado em 1951. A partir daí, a história do Japão moderno está indelevelmente associada à presença do Dr. Deming, tendo sido o principal responsável pela adoção dos sistemas da qualidade naquele país e, principalmente, pela introdução do CEP.

SAIBA MAIS

Sobre Deming.
https://uqr.to/hr53
Acesso em: 15 jan. 2020.

Enquanto isso, na América do Norte, ninguém se preocupava com qualidade, muito menos com o Dr. Deming, um ilustre desconhecido. Até 1980, Deming era literalmente um desconhecido e ignorado estatístico para os americanos. Esporadicamente, dera alguma consultoria para a Nashua Corporation e só. Vivia tranquilo em sua casa, estudando e trabalhando em sua metodologia. Foi quando a administração Carter, presidente da América do Norte de 1977 a 1981, decidiu investir em qualidade que as coisas começaram a mudar nas relações entre Deming e a América. A produtora de televisão Clare Crowford-Mason foi a responsável por redescobrir Deming para os Estados Unidos, pois na época estava produzindo um programa de televisão intitulado *Whatever happened to good old yankee ingenuity?*, em tradução livre: "O que aconteceu com a boa e velha engenhosidade americana?", tratando justamente da competição entre as indústrias japonesa e americana que já começava a se acirrar.

De 1947 a 1951, a presença de Deming no Japão foi tão marcante que nesse ano o *Japanese Union of Scientists and Engineers* (JUSE) instituiu o Prêmio Deming, em duas versões. Uma para o estudioso que tivesse desenvolvido a melhor teoria estatística e a outra para a empresa que melhor tivesse aplicado os métodos estatísticos na produção de bens ou serviços.

Voltando aos Estados Unidos, foi somente em 1980, por meio de um documentário que a rede de televisão americana NBC exibiu no dia 24 de junho, que o país tomou conhecimento de Edwards Deming.

O título do programa era *If Japan can... why can't we?*, em português: "Se o Japão pode, por que nós não podemos?". Os últimos 15 minutos do programa foram dedicados ao Dr. Deming e ao *case* da consultoria que ele havia dado na Nashua Corporation.

A partir de então, Deming foi solicitado por um incontável número de organizações privadas e governamentais para aplicar os mesmos métodos de melhoria de processos de negócio até sua morte, em 1993.

Outro grande nome relacionado com a qualidade é o do Dr. Joseph Moses Juran (24/12/1904 – 28/02/2008), também americano e engenheiro. Juran, como ficou conhecido, foi por mais de 70 anos uma das pessoas que mais pensaram em qualidade. Ele a tornou viável por meio de uma metodologia de gerenciamento para a qualidade desenvolvida por ele. Recebeu mais de 40 prêmios e inúmeras honrarias nos Estados Unidos e em diversos países. Fundou e dirigiu o Juran Institute Inc. por muitos anos. Seu mais famoso livro é um "tijolo" de mais de 1.000 páginas, chamado *Juran's quality control handbook*, e, em 2010, e foi traduzido para o português dividido em vários volumes.

Sobre Juran.
https://uqr.to/hr55
Acesso em: 15 jan. 2020.

O Dr. Deming dizia sobre a qualidade:

"Não é suficiente apenas seguir as especificações e tampouco não ter clientes reclamando. É necessário, para o sucesso de um negócio, ter clientes que façam elogios sobre seu produto, permaneçam fiéis à marca e tragam um amigo, que trará outro e outro, para fazer novos negócios com você."

Na verdade, a preocupação pela qualidade só explodiu mesmo quando a União Europeia adotou a norma ISO 9000 como condição *sine qua non* para que qualquer bem ou serviço pudesse ser vendido dentro do Mercado Comum Europeu.

6.20 MANUAL DE POLÍTICA DA QUALIDADE

O Manual de Política da Qualidade tem por objetivo principal firmar os compromissos da empresa com a garantia da qualidade perante seus clientes, a fim de demonstrar suas verdadeiras intenções e as diretrizes globais da organização relativas à qualidade, formalmente expressas pela alta direção com relação aos seus produtos.

CAPÍTULO 6 | NOÇÕES BÁSICAS SOBRE QUALIDADE **183**

Entretanto, a grande maioria ainda continua falando em qualidade apenas pensando no certificado ISO 9001 como forma de abrir as portas de inúmeros mercados e clientes, inclusive para poder vender para governos de diversos países.

6.21 PRINCÍPIOS DA QUALIDADE

Os princípios do gerenciamento da qualidade são:

- **Foco no cliente:** não que o cliente tenha sempre razão, mas, uma vez tendo prometido algo a qualquer cliente, ele não somente exigirá o que foi prometido, como, aí sim, terá sempre razão em exigir o que prometeram a ele.
- **Liderança:** exercer convencimento. Fazer com que todos na organização participem do esforço pela qualidade sem imposições.
- **Engajamento de pessoas:** deve ser total. As pessoas devem ser levadas a acreditar que a política pela qualidade total trará benefícios para todos dentro da organização.
- **Abordagem baseada em processos:** a primeira preocupação. Se a organização não tiver seus processos mapeados, melhorados, modelados e corretamente implantados, será muito difícil gerenciá-los e impossível de serem certificados em qualquer norma.
- **Melhoria contínua:** pois tudo pode, e deve, melhorar sempre.
- **Tomada de decisão baseada em evidências:** para que não ocorram erros e suas graves consequências nas tomadas de decisões.
- **Gestão de relacionamento:** pois nada se pode fazer sozinho, nem mesmo em empresas extremamente pequenas, pois, afinal, na nova economia não é a quantidade de funcionários que determina se a empresa é grande ou pequena.

6.22 NORMAS DA QUALIDADE

Antes da ISO 9000, muitas outras normas e metodologias apareceram e sumiram, algumas sucumbiram aos ventos da modernidade e outras caíram no esquecimento pura e simplesmente. SQC,[1] TQC,[2] CQC,[3] TQM[4] etc. são algumas das siglas que ficaram famosas no universo dos que se preocupavam em aumentar a eficiência e a produtividade das suas operações.

Acontece que todas elas eram muito específicas da área de produção, deixando todas as outras áreas da organização de fora dos programas de qualidade. A principal diferença dessas metodologias para a ISO 9000 é que elas se dedicavam principalmente ao chão de fábrica, deixando setores administrativos e técnicos completamente abandonados. A ISO 9000 não,

---

1 Abreviatura de *Statistical Quality Control*, Controle Estatístico de Qualidade.

2 Abreviatura de *Total Quality Control*, Controle Total da Qualidade.

3 Abreviatura de *Control Quality Circle*, Círculo de Controle de Qualidade.

4 Abreviatura de *Total Quality Management*, Gerenciamento Total da Qualidade.

184 PROCESSOS ORGANIZACIONAIS & MÉTODOS | CRUZ

pois ela procura organizar a empresa como um todo na medida em que abstrai a forma estrutural da organização para dar importância ao conteúdo operacional ao organizar os processos primários e secundários.

6.22.1 PRINCÍPIOS DE GESTÃO DA QUALIDADE

Segundo a ISO, são oito os princípios de gestão da qualidade, os quais podem ser usados pela Alta Direção para conduzir a organização à melhoria do seu desempenho.

- **Foco no cliente:** organizações dependem de seus clientes e, portanto, é recomendável que atendam às necessidades atuais e futuras do cliente bem como seus requisitos e procurem exceder as suas expectativas.

- **Liderança:** líderes estabelecem a unidade de propósito e o rumo da organização. Convém que eles criem e mantenham um ambiente interno, no qual as pessoas possam estar totalmente envolvidas no propósito de atingir os objetivos da organização.

- **Envolvimento de pessoas:** pessoas de todos os níveis são a essência de uma organização, e seu total envolvimento possibilita que as suas habilidades sejam usadas para o benefício da organização.

- **Abordagem de processo:** um resultado desejado é alcançado mais eficientemente quando as atividades e os recursos relacionados são gerenciados como um processo.

- **Abordagem sistêmica para a gestão:** identificar, entender e gerenciar os processos inter-relacionados como um sistema contribuem para a eficácia e eficiência da organização, para que atinja seus objetivos.

- **Melhoria contínua:** convém que a melhoria contínua do desempenho global da organização seja seu objetivo permanente.

- **Abordagem factual para tomada de decisão:** decisões eficazes são baseadas na análise de dados e informações.

- **Benefícios mútuos nas relações com os fornecedores:** uma organização e seus fornecedores são interdependentes, e uma relação de benefícios mútuos aumenta a capacidade de ambos em agregar valor.

6.22.2 TERMINOLOGIA USADA PELA ISO

As principais terminologias utilizadas pela ISO são as seguintes:

- **Ação corretiva:** ação para eliminar a causa de uma não conformidade identificada ou de outra situação indesejável.

- **Ação preventiva:** ação para eliminar a causa de uma potencial não conformidade.

- **Cliente:** organização ou pessoa que recebe um produto.

- **Conformidade:** satisfação com um requisito.

- **Eficácia:** medida com a qual as atividades planejadas foram realizadas e foram obtidos os resultados planejados.

- **Eficiência:** relação entre os resultados obtidos e os recursos utilizados.

- **Fornecedor:** organização ou pessoa que fornece um produto.

- **Política da qualidade:** conjunto de intenções e de orientações de uma organização, relacionadas com a qualidade, como formalmente expressas pela gestão superior.

- **Procedimento:** modo especificado de realizar uma atividade ou um processo.
- **Processo:** conjunto de atividades inter-relacionadas e interatuantes que transformam entradas em saídas.
- **Produto:** resultado de um processo.
- **Qualidade:** medida de atendimento a expectativas, dada por um conjunto de características intrínsecas.
- **Requisito:** necessidade ou expectativa expressa, geralmente implícita ou obrigatória.
- **Satisfação de clientes:** percepção dos clientes quanto ao grau de atendimento aos seus requisitos.
- **Sistema de Gestão da Qualidade:** parte do sistema de gestão da organização orientada para atingir os resultados em relação com os objetivos da qualidade. O Sistema da Qualidade estabelece diretrizes para implantar o programa da qualidade, tais como: fatores técnicos, administrativos e humanos que afetem a qualidade dos produtos.

Com base nas definições e no vocabulário da ISO 9000, mantêm-se uma única orientação e entendimento sobre todos os termos usados durante os trabalhos para a certificação na Norman ISO 9001.

6.22.3 A NBR ISO 9001

Segundo o Comitê Brasileiro da Qualidade, órgão vinculado à ABNT, Associação Brasileira de Normas Técnicas:

"A NBR ISO 9001 é a versão brasileira da norma internacional ISO 9001 que estabelece requisitos para o Sistema de Gestão da Qualidade (SGQ) de uma organização, não significando, necessariamente, conformidade de produto às suas respectivas especificações. O objetivo da NBR ISO 9001 é lhe prover confiança de que o seu fornecedor poderá fornecer, de forma consistente e repetitiva, bens e serviços de acordo com o que você especificou."

A NBR ISO 9001 não especifica requisitos para bens ou serviços que você está comprando. Isso cabe a você definir, tornando claras as suas próprias necessidades e expectativas para o produto. Sua especificação pode se dar por meio da referência a uma norma ou regulamento, ou mesmo a um catálogo, bem como a anexação de um projeto, folha de dados etc.

O que significa "Conformidade à NBR ISO 9001"?

Conformidade à NBR ISO 9001 significa que seu fornecedor estabeleceu uma abordagem sistêmica para a gestão da qualidade e que está gerenciando seu negócio de tal forma que assegura que as suas necessidades estejam compreendidas, aceitas e atendidas.

A evidência de conformidade à NBR ISO 9001:2000 não deve, entretanto, ser considerada como um substituto para o compromisso com a conformidade do produto, que é inerente ao fornecedor.

Sobre a ABNT.
https://uqr.to/hr59
Acesso em: 15 jan. 2020.

A versão atual da norma foi aprovada no ano de 2015. Essa nova versão foi elaborada para apresentar maior compatibilidade com a família da ISO 14000, que falarei mais adiante, e as alterações realizadas trouxeram maior compatibilidade para as suas traduções e, consequentemente, melhor entendimento e interpretação de seu texto.

Outra importante alteração nessa versão foi a cláusula 1.2, que introduz o conceito de exclusões. Essa cláusula permite que requisitos da norma que não sejam aplicáveis devido a características da organização ou de seus produtos sejam excluídos, desde que devidamente justificados. Dessa forma, garantem-se o caráter genérico da norma e sua aplicabilidade para qualquer organização, independentemente do seu tipo, tamanho e categoria de produto.

A revisão da ISO 9001:2015 tem sido considerada como muito significativa por usuários dessa norma no mundo todo. As mudanças trazem impactos consideráveis na cultura de muitos SQG.

Essas são as principais mudanças:

- Adoção da estrutura de alto nível.
- Maior ênfase na abordagem de processos e baseada em gerenciamento de riscos.
- Não é mais obrigatória a função do Representante da Direção.
- Ação preventiva: embora o requisito 8.5.3 tenha sido excluído na nova versão, a essência do pensamento preventivo estará ainda mais forte na ISO 9001:2015.
- Remoção da exigência por determinados documentos que são obrigatórios na versão 2008.
- Enfoque no termo "bens e serviços" em vez de unicamente "produtos".
- Vai requerer uma análise formal do contexto específico de cada organização.
- Melhorou a descrição de alguns requisitos, visando facilitar o entendimento pelos usuários da ISO 9001.
- Requer maior envolvimento da alta direção, os líderes deverão exigir o uso da abordagem de processos e o pensamento baseado em risco em suas organizações.

CAPÍTULO 6 | NOÇÕES BÁSICAS SOBRE QUALIDADE **187**

Com as mudanças, espera-se que os SQG estejam mais aderentes às novas tendências de mercado e sejam integrados mais facilmente a outros sistemas de gestão como, por exemplo, a ISO 14001 e ou a ISO 22000.

6.22.4 AUDITORIAS

A NBR ISO 9004 fornece orientação para um sistema de gestão da qualidade com objetivos mais amplos do que a NBR ISO 9001, especificamente no que tange à melhoria contínua do desempenho global de uma organização e sua eficiência, assim como à sua eficácia. A NBR ISO 9004 é recomendada como uma orientação para organizações cuja Alta Direção deseja ir além dos requisitos estabelecidos na NBR ISO 9001, buscando melhoria contínua de desempenho. Entretanto, não tem propósitos de certificação ou finalidade contratual.

A NBR ISO 9004 é a norma que possibilita à organização desenvolver um sistema de gestão da qualidade melhorando continuamente, pois estabelece diretrizes para melhorias de desempenho. Essa norma, 19011 – Diretrizes para auditorias de sistema de gestão da qualidade e/ou ambiental, estabelece princípios básicos, critérios e práticas de uma auditoria e fornece diretrizes para instituir, planejar, executar e documentar as auditorias de sistemas da qualidade.

As séries de Normas NBR ISO 9000 e NBR ISO 14000 enfatizam a importância de auditorias como uma ferramenta de gestão para monitorar e verificar a eficácia da implementação da política da qualidade e/ou ambiental de uma organização. Auditorias também são uma parte essencial das atividades de avaliação da conformidade, tais como certificação/registro externo e avaliação e acompanhamento da cadeia de fornecedores.

A NBR ISO 19011 fornece orientação sobre a gestão de programas de auditoria, sobre a realização de auditorias internas ou externas de sistemas de gestão da qualidade e/ou ambiental, assim como sobre a competência e a avaliação de auditores. É intenção que essa norma se aplique a um grande número de usuários potenciais, incluindo auditores, organizações que implementam sistemas de gestão da qualidade e/ou ambiental, organizações que precisam realizar auditorias de sistema de gestão da qualidade e/ou ambiental por razões contratuais e organizações envolvidas em certificação ou treinamento de auditor, em certificação/registro de sistemas de gestão, em credenciamento ou em padronização na área de avaliação da conformidade.

Os organismos de certificação também são regidos por uma norma específica de número EN 45012. Os auditores de sistemas da qualidade também são submetidos a um treinamento específico e podem, desde que passem no curso, ser certificados com reconhecimento de um dos mais importantes organismos de certificação mundial, o International Register of Certificated Auditors (IRCA), na Inglaterra.

188 PROCESSOS ORGANIZACIONAIS & MÉTODOS | CRUZ

6.22.5 FORMULÁRIO PARA AUDITORIA

No Quadro 6.4, temos um exemplo de formulário para auditoria.

Quadro 6.4 Modelo de formulário para auditoria

RELATÓRIO DE AUDITORIA		
TIPO DE AUDITORIA (X) Interna ( ) Externa ( ) Acompanhamento	**NORMA** NBR ISO 9001:2015	Auditor Líder:
		Guia Auditoria:
		Escopo:
	PERÍODO:	

PROCESSOS AUDITADOS	NC	OM	COMENTÁRIOS E/OU OBSERVAÇÕES
RESUMO			TOTAL:
COMENTÁRIOS DA AUDITORA			

PAPÉIS FUNCIONAIS AUDITADOS		
NOME	CARGO/FUNÇÃO	PROCESSO/ÁREA

ISO 9001:2015		SUMÁRIO DE AVALIAÇÃO DOS REQUISITOS DO SISTEMA DE GESTÃO DA QUALIDADE	OCORRÊNCIAS	
Requisitos verificados		Descrição	NC-Nº	OM-Nº
–	4	Sistema de Gestão da Qualidade		
X	4.1	Requisitos Gerais		
X	4.2	Requisitos de Documentação		
–	5	Responsabilidade da Direção		
X	5.1	Comprometimento da Direção		
X	5.2	Foco no Cliente		

(continua)

CAPÍTULO 6 | NOÇÕES BÁSICAS SOBRE QUALIDADE **189**

(continuação)

ISO 9001:2015		SUMÁRIO DE AVALIAÇÃO DOS REQUISITOS DO SISTEMA DE GESTÃO DA QUALIDADE	OCORRÊNCIAS	
Requisitos verificados		Descrição	NC-Nº	OM-Nº
X	5.3	Política da Qualidade		
X	5.4	Planejamento		
X	5.5	Responsabilidade, Autoridade e Comunicação		
X	5.6	Análise Crítica pela Administração		
–	6	Gestão de Recursos		
X	6.1	Provisão de Recursos		
X	6.2	Recursos Humanos		
X	6.3	Infraestrutura		
X	6.4	Ambiente de Trabalho		
–	7	Realização do Produto		
X	7.1	Planejamento da Realização do Produto		
X	7.2	Processos Relacionados a Clientes		
X	7.4	Aquisição		
X	7.5	Produção e Fornecimento		
X	7.6	Controle de Dispositivos de Medição e Monitoramento		
–	8	Medição, Análise e Melhoria		
X	8.1	Generalidades		
X	8.2	Medição e Monitoramento		
X	8.3	Controle de Produto Não Conforme		
X	8.4	Análise de Dados		
X	8.5	Melhoria Contínua – Ação corretiva – Ação preventiva		
X	8.5	Reclamações de Clientes		
		Total		

Legenda:

■ **NC (Não Conformidade):** NÃO ATENDIMENTO a um requisito normativo, afetando a implementação e/ou resultados do sistema, processo, produto ou serviço, geralmente sistêmico.

■ **OM (Oportunidade de Melhoria):** POSSIBILIDADE DE GANHOS ou COMENTÁRIOS sobre um requisito normativo, contribuindo de forma CONSTRUTIVA ou desafiadora à implementação e/ou resultados do sistema, processo, produto ou serviço.

OC = Ocorrência   NC = Não Conformidade   OM = Oportunidade de Melhoria

_____   _____
        Auditor Líder   Diretor

6.22.6 FORMULÁRIO DE NÃO CONFORMIDADE/AÇÃO CORRETIVA

Sempre que algo ocorrer fora dos padrões preestabelecidos no Sistema de Gestão da Qualidade, ou que tenha sido apontado por uma auditoria, é necessário preencher um Registro de Ação Corretiva (RAC), para que as não conformidades sejam corrigidas.

6.22.7 A NBR ISO 10015

A função desta norma é a de fornecer diretrizes que auxiliem a organização a identificar e analisar as necessidades de treinamento para os colaboradores, de modo a atingir os objetivos estabelecidos no escopo do sistema de gestão da qualidade.

Ela orienta como:

- Projetar e planejar o treinamento.
- Executar o treinamento.
- Avaliar os resultados do treinamento.
- Monitorar e melhorar o processo de treinamento.

Essa norma enfatiza a contribuição do treinamento para a melhoria contínua e tem como objetivo ajudar as organizações a tornar seu treinamento um investimento mais eficiente e eficaz.

Essas diretrizes abrangem o desenvolvimento, a implantação, a manutenção e a melhoria das estratégias e dos métodos de treinamento que afetem a qualidade dos produtos fornecidos por uma organização.

Essa norma é aplicável a todo tipo de organização. Não tem por objetivo ser usada em contratos, regulamentos ou certificação. Não acrescenta, altera ou modifica qualquer requisito da série NBR ISO 9000. Essa norma não se destina a ser utilizada por empresas fornecedoras de treinamento na prestação de serviços a outras organizações.

6.23 FERRAMENTAS E TÉCNICAS DE SUPORTE

De que forma e com quais instrumentos é possível controlar as melhorias implantadas em qualquer sistema da qualidade?

A resposta é: por meio de uma série de técnicas e ferramentas divididas em três grandes grupos.

- O primeiro é composto pelos formulários de coleta de dados.
- O segundo grupo é formado pelas ferramentas e técnicas para dados não numéricos.
- O último grupo tem os instrumentos para controlar dados numéricos.

Por meio do uso correto desses instrumentos, garante-se o sucesso dos projetos e das atividades de melhoria da qualidade.

As três partes do conjunto ferramentas e técnicas de suporte são:

- Formulário para coleta de dados. Serve para coletar dados oriundos do processo que se quer medir a fim de que se possa obter um quadro claro dos fatos.
- Ferramentas e técnicas para dados não numéricos.
- Ferramentas e técnicas para dados numéricos.

No Brasil, a ABNT (Associação Brasileira de Normas Técnicas) zela para que as normas da família ISO sejam a expressão fiel das normas originais, por isso toda a família ISO recebeu o prefixo NBR. Porém, é o órgão do governo federal chamado INMETRO quem credencia qualquer organismo como certificador dos sistemas da qualidade.

CAPÍTULO 6 | NOÇÕES BÁSICAS SOBRE QUALIDADE **191**

6.24 IMPLANTANDO UM SISTEMA DA QUALIDADE

Alguns teóricos defendem a tese de que é possível organizar a empresa e implantar um sistema da qualidade ao mesmo tempo. No meu modo de ver, é como se estivéssemos trocando o pneu do carro com ele em movimento. Difícil, não é? Mas, também, não acho que se deva parar por completo a empresa para organizá-la e só então implantar um sistema de melhoria da qualidade.

Como fazer?

A seguir, vou dar minha sugestão. Entretanto, primeiro vou contar três experiências vividas por mim.

A primeira é sobre o que eu ouvi de um amigo meu, gerente da qualidade de uma multinacional. Ele disse:

– Professor, eu deveria ter feito uma reengenharia nos processos antes de implantar o programa para certificação na ISO 9001, pois as pessoas ainda não se deram conta dos seus papéis na organização. E, pasme, os gerentes são os piores. Eles não querem sequer assumir a parte que lhes cabe na organização dos processos sob suas responsabilidades.

A segunda experiência diz respeito a um projeto de certificação na ISO 9001. Uma empresa, também multinacional, lutou vários anos para implantar um sistema de gestão da qualidade sem obter sucesso.

A terceira é experiência vivida por mim. É muito sintomática para sentir a maneira como muitos profissionais encaram a certificação ISO. Fui convidado a dar um seminário sobre desenvolvimento organizacional, onde um dos tópicos sugeridos por mim falava dos sistemas da qualidade segundo a norma ISO 9001. Eram dois dias de seminário com um total de 13 itens para serem abordados. Quando perguntei ao profissional responsável por implantar o sistema da qualidade na empresa o que ele tinha achado do conteúdo do seminário, ele me disse:

– Está ótimo, mas tire fora a parte referente à ISO 9001, pois esse negócio é caro, complicado e assusta as pessoas.

Tudo isso parece piada, não é? Infelizmente, não é.

A culpa de existirem pessoas e situações como as descritas aqui não é de nenhuma ISO, mas das pessoas, e principalmente das empresas que se apresentam como capacitadas a implantar um sistema da qualidade baseado nas normas ISO.

6.25 SUGESTÕES PARA IMPLANTAR UM SISTEMA DA QUALIDADE

Qualquer sistema pode ser implantado se tiver um projeto bem planejado. Por isso, vamos antes recordar os três elementos principais de qualquer projeto. São eles:

- **Objetivo do projeto:** o que se quer alcançar com a execução do projeto.
- **Recursos disponíveis:** quais são os recursos disponíveis para executar o projeto. Os recursos são: pessoas, dinheiro, equipamentos etc.
- **Tempo para executar o projeto:** em quanto tempo o projeto deve ser realizado?

Como podemos ver, nada é ilimitado, principalmente no tipo de economia que vivemos hoje. Assim sendo, a decisão sobre como gerenciar um projeto deve ser baseada nestes três elementos.

192 PROCESSOS ORGANIZACIONAIS & MÉTODOS | CRUZ

- Se os recursos são escassos, a saída é negociar a abrangência do projeto e o tempo de execução.

- Se o tempo for inegociável, a saída é renegociar o tamanho do objetivo ou o aumento dos recursos disponíveis.

- Se não se puder mexer no objetivo, tenta-se negociar mais recursos ou aumentar o tempo para execução.

Num projeto para implantação de um sistema da qualidade, não é diferente. Muitas vezes, o objetivo é ambicioso demais sem se ter os recursos e o tempo necessários para alcançá-lo. Noutras, o tempo é exíguo, os recursos são poucos e o objetivo não foi bem definido. E tudo isso só tem uma saída: a porta que leva fracasso! Para organizar um projeto com uma alta probabilidade de sucesso, monte o seguinte plano:

1. Mapeie e analise a situação atual do processo que deverá sofrer as melhorias para, posteriormente, certificá-lo.

2. Estude as melhorias que podem ser feitas no processo. Lembre-se de definir se isso é melhoria ou reengenharia, ambas são radicalmente diferentes.

3. Treine as pessoas nas melhorias que serão implantadas.

4. Implante as melhorias escolhidas na fase anterior.

5. Controle o progresso das melhorias por meio de ferramentas técnicas universalmente aceitas.

6. Planeje a certificação ISO

7. Implante os mecanismos que serão objetos de validação da norma ISO escolhidos pela empresa.

8. Controle a execução das normas periodicamente.

9. Certifique o processo.

10. Continue mantendo o foco nas pessoas, não nas máquinas, nos computadores, nos manuais, nos equipamentos. Nada disso conta se as pessoas não estiverem convencidas, motivadas e participativas.

6.26 SISTEMA DE GESTÃO AMBIENTAL

6.26.1 NORMAS DA SÉRIE NBR ISO 14000

ISO 14000 é uma família de normas desenvolvidas pela ISO (*International Organization for Standardization*) que estabelecem diretrizes sobre a área de gestão ambiental das organizações.

Uma abordagem sistemática para a gestão ambiental pode fornecer à Alta Direção de uma empresa as informações necessárias para obter sucesso a longo prazo e criar alternativas que contribuam para um desenvolvimento sustentável, por meio de:

- Proteção do meio ambiente pela prevenção ou mitigação dos impactos ambientais adversos.

- Mitigação de potenciais efeitos adversos das condições ambientais na organização.

- Auxílio à organização no atendimento aos requisitos legais e outros requisitos.

CAPÍTULO 6 | NOÇÕES BÁSICAS SOBRE QUALIDADE **193**

- Aumento do desempenho ambiental.

- Controle ou influência no modo em que os produtos e serviços da organização são projetados, fabricados, distribuídos, consumidos e descartados, utilizando uma perspectiva de ciclo de vida que possa prevenir o deslocamento involuntário dos impactos ambientais dentro do ciclo de vida.

- Alcance dos benefícios financeiros e operacionais que podem resultar da implementação de alternativas ambientais que reforçam a posição da organização no mercado.

- Comunicação de informações ambientais para as partes interessadas pertinentes.

A NBR ISO 14001 é uma norma aceita internacionalmente que define os requisitos para colocar um sistema da gestão ambiental em vigor. Ela ajuda a melhorar o desempenho das empresas por meio da utilização eficiente dos recursos e da redução da quantidade de resíduos, ganhando assim vantagem competitiva e a confiança das partes interessadas.

Os impactos ambientais gerados pelo desenvolvimento industrial e econômico do mundo atual constituem um grande problema para autoridades e organizações ambientais.

No início da década de 1990, a ISO viu a necessidade de desenvolver normas que especificassem a questão ambiental e tivessem como intuito a padronização dos processos de empresas que utilizassem recursos tirados da natureza e/ou causassem algum dano ao meio ambiente decorrente de suas atividades. Em 1996, saiu a primeira versão da Norma ISO 14000. Hoje, a versão válida da NBR ISO 14000 é a 2015.

A série ABNT NBR ISO 14000 é composta por várias normas que complementam a ABNT NBR ISO 14001, algumas das quais se encontram listadas a seguir.

- **ISO 14004** oferece orientações desde a incorporação, implementação e manutenção até a melhoria do sistema de gestão ambiental, bem como a adaptação deste a outros sistemas de gestão.

- **ISO 14006** é destinada a empresas que implementaram um sistema de gestão ambiental em conformidade com a ABNT NBR ISO 14001, mas pode integrar a concepção ecológica a outros sistemas de gestão.

- **ISO 14064-1** estabelece os princípios e os requisitos a nível organizacional para a quantificação e comunicação das emissões e compensação de gases de efeito estufa (GEE).

6.26.2 OUTRAS NORMAS DA FAMÍLIA 14000

Outras normas da família 14000 são:

- **ISO 14031:** Avaliação de desempenho ambiental – Diretrizes.

- **ISO 14044:** Avaliação do ciclo de vida – Requisitos e orientações.

- **ISO 14063:** Comunicação ambiental – Diretrizes e exemplos.

- **ISO 19011:** Diretrizes para auditoria de sistemas de gestão.

- **ISO 31000:** Gestão de riscos – Princípios e diretrizes.

- **ABNT NBR ISO 50001:** Requisitos com orientações para uso.

- **ISO Guia 73:** Gestão de riscos – Vocabulário.

Como você pode ver, a 14000 é ampla em orientações e complexa na sua implantação. Por isso, alguns especialistas a consideram inexequível. Mas, contras e a favor da ISO 14000, todos concordam que é preciso fazer algo URGENTE para controlar os danos e impactos que estamos causando no meio ambiente.

VOCÊ SABIA? ❓

Segundo o Greenpeace (2019), "o volume de gelo no polo norte nunca esteve tão baixo e, se depender de algumas empresas que querem explorar petróleo na região, as temperaturas continuarão subindo e a vida animal local está ameaçada. O gelo do Ártico, do qual todos nós dependemos, está desaparecendo. Rápido. Nos últimos 30 anos, perdemos três quartos das calotas de gelo flutuantes do topo do mundo".

Veja o exemplo do Polo Norte. A situação do planeta é extremamente preocupante!

6.27 CONCLUSÕES

Este capítulo detalhou princípios da qualidade total e suas principais implicações. Tratou das dificuldades existentes em projetos para a certificação de normas da qualidade como a ISO 9001:2015 e abordou os principais desafios que um líder de projeto para certificação vai enfrentar.

O capítulo detalhou uma série de ferramentas para tratamento de dados descritivos e dados numéricos frequentemente utilizadas na busca da melhoria contínua da qualidade.

Vimos também que Shewhart criou o CEP, a carta de controle para a média (famosa Xbar) e implantou o CEP para a Bell Telefones em busca da redução de falhas nos sistemas. E que foi ele quem criou o PDCA, embora Deming o tenha popularizado.

RESUMO GERENCIAL

Neste capítulo, aprendemos que:

A busca pela qualidade total envolve uma série de elementos essenciais.

As normas da qualidade são rígidas e requerem muita atenção na sua implantação.

A ISO 9001:2015 é a versão mais atual da norma.

Existem ferramentas para tratamento de dados descritivos e dados numéricos.

O PDCA ainda é o método mais utilizado para encontrar e resolver problemas em processos de negócio.

RESUMO ESQUEMÁTICO

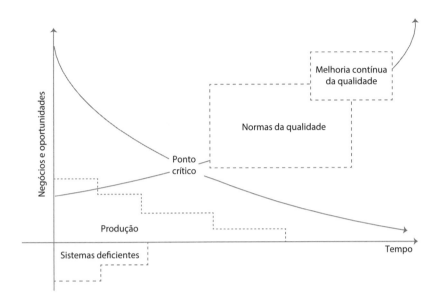

QUESTÕES PARA DEBATE

1. Qual a principal dificuldade encontrada num projeto para certificação da ISO 9000:2015?
2. Qual a principal dificuldade encontrada para a confecção de um mapa de risco?
3. O método estatístico conhecido como CEP é útil tanto para processos primários como para processos secundários?
4. Quando deve ser implantada a melhoria contínua da qualidade?
5. Deve-se ou não eliminar atividades sem que os processos estejam documentados?

Assinale a alternativa correta.

1. A ISO define qualidade como:
   a) "Qualidade é a adequação ao uso. É a conformidade às exigências. É cumprir com o prometido".
   b) "É a conformidade às exigências. É cumprir com o prometido".
   c) "Qualidade é a adequação ao uso".
   d) "É cumprir com o prometido".
   e) "Entregar o que o cliente adquiriu".

2. Alguns especialistas dividem os ID em dois tipos:
   a) Indicadores de desempenho. Indicadores de processos.
   b) Indicadores operacionais. Indicadores de processos.
   c) Indicadores estratégicos. Indicadores operacionais.
   d) Indicadores quantitativos. Indicadores qualitativos.
   e) Indicadores de desempenho estratégicos. Indicadores de desempenho de processos.

3. Se resumirmos o papel dos indicadores de desempenho, é o de medir o cumprimento das metas. Devem abordar os principais requisitos dos clientes do processo de negócio, sejam eles internos ou externos, e estar associados a:
   a) Eficiência. Controle. Adaptabilidade.
   b) Eficiência. Eficácia. Efetividade.
   c) Eficácia. Efetividade. Controle.
   d) Eficiência. Eficácia. Efetividade. Controle. Adaptabilidade.
   e) Eficiência. Eficácia. Controle.

4. Os principais elementos na norma ISO 19011 são:
   a) Eficiência. Controle. Adaptabilidade.
   b) Critério de auditoria. Evidência de auditoria. Constatações de auditoria. Conclusão de auditoria.
   c) Critério de auditoria. Constatações de auditoria. Conclusão de auditoria.
   d) Critério de auditoria. Conclusão de auditoria.
   e) Critério de auditoria. Evidência de auditoria.

5. *Benchmarking* é:
   a) Uma técnica que consiste em acompanhar processos de organizações concorrentes, que sejam reconhecidas como representantes das melhores práticas administrativas.
   b) Uma técnica que consiste em avaliar pessoas anualmente.
   c) Uma técnica para implantar melhorias em processos.
   d) Uma técnica que consiste em acompanhar e disseminar conhecimento.
   e) Uma técnica para desenvolver produtos.

CAPÍTULO 7

GESTÃO DE RISCOS E A
METODOLOGIA DOMP™

OBJETIVOS DO CAPÍTULO

- Apresentar os principais conceitos relacionados à gestão de riscos.
- Discutir as principais abordagens de gestão de riscos.
- Entender a importância da gestão de riscos.
- Compreender a Metodologia DOMP™ na perspectiva da gestão de risco.

PARA COMEÇAR

Você sabe que há riscos em toda parte e em todo lugar. Tanto em casa como no trabalho. E o que é que você faz para se proteger?

Você está exposto a quais tipos de riscos diariamente? Risco físico, risco químico, risco biológico, risco mecânico, risco ergonômico estão entre os tradicionais, mas eu acrescentei mais um tipo: o emocional.

7.1 RISCOS, CAUSAS E EFEITOS

Neste capítulo, trataremos especificamente dos riscos inerentes ao trabalho e de como criar um mapa de riscos real e útil.

Riscos estão presentes em tudo que fazemos. Em processos de negócio, os riscos estão ligados às metas e, consequentemente, às atividades, aos processos e aos produtos produzidos por estes, sejam bens ou serviços.

Risco é uma possibilidade real ou potencial capaz de causar lesão ou morte, danos ou perdas patrimoniais, interrupção de processo de negócio ou de afetar a comunidade ou o meio ambiente.

O risco não pode ser eliminado, mas mitigado. Segundo o dicionário eletrônico Michaelis, "mitigar significa tornar(-se) menos severo, penoso ou intenso; abrandar(-se), aliviar(-se), diminuir(-se): Mitigar a indignação, a ira, o furor. Mitigar a saudade".

Segundo a Norma ISO 31000, "organizações de todos os tipos e tamanhos enfrentam influências e fatores internos e externos que tornam incerto se e quando elas atingirão seus objetivos. O efeito que essa incerteza tem sobre os objetivos da organização é chamado de 'risco'".

Todas as atividades de uma organização envolvem risco. As organizações gerenciam o risco, identificando-o, analisando-o e, em seguida, avaliando se o risco deve ser modificado pelo tratamento do risco a fim de atender a seus critérios de risco. Ao longo de todo esse processo, elas comunicam e consultam as partes interessadas e monitoram e analisam criticamente o risco e os controles que o modificam, a fim de assegurar que nenhum tratamento de risco adicional seja requerido. A NBR ISO 3100:2018 descreve o processo em detalhes.

CONCEITOS

A ISO 31000 define **risco** como "efeito da incerteza nos objetivos".

Gestão de risco como "atividades coordenadas para dirigir e controlar uma organização no que se refere a riscos".

E **gerenciamento de riscos** como "a cultura, os processos e as estruturas que são direcionados para realizar possíveis oportunidades enquanto administram os efeitos adversos".

Peter Drucker dizia: "já que é inútil tentar eliminar os riscos e questionável tentar minimizá-los, o essencial é que os riscos considerados sejam certos".

Risco normalmente envolve duas características:

- **Incerteza:** o risco pode ou não acontecer.
- **Perda:** se o risco de tornar real, consequências indesejadas ou perdas ocorrerão.

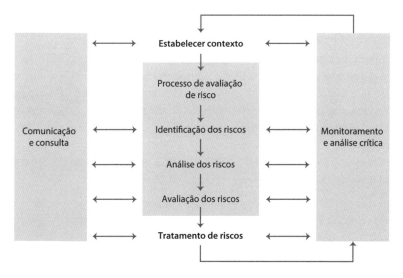

Figura 7.1 Processo de gestão de riscos segundo a ISO 31000.

É importante quantificar o nível de incerteza e o grau de perda associados com cada risco para podermos mitigá-los.

Os riscos podem ser:

- Previsíveis (podemos calcular com certeza as ocorrências).
- Imprevisíveis.

7.2 A NORMA OHSAS 18000

A norma Occupational Health and Safety Assessment Series (OHSAS) 18001 – Sistemas de Gestão da Segurança e Saúde no Trabalho, e a OHSAS 18002, que estabelece diretrizes para a implantação da OHSAS 18001, foram desenvolvidas em resposta à demanda de clientes por uma norma reconhecida para sistemas de gestão da Segurança e Saúde no Trabalho e com o qual seus sistemas de gestão pudessem ser avaliados e certificados.

A OHSAS 18001 foi desenvolvida de forma a ser totalmente compatível com as normas ISO 9001 e ISO 14001, a fim de facilitar a integração dos sistemas de gestão da qualidade, ambiental e da segurança e da saúde no trabalho. Aliás, essa norma foi desenvolvida para fazer frente às críticas pela pouca ênfase à segurança e à saúde dos trabalhadores nas normas de qualidade.

Outra característica da OHSAS 18001 é que ela se baseia no método PDCA (*Plan-Do-Check-Act* = Planejar-Desenvolver-Checar-Agir). O PDCA pode ser descrito resumidamente da seguinte forma:

- Planejar: estabelecer os objetivos e processos necessários para atingir os resultados de acordo com a política de Segurança e Saúde no Trabalho (SST) da organização.
- Desenvolver, criar, implantar os processos.

200 PROCESSOS ORGANIZACIONAIS & MÉTODOS | CRUZ

- Checar, verificar, monitorar e medir os processos em relação à política e aos objetivos de SST, aos requisitos legais e outros, e relatar os resultados.
- Agir: executar ações para melhorar continuamente o desempenho da SST.

Existe uma determinação de que as OHSAS desapareçam assim que for publicada uma norma ISO 18000 que unifique todos os Sistemas de Gestão da Segurança e Saúde no Trabalho. Outro ponto a ressaltar é que, diferentemente das Diretrizes da Organização Internacional do Trabalho (OIT), cuja aplicação não exige certificação, a OHSAS prevê a certificação por uma empresa certificadora.

Abaixo, estão listados alguns benefícios obtidos com a implantação de um Sistema de Gestão de Segurança e Saúde no Trabalho:

- Integração das responsabilidades de higiene, segurança e saúde ocupacional em todas as atividades da organização.
- Adoção de boas práticas em saúde e segurança do trabalho.
- Manutenção de um meio ambiente de trabalho seguro.
- Redução dos riscos de acidentes e incidentes nas operações.
- Evidenciar o funcionamento da saúde e segurança na empresa.
- Permitir a existência de um sistema de gestão integrado.
- Promover a melhoria da eficiência nas organizações.
- Evitar multas e demais sanções ou ações judiciais motivadas por temas dessa ordem, por implantar o cumprimento dos requisitos legais, contratuais e sociais.
- Detectar oportunidades de melhoria no desempenho global da empresa.
- Possibilidade de redução de custos com seguros.
- Responder às demandas de clientes e acionistas.
- Melhora da imagem da empresa.
- Motivação do pessoal.

Existem também requisitos específicos da norma OHSAS, que são:

- Identificação de perigos.
- Análise e controle de riscos.
- Controles operacionais.
- Preparo para emergências.
- Investigação de acidentes e incidentes no trabalho.

Eles estão diretamente ligados ao próximo assunto a ser tratado aqui.

7.3 CRIAÇÃO DOS MAPAS DE RISCOS

Mapas de riscos estão ligados ao item redução dos riscos de acidentes e incidentes nas operações, por isso deveriam ser instrumentos efetivos e verdadeiros para controle de riscos, mas em muitas organizações eles estão longe de garantirem a segurança do trabalhador.

Isso se deve à forma como são produzidos os mapas de riscos.

Eu costumo brincar dizendo que na maioria das organizações que têm mapas de riscos, porque é uma parcela ínfima a que têm, estes foram feitos ou por osmose ou por herança.

Explico. Participo de alguns grupos com interesse em qualidade, segurança do trabalho, riscos, entre outros. E muitas vezes aparecem *e-mails* nestes grupos, de participantes ou não, com o seguinte teor:

– Alguém no grupo tem um mapa de risco de uma empresa do tipo X? É que tenho que fazer o da minha empresa.

Quem faz um pedido como esse não está interessado em mapear pontos de riscos da própria empresa, mas simplesmente atender à legislação. Por isso, a Metodologia DOMP™ tem uma preocupação especial em mapear esses pontos de forma a criar mapas de riscos reais.

Partindo do princípio de que o trabalhador está submetido a um risco quando executa uma atividade, a Metodologia DOMP™ exige que o analista de processo descubra e documente quais são os riscos inerentes às atividades sob a responsabilidade de cada funcionário em todos os processos mapeados. A Metodologia DOMP™ vai além, pois é a tarefa que está ligada ao risco, e, por isso, cada tarefa tem que ser analisada quanto aos riscos inerentes a ela.

7.4 METODOLOGIA DOMP™ E OS MAPAS DE RISCOS

Não que a metodologia vá criar um mapa de risco, que, aliás, já é algo padrão, mas vai dar condições para que ele seja verdadeiro por meio de dados e informações levantados quando da documentação de cada atividade de cada processo. Na última parte do formulário Identificação de Atividade, tanto das operacionais como das gerenciais, há um conjunto de campos que devem ser preenchidos para a identificação dos riscos inerentes à atividade.

- Na primeira coluna, temos a identificação dos riscos físicos. A cor padrão associada a esse tipo de risco é a azul, a seguir vêm três campos com as letras E, M e L, que significam potencial Elevado, Médio e Leve. Em outras palavras, risco potencialmente elevado, mediano e pequeno. Esses significados servem igualmente para os outros quatro tipos de riscos: químico, biológico, mecânico e ergonômico.

- A segunda coluna traz o campo para identificação do número da tarefa. Se uma mesma tarefa estiver submetida a vários tipos de riscos, basta repetir o número dela em cada linha correspondente ao risco em potencial.

- A terceira coluna liga cada tarefa a um processOgrama.

- A quarta coluna documenta o código do plano para tratamento da ocorrência do risco ou do plano para que seja evitado.

- A quinta coluna especifica a data do plano e a versão do mesmo.

202 PROCESSOS ORGANIZACIONAIS & MÉTODOS | CRUZ

Nome da atividade:	Nome do macroprocesso/processo/subprocesso/rotina:	Metodologia DOMP Id. ATIVIDADE_OPER V10	
Tipo de atividade:	Periodicidade da atividade:	Período de funcionamento:	Fase:
Papel funcional:	Data original	Data de modificação 26/11/2014	Página: 5 de 5

INFORMAÇÕES SOBRE CRITICIDADES

EXCEÇÕES	PLANOS DE CONTINGÊNCIA

RISCOS ASSOCIADOS À ATIVIDADE				
Riscos	# tarefa	Código do processograma	Código do plano de tratamento	Data e versão
Físico E M L				
Químico E M L				
Biológico E M L				
Mecânico E M L				
Ergonômico E M L				
Observações: E = Elevado / M = Médio / L = Leve				
Analista responsável: Tadeu Cruz Assinatura:		Gerente de projeto: Assinatura:		Código do documento:

Figura 7.2 Campos referentes à documentação de riscos.

CAPÍTULO 7 | GESTÃO DE RISCOS E A METODOLOGIA DOMP™ **203**

Dessa forma, é possível criar mapas de riscos aderentes a cada tarefa, de cada atividade em cada processo.

Depois de documentar cada tarefa de cada atividade, podemos fazer um resumo por processo utilizando os últimos campos do formulário identificação de processo.

Nome do macroprocesso/processo:					Metodologia DOMP Id. processOinfo V10	
Tipo de processo:		Natureza do processo:		Periodicidade do processo:	Fase:	
Gerente do processo:		Data original 8/7/2013		Data de modificação 26/11/2014	Página: 4 de 4	
EXCEÇÕES				PLANOS DE CONTINGÊNCIA		
RISCOS ASSOCIADOS À ATIVIDADE						
Riscos		Atividades		Código do plano de tratamento		Data e versão
Físico	E M L					
Químico	E M L					
Biológico	E M L					
Mecânico	E M L					
Ergonômico	E M L					
Observações: E = Elevado / M = Médio / L = Leve						
Analista responsável: Assinatura:		Gerente de projeto: Assinatura:		Código do documento:		

Figura 7.3 Consolidação dos campos referentes à documentação de riscos.

A informação importante é a da segunda coluna, os nomes das atividades pertencentes ao processo onde os riscos foram mapeados. As outras três colunas são preenchidas com a transposição dos dados existentes em cada formulário identificação de atividade.

Símbolo	Proporção	Tipos de riscos
●	4	Grande
●	2	Médio
●	1	Pequeno

Figura 7.4 Convenções para mapas de riscos.

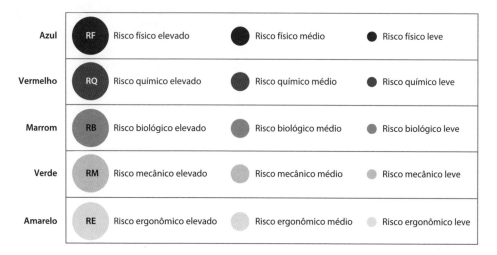

Figura 7.5 Simbologia das cores associadas aos riscos.

As cores estão assim atribuídas:

- Azul (RF) = risco físico.
- Vermelho (RQ) = risco químico.
- Marrom (RB) = risco biológico.
- Verde (RM) = risco mecânico.
- Amarelo (RE) = risco ergonômico.

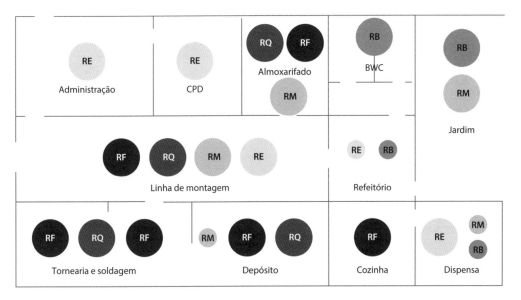

Figura 7.6 Exemplo de mapa de risco.

7.5 RISCOS E SUAS CONSEQUÊNCIAS

A seguir, quadros com o nome de cada tipo de riscos e suas consequências para o trabalhador.

Quadro 7.1 Riscos físicos e suas consequências

RISCOS FÍSICOS	CONSEQUÊNCIAS
Ruídos	Cansaço, irritação, dores de cabeça, diminuição da audição, aumento da pressão arterial, problemas do aparelho digestivo, taquicardia e perigo de infarto.
Vibrações	Cansaço, irritação, dores dos membros, dores na coluna, doença do movimento, artrite, problemas digestivos, lesões ósseas, lesões dos tecidos moles, lesões circulatórias etc.
Calor	Taquicardia, aumento da pulsação, cansaço, irritação, choques térmicos, fadiga térmicas, perturbações das funções digestivas, hipertensão.
Radiações ionizantes	Alterações celulares, câncer, fadiga, problemas visuais, acidentes de trabalho.
Radiações não ionizantes	Queimaduras, lesões nos olhos, na pele e nos outros órgãos.
Umidade	Doenças do aparelho respiratório, quedas, doenças de pele, doenças circulatórias.
Frio	Fenômenos vasculares periféricos, doenças do aparelho respiratório, queimaduras pelo frio.
Pressões anormais	Hiperbarismos – intoxicação por gases; hipobarismo – mal das montanhas.

206 PROCESSOS ORGANIZACIONAIS & MÉTODOS | CRUZ

Quadro 7.2 Riscos químicos e suas consequências

RISCOS QUÍMICOS	CONSEQUÊNCIAS
Poeiras minerais Ex.: sílica, asbesto, carvão, minerais.	Silicose (quartzo), asbestose (amianto) e pneumoconiose dos minerais do carvão.
Poeiras vegetais Ex.: algodão, bagaço de cana-de-açúcar	Bissinose (algodão), bagaçose (cana-de-açucar) etc.
Poeiras alcalinas	Doença pulmonar obstrutiva crônica e enfisema pulmonar.
Poeiras incômodas	Podem interagir com outros agentes nocivos no ambiente de trabalho potencializando sua nocividade.
Fumos metálicos	Doença pulmonar obstrutiva crônica, febre de fumos metálicos e intoxicação específica de acordo com o metal.
Névoas, gases e vapores (substâncias compostas ou produtos químicos em geral)	Irritantes: irritação das vias aéreas superiores. Ex.: ácido clorídrico, ácido sulfúrico, amônia, cloro etc. Asfixiantes: dores de cabeça, náuseas, sonolência, convulsões, coma, morte etc. Ex.: hidrogênio, nitrogênio, metano, acetileno, dióxido e monóxido de carbono etc. Anestésicas: a maioria dos solventes orgânicos tendo ação depressiva sobre o sistema nervoso, podendo causar danosos diversos órgãos e ao sistema formador do sangue. Ex.: butano, propano, benzeno, aldeídos, cetonas, tolueno, xileno, alcoóis etc.

Quadro 7.3 Riscos biológicos e suas consequências

RISCOS BIOLÓGICOS	CONSEQUÊNCIAS
Vírus, bactérias e protozoários	Doenças infectocontagiosas. Ex.: hepatite, cólera, amebíase, AIDS, tétano etc.
Fungos e bacilos	Infecções variadas externas (na pele, por exemplo, dermatites) e internas (por exemplo, doenças pulmonares).
Parasitas	Infecções cutâneas ou sistêmicas podendo causar contágio.

Quadro 7.4 Riscos mecânicos e suas consequências

RISCOS MECÂNICOS	CONSEQUÊNCIAS
Arranjo físico inadequado.	Acidente e desgaste físico excessivo.
Máquinas sem proteção.	Acidente grave.
Iluminação deficiente.	Fadiga, problemas visuais e acidentes de trabalho.
Ligações elétricas deficientes.	Curto-circuito, choques elétricos, incêndios, queimaduras, acidentes fatais.
Armazenamento inadequado.	Acidentes por estocagem de matérias sem observação das normas de segurança.
Ferramentas defeituosas.	Acidentes, principalmente com repercussão nos membros superiores.
Equipamento de proteção individual inadequado	Acidentes e doenças profissionais.
Animais peçonhentos (escorpiões, aranhas, cobras).	Acidentes por animais peçonhentos.
Possibilidade de incêndio ou explosão.	
Outras situações de risco que podem contribuir para a ocorrência de acidentes.	

Quadro 7.5 Riscos biológicos e suas consequências

RISCOS ERGONÔMICOS	CONSEQUÊNCIAS
■ Esforço físico ■ Levantamento e transporte manual de pesos ■ Exigência de posturas	Cansaço, dores musculares, fraquezas, hipertensão arterial, diabetes, úlcera, doenças nervosas, acidentes e problemas da coluna vertebral.
■ Ritmos excessivos ■ Trabalho de turno e noturno ■ Monotonia e repetitividade ■ Jornada prolongada ■ Controle rígido da produtividade ■ Outras situações (conflitos, ansiedade, responsabilidade)	Cansaço, dores musculares, fraquezas, alterações do sono, da libido e da vida social, com reflexos na saúde e no comportamento, hipertensão arterial, taquicardia, cardiopatia, asma, doenças nervosas, doenças do aparelho digestivo (gastrite, úlcera etc.), tensão, ansiedade, medo e comportamentos estereotipados.

Com base nessas informações e com o suporte da Metodologia DOMP™, é possível criar-se mapas de riscos que realmente retratem a realidade de cada área, cada setor, departamento dentro de qualquer organização.

7.6 SISTEMAS DE GESTÃO DE RISCOS

Existem várias normas que tratam da gestão de risco. As mais comuns são:

- A australiana/neozelandesa New Zealand Standards AS/NZS 4360:2004. New Zealand Standards (AS/NZS) é o órgão nacional de padrões da Nova Zelândia, operando sob os auspícios do Conselho de Normas. Como representante da Nova Zelândia para a Organização Internacional de Normalização (ISO) e a Comissão Eletrotécnica Internacional (IEC), a Normalização da Nova Zelândia garante que a Nova Zelândia tenha voz na comunidade internacional de padrões. Os padrões da Nova Zelândia são utilizados por uma ampla gama de organizações para melhorar seus produtos e serviços, melhorar a segurança e a qualidade, atender as melhores práticas da indústria e apoiar o comércio em mercados existentes e novos. A maioria desses padrões é desenvolvida em parceria com o órgão de padronização da Austrália, por isso as normas são referenciadas como Australian/New Zealand Standards (AS/NZS).
- A ISO 45001.
- A ISO 31000.

Cada uma dessas normas preocupa-se com um tipo de risco.

7.7 MÉTODOS DE AVALIAÇÃO DE RISCOS

- Métodos proativos, *a priori*, equacionam a ação preventiva antes de acontecer o acidente.
- Métodos reativos, *a posteriori*, utilizados após a ocorrência.

208 PROCESSOS ORGANIZACIONAIS & MÉTODOS | CRUZ

O conhecimento adquirido com a análise de acidentes e incidentes é um elemento de enriquecimento dos métodos proativos e uma referência para a estimativa e a valoração do impacto do risco. A caracterização da exposição a fatores de risco respeita situações de trabalho simples e aquelas em que os riscos podem originar catástrofes. Da mesma forma, a multiplicidade de riscos é proporcional à diversidade de métodos vocacionados para a sua detecção e caracterização.

7.7.1 MÉTODOS DE AVALIAÇÃO DE RISCOS *A POSTERIORI*

O estudo estatístico da sinistralidade laboral permite uma visão global das áreas problemáticas, a detecção de riscos particulares e a evidenciação de fatos menos óbvios de produção de acidentes.

Objetivos preventivos decorrentes:

- Determinar magnitude dos problemas de acidente, extensão e gravidade.
- Determinar alterações na repartição e na incidência das lesões.
- Identificar eventualmente novos riscos.
- Estabelecer necessidades de medidas preventivas e estabelecer prioridades.
- Monitorizar e avaliar a eficácia das ações.
- Supervisionar os riscos, advertir e levar a cabo campanhas de sensibilização.
- Estimar consequências de lesões profissionais, em dias perdidos ou em custos.
- Proporcionar dados de retroalimentação a empregadores e empregados e demais atores de prevenção.
- Os resultados da coleta e tratamento de dados estatísticos não permitem observar a complexidade da situação acidental, nem a interação de causas subjacentes, pelo que se torna relevante a análise clínica do acidente, para classificar os antecedentes e a sua relação cronológica.
- Coleta, tratamento e comunicação dos resultados é um método de análise que permite estudos epidemiológicos, testando hipóteses de correlações entre variáveis selecionadas.
- O âmbito da recolha deve abranger acidentes de trabalho, doenças profissionais, acidentes de trajeto, incidentes e eventos perigosos, o que permite melhor conhecer a realidade a analisar.

7.7.2 MÉTODOS DE AVALIAÇÃO DE RISCOS PROATIVOS OU *A PRIORI*

Conhece-se uma extensão e uma disparidade de métodos proativos assinaláveis, o que dificulta o estabelecimento de um catálogo de técnicas e procedimentos operacionais.

Pode estabelecer-se uma classificação com base em dois eixos, em que o horizontal contém os métodos aplicáveis à concepção e à exploração, e o vertical contém os pólos da técnica e o organizacional; ficam assim quatro quadrantes com métodos de análise proativos.

Os controles e as verificações materializam-se em visitas de inspeção estruturadas de acordo com o seu objeto: um setor, uma empresa ou estabelecimento, um serviço, um departamento, uma seção, uma instalação, uma máquina ou um risco em particular.

Os controles e as verificações estão associados a listas de verificação que estabeleçam, com o detalhe adequado, os aspectos a observar.

As listas de verificação ou *checklists* verificam em geral conformidades balizadas por normas ou leis ou para controlar riscos identificados por outras técnicas.

7.7.3 INSPEÇÕES DE SEGURANÇA

Os métodos de controle e verificação englobam também as inspeções de segurança, que se perspectivam em torno de três campos:

1. Exame aos riscos comuns (seis grupos).
   - **Riscos de incêndio:** demarcação de zonas perigosas, setores vulneráveis, tipos de fogos possíveis.
   - **Riscos elétricos:** identificação de materiais e dispositivos que necessitam de medidas de prevenção específicas.
   - **Riscos associados à circulação de pessoas e máquinas:** implantação dos postos de trabalho, obstruções, estado dos pavimentos, iluminação.
   - **Riscos ligados às atividades de manutenção:** intervenções em condutas de produtos inflamáveis, operações de solda e corte.
   - **Riscos ligados à armazenagem:** produtos e substâncias químicas, movimentação manual de cargas.
   - **Riscos do ambiente de trabalho:** ruído, contaminantes, desconforto térmico.
2. Identificação de zonas que carecem de estudo mais aprofundado.
3. Reflexão sobre a capacidade da empresa no tocante à segurança e saúde do trabalho.

Figura 7.7 Posicionamento dos métodos *a priori*.

- **Quadrante I:** representa a concepção de instalações e unidades produtivas e desenvolve técnicas de simulação de diferentes cenários de funcionamento normal – locais, máquinas, meios de transporte e de circulação – para aumentar fiabilidade e evitar falhas ou estrangulamentos, limitando os efeitos da improvisação posterior e a sinistralidade normalmente associada.
- **Quadrante II:** compreende uma série de abordagens que vão desde a análise de riscos dos postos de trabalho – condições perigosas e atos inseguros – aos contributos da ergonomia para a relação dos sistemas homem-máquina, até às abordagens sociotécnicas sobre o funcionamento global da empresa e dos seus relacionamentos internos e externos.
- **Quadrante III:** reporta-se aos métodos que se destinam a formalizar saberes técnicos que apoiam diagnósticos e controles de funcionamento da exploração das unidades produtivas.

- **Quadrante IV:** reflete todo o conjunto de métodos desenvolvidos, particularmente os reagrupáveis na segurança dos sistemas ou engenharia dos sistemas.

Os métodos de controle e de verificação correspondem às técnicas mais antigas de diagnóstico proativo de riscos. Têm por finalidade reconhecer, numa situação de trabalho existente, as falhas, as anomalias ou as insuficiências respeitantes aos dispositivos técnicos, às instalações ou aos modos operacionais. Estabelecem uma relação com a regulamentação ou verificam a presença ou ausência das medidas de prevenção prescritas.

Sobre segurança do trabalho.
https://uqr.to/hr5d
Acesso em: 15 jan. 2020.

7.8 CONCLUSÕES

Vimos neste capítulo uma introdução ao gerenciamento de riscos. Ficamos sabendo, também, quais são os tipos de riscos existentes e as consequências quando ficamos expostos a eles.

Embora seja uma breve introdução a riscos, a ideia principal deve ter sido atingida: fazer com que você tenha mais cuidado ao criar mapas de riscos e, principalmente, saber associá-los a mapeamento, análise e modelagem de processos de negócio.

Da próxima vez que você vir um mapa de riscos, pense no seguinte:

- Como terá sido feito o mapa?
- Ele teria sido derivado de algum projeto de mapeamento, análise, modelagem, implantação e gerenciamento de processos de negócio?
- Os usuários e funcionários cujas áreas foram mapeadas foram ouvidos quando dos levantamentos dos dados sobre riscos?
- Qual setor e profissionais foram responsáveis pela criação do mapa de riscos?

Procure também saber se na organização onde você trabalha há mapas de riscos.

Todos esses cuidados podem ajudar você a ser mais participativo tanto na prevenção da ocorrência dos riscos mapeados como na atualização desses mapas.

Quando eu dava aulas na engenharia de produção da Universidade Mackenzie, 7º semestre, eu passava um exercício que consistia no seguinte: cada aluno tinha que procurar responder às perguntas listadas anteriormente.

Boa parte deles voltava com as seguintes respostas:

– Professor, na minha empresa não tem mapas de riscos.

– Professor, ninguém sabe como foram feitos os mapas de riscos da minha empresa.

De certa forma, confirmando o que eu escrevi no início deste capítulo, eram mapas de riscos feitos por osmose ou herdados.

RESUMO GERENCIAL

Neste capítulo, aprendemos que:

- Riscos são potencialmente perigosos.
- Riscos têm que ser gerenciados.
- Riscos têm que ser controlados para que não se materializem.
- Existem vários tipos de riscos e suas consequências são sempre danosas ao meio ambiente e ao ser humano.
- Riscos não podem ser eliminados.

RESUMO ESQUEMÁTICO

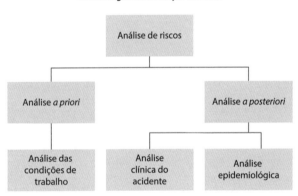

Metodologias de avaliação de riscos

QUESTÕES PARA DEBATE

1. A quais riscos você está exposto diariamente?
2. Onde você trabalha tem alguma prevenção aos riscos expostos neste capítulo?
3. Quais são os riscos existentes na sua casa?
4. O que você faz para não correr os riscos aos quais está exposto na sua casa?
5. Você sabe o que é LER e como tratá-la?

EXERCÍCIOS

Assinale a alternativa correta.

1. A definição de risco é:
   a) Possibilidade real ou potencial capaz de causar lesão e/ou morte, danos e/ou perdas patrimoniais, interrupção de processos de negócio e/ou de afetar a comunidade ou o meio ambiente.
   b) Possibilidade real ou potencial capaz de causar acidentes.
   c) Possibilidade real de interrupção de processos de negócio.
   d) Possibilidade real ou potencial capaz de causar danos ao meio ambiente.
   e) Possibilidade de ocorrerem desastres potenciais ou reais.

2. A OHSAS 18001 foi desenvolvida de forma a ser totalmente compatível com as normas:
   a) ISO 9000 e ISO 14000.
   b) ISO 9001 e ISO 14001.
   c) ISO 13000 e ISO 31000.
   d) ISO 28000 e ISO 9000.
   e) ISO 34000 e ISO 15000.

3. O PDCA pode ser descrito resumidamente como:
   a) Procurar. Desenvolver. Checar. Agir.
   b) Planejar. Desincompatibilizar. Checar. Agir.
   c) Planejar. Desenvolver. Checar. Agir.
   d) Planejar. Desenvolver. Comprar. Agir.
   e) Planejar. Desenvolver. Checar. Adquirir.

4. Existem também requisitos específicos da norma OHSAS, que são:
   a) Identificação de perigos.
      Análise e controle de riscos.
      Controles operacionais.
      Preparo para emergências.
      Investigação de acidentes e incidentes no trabalho.
   b) Identificação de perigos.
      Análise e controle de riscos.
      Controles operacionais.
      Preparo para emergências.
   c) Identificação de perigos.
      Análise e controle de riscos.
      Preparo para emergências.
      Investigação de acidentes e incidentes no trabalho.
   d) Identificação de perigos.
      Controles operacionais.
   e) Identificação de perigos.
      Preparo para emergências.
      Investigação de acidentes e incidentes no trabalho.

5. Simbologia das cores associadas aos riscos. As cores estão assim atribuídas:
   a) Azul = risco físico. Vermelho = risco químico. Marrom = risco biológico. Verde = risco mecânico. Amarelo = risco ergonômico.
   b) Azul = risco físico. Vermelho = risco químico. Marrom = risco biológico. Verde = risco mecânico.
   c) Azul = risco físico. Vermelho = risco químico. Marrom = risco biológico. Verde = risco mecânico. Preto = risco aéreo.
   d) Preto = risco aéreo. Vermelho = risco químico. Marrom = risco social. Verde = risco mecânico.
   e) Preto = risco aéreo. Marrom = risco social. Verde = risco mecânico.

CAPÍTULO 8

INTRODUÇÃO À GERÊNCIA DO CONHECIMENTO

OBJETIVOS DO CAPÍTULO

- Apresentar os principais conceitos relacionados à gestão do conhecimento e do conteúdo.
- Discutir as principais preocupações para uma implantação de sucesso de gestão do conhecimento e do conteúdo.
- Entender a importância do elemento pessoa para as organizações.
- Compreender a importância de um plano para implantação de sucesso de gestão do conhecimento e do conteúdo.

PARA COMEÇAR

Se um dia todos os colaboradores, de qualquer organização, forem embora, o que aconteceria com ela?

Deixaria de existir? Pararia de funcionar? Lembre-se de que muitas empresas sumiram quando do atentado do 11 de setembro de 2001, porque não tinham gestão de conhecimento e de conteúdo implantadas.

8.1 INTRODUÇÃO AO *KNOWLEDGE MANAGEMENT* (KM)

Eis aqui um novo tema com o qual devem se preocupar administradores, analistas de processo, Organização & Métodos (O&M) e todos os que queiram estar atualizados com as novas abordagens sobre gerência organizacional. A gerência do conhecimento vem crescendo de importância dentro de todos os tipos de organizações.

Meu livro, lançado em fevereiro de 2002, cujo título é *Gerência do conhecimento* (*Enterprise Content Management*), trata exclusivamente desse assunto. Vou reproduzir apenas os pontos principais de atenção relativos a você que tem algum interesse por gerência de processos de negócio, ou que está estudando administração de empresas ou ciências afins.

8.2 INÍCIO

Há muito tempo, alguns estudiosos ligados à área de Tecnologia da Informação (TI) e ao estudo do gerenciamento do conhecimento vêm alertando para a realidade existente na maioria das empresas no tocante ao desconhecimento do saber existente em todas elas. O volume de dados, informações e conhecimentos só tem aumentado exponencialmente nos últimos tempos, em virtude do maciço uso das facilidades da Internet e de suas variantes, Intranet e Extranet. Entretanto, nenhuma organização tem podido aproveitar todos esses elementos, por falta de uma política de gerenciamento do conhecimento e pela ausência de tecnologias que agilizem a criação, a busca, a coleta, a publicação e o acesso a eles.

Primeiro, surgiu o KM, ou gerência do conhecimento, quando algumas empresas começaram a buscar formas de aproveitar o capital intelectual existente nelas. Um dos casos mais célebres é o da Shell. Nessa empresa, trabalhou um dos maiores especialistas em gestão de conhecimento: Arie de Geus, que escreveu um livro chamado *The living company* (*A empresa viva*), que trata de sua experiência durante 38 anos de trabalho para essa empresa. Outro pioneiro dessa área é o Prof. Peter M. Senge, do MIT, que foi quem primeiro desenvolveu uma doutrina consistente, mediante seus livros, sobre as Organizações de Aprendizagem, que tratam da operacionalização do conceito relativo a empresas que aprendem continuamente consigo mesmas.

A partir da segunda metade da década de 1990, algumas empresas começaram a desenvolver *softwares* que permitissem implantar as ideias e teorias de pesquisadores como os nomeados anteriormente.

Em 2013, já havia produtos que se esforçavam, em maior ou menor grau tecnológico, para operacionalizar a gerência do conhecimento e a gerência do conteúdo em qualquer ambiente organizacional.

8.3 CONCEITO DE CONHECIMENTO

O que é conhecimento?

Existem várias conceituações. Vamos começar pela semântica.

Para o Dicionário Aurélio, **conhecimento** é: "S. m. 1. Ato ou efeito de conhecer. 2. Ideia, noção. 3. Informação, notícia, ciência. 4. Prática da vida; experiência. 5. Discernimento, critério, apreciação. 6. Consciência de si mesmo; acordo". "S. m. p 1. 1. Erudição, instrução, saber".

O Dicionário Michaelis define **conhecimento** como: "1. Ato ou efeito de conhecer. 2. Faculdade de conhecer. 3. Ideia, noção; informação, notícia. 4. Consciência da própria existência".

Minha definição de **conhecimento** é: o entendimento obtido por meio da inferência realizada no contato com dados e informações que traduzam a essência de qualquer elemento.

Etimologicamente, a palavra *conhecimento* vem de conhecer, do latim *cognoscere*.

8.4 TIPOS DE CONHECIMENTO

O conhecimento pode ser tácito ou explícito.

- O conhecimento tácito é aquele que possuímos dentro de nós mesmos, fruto do aprendizado e das experiências que desenvolvemos ao longo de nossa vida.
- O conhecimento explícito é aquele que externamos formalmente ou não.

8.5 CONHECIMENTOS QUANTO AO USO

Tanto o conhecimento tácito quanto o explícito podem ter um dos seguintes usos:

- Estratégico.
- Operacional.
- Emocional.
- Conhecimento estratégico é aquele que serve para desenvolver planos no longo prazo, geralmente de três a cinco anos. Podemos fazer uso do conhecimento estratégico tanto em nossa vida pessoal quanto profissional.
- Conhecimento operacional é o que nos leva a desenvolver planos de ação para alcançarmos as metas (curto prazo, no máximo um ano) e, consequentemente, os objetivos. Para nós, neste livro, são esses conhecimentos que serão coletados, organizados, publicados, disponibilizados e acessados, a fim de possibilitar o dia a dia de qualquer organização. Dentro do contexto de conhecimento operacional, encontra-se o conjunto de informações e conhecimentos sobre os processos de negócio.

Hoje, ainda, depois que realizamos um trabalho de documentação, organização e melhoria de qualquer processo de negócio, geramos uma massa de conhecimento que fica disponível apenas nos famosos manuais de procedimentos. Assim, em papel, esses manuais são difíceis de serem acessados, consultados e atualizados, o que provoca alto grau de degradação nos processos e no que eles produzem. Com as novas TI, todo esse conhecimento estará disponível por meio de *Web*, via Internet, Intranet ou Extranet, e poderá servir de base para manter a qualidade dos processos e do que venha a ser produzido por eles.

- O terceiro tipo de conhecimento, o emocional, é o que mantém as estruturas informais (e até mesmo as formais) funcionando em qualquer organização. Bem ou mal, as estruturas informais existem em qualquer tipo de organização e, além de precisarmos conhecê-las, se soubermos como tirar proveito, elas podem ser extremamente úteis para que possamos implantar uma gerência do conhecimento que funcione com base nas redes de conhecimento já existentes.

8.6 ENTERPRISE CONTENT MANAGEMENT (ECM)

A essa nova classe de ferramenta deu-se o nome de *Enterprise Content Management*, ou, simplesmente, *Content Management*. Na verdade, a ferramenta é um conjunto de outras ferramentas que vão desde sistemas operacionais até linguagens de programação.

Minha definição para ECM é a seguinte: é o nome genérico de um grupo de ferramentas desenvolvido para possibilitar a criação, editoração, coleta, organização, contextualização, atualização e o acesso a múltiplos tipos de repositórios de conteúdo com a finalidade de compartilhar conhecimento independentemente de tempo e espaço.

Para que servem?

A melhor resposta seria: são ferramentas que gerenciam conteúdos e servem para possibilitar o compartilhamento de informações que possam garantir a eficiência e a eficácia dos processos de negócio por meio da transformação do conhecimento individual em conhecimento coletivo.

Sobre ECM.
https://uqr.to/hr5g
Acesso em: 15 jan. 2020.

8.7 TIPOS DE ECM

Essa nova classe de ferramentas é dividida quanto ao uso que se queira fazer delas. Assim, existem:

- Ferramentas genéricas.
- Ferramentas especialistas.

No caso específico deste livro, vou me dedicar a explicar como seu trabalho poderá ser beneficiado por uma ferramenta especializada para análise e modelagem de processos de negócio e de gerência do conhecimento gerado pelo trabalho de documentar, organizar, melhorar e operacionalizá-los.

8.8 COMO IMPLANTAR GERÊNCIA DO CONHECIMENTO & GERÊNCIA DO CONTEÚDO

A fim de preparar a empresa para que definitivamente ela possa entrar na Era e na Gerência de Conhecimento e assim possa tirar o melhor proveito possível do ECM, é necessário desenvolver um plano estratégico cujo objetivo é o de garantir o sucesso do projeto que irá transformá-la em uma organização de aprendizagem.

Para isso, é necessário preparar a todos os que dela fazem parte, sem exceções. Não pense em *software* por enquanto. É preciso, antes, criar as bases que vão ajudar a sua empresa a transformar-se em uma organização de aprendizagem e possa passar do estágio que eu batizei como organização-ilhas para o modelo propiciado pela Gerência de Conhecimento, que chamo de organização-continente. Esse plano deve, em primeiro lugar, identificar e avaliar os benefícios que a implantação de um Portal do Conhecimento trará para todos desde o primeiro momento da sua criação. Afinal, temos a chance agora concreta de transformar a empresa em uma Organização de Aprendizagem.

Deve, também, considerar todos os custos envolvidos, desde os de aquisição até os de atualização, que, diga-se de passagem, se não forem os maiores, serão mais importantes que o de aquisição, porque são custos que, não raro, se perpetuam enquanto o *software* estiver sendo usado, a fim de garantir as atualizações periódicas do produto.

Esqueça por enquanto as experiências que podem estar sendo vividas pela sua empresa no dia a dia, pois um Portal do Conhecimento não se restringe às campanhas de energização, ou *empowerment*, tão comuns na maioria das organizações atuais. Isso ocorre por terem os departamentos de RH, ou seus similares, "descoberto" o poder da Intranet na disseminação de dados e informações. Este capítulo tem duas metas, ambas de curtíssimo prazo.

A primeira é a de discutir uma estratégia para a implantação da Gerência de Conhecimento. Não a tome como definitiva, mesmo porque o conhecimento é extremamente dinâmico, lembra-se? Creio, porém, que possa servir de guia (*checklist*) para um projeto de KM.

A segunda meta é a de permitir que você responda às questões colocadas por mim logo após ter lido cada uma delas. Por isso, existe um espaço com um "R" após cada pergunta para permitir a você fazer esse exercício. Um bom começo é tentar responder sem medo de estar respondendo certo ou errado a todas elas.

8.9 CRIAÇÃO DE UM PLANO ESTRATÉGICO

Para tornar mais fácil a tarefa de criar um plano estratégico que permita a implantação de um *software* de gerenciamento de conteúdo e conhecimento, vamos dividi-lo em três partes.

- **Primeira:** requer que nos concentremos em responder quais são os objetivos da Gerência de Conteúdo e Conhecimento para a empresa.
- **Segunda:** vai exigir que criemos um cronograma de trabalho envolvendo todas as fases do projeto.
- **Terceira:** será a criação do grupo de trabalho especialmente designado para colocar o projeto em andamento e implantar a Gerência de Conteúdo e Conhecimento na empresa.

As questões devem ser respondidas sem afogadilho, com cuidado.

Tente respondê-las e depois analise o grau de satisfação que suas respostas propiciaram a você e se elas estão aderentes às suas necessidades e às necessidades da organização na qual você trabalha.

8.10 PERGUNTAS

Em primeiro lugar, examine e analise cuidadosamente as necessidades de informação da organização. Sem dúvida, essa é a primeira e a principal pergunta a ser discutida e respondida pela direção da empresa. Não se esqueça de que fazer KM deve ser uma decisão estratégica. Para tornar o trabalho mais fácil, lembre-se dos seguintes pontos:

- Por que e para que a nossa organização quer implantar uma Gerência de Conteúdo e Conhecimento?
- Que tipo de informação a empresa tem, hoje, disponível para todos os funcionários?
- Onde e como está guardada a informação?
- O que é conhecimento estratégico para nós?
- Qual é o conhecimento estratégico que temos hoje dos:
  - Mercados?
  - Clientes?
  - Fornecedores?
  - Concorrentes?
- Baseados em que nós tomamos decisões estratégicas?
- Como é que nós monitoramos os mercados?
- Como é que nós interagimos com os nossos clientes?
- Como é que nós nos relacionamos com os nossos fornecedores?
- Como é que nós sabemos o que acontece com os nossos concorrentes?
- Nossos processos de negócio são formalmente documentados? Ou não?
- Baseados em que nós tomamos decisões operacionais?

CAPÍTULO 8 | INTRODUÇÃO À GERÊNCIA DO CONHECIMENTO **219**

- Todos nós temos o mesmo entendimento sobre o que sabemos?
- O que é que nós sabemos?
- A empresa precisa responder com segurança a perguntas como:
  - Quais questões mais incomodam nossos executivos hoje?
  - Com quais delas eles estão permanentemente envolvidos?
  - Como é que os mercados nos veem?
  - Como é que nossos concorrentes nos veem?
  - Como é que nossos clientes nos veem?
  - Qual a nossa capacidade de criar novos negócios?
  - Como está a nossa eficiência operacional?
  - Somos produtivos?
  - Se formos, é possível sabermos o quanto somos produtivos?
  - Se não formos, por que não somos produtivos?
  - Sabemos criar vantagem competitiva?
  - Temos criado e mantido vantagem competitiva em detrimento dos nossos concorrentes?

8.11 CONCLUSÕES

Vimos nessa pequena introdução à gerência do conhecimento e do conteúdo como o trabalho do analista de processos pode contribuir decisivamente para que a organização tenha o controle do conhecimento que é produzido por meio das suas operações e, dessa forma, possa usufruir do mesmo.

RESUMO GERENCIAL

Neste capítulo, aprendemos que:

A gestão do conhecimento é cada vez mais importante para a continuidade das operações de qualquer organização.

A gestão do conteúdo permite às organizações o controle do conhecimento gerado por seus colaboradores.

Sem KM, as organizações ficam vulneráveis.

O principal ativo que as organizações têm é o conhecimento gerado dentro delas.

O principal elemento existente em qualquer organização é o ser humano.

RESUMO ESQUEMÁTICO

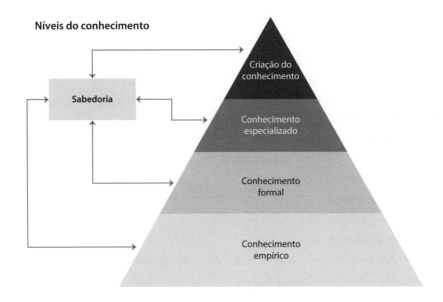

QUESTÕES PARA DEBATE

1. Na sua opinião, a gerência do conhecimento é realmente útil para as organizações?
2. Como você implantaria a gerência do conhecimento na empresa onde você trabalha?
3. Na sua opinião, qual elemento é mais importante para a gestão do conhecimento?
4. Na empresa onde você trabalha, como anda a gestão do conhecimento?
5. A gestão de conteúdo pode ser implantada tanto na esfera profissional quanto na pessoal? Explique.

EXERCÍCIOS

Assinale a alternativa correta.

1. Há muito tempo, alguns estudiosos ligados à área de Tecnologia da Informação e ao estudo do gerenciamento do conhecimento vêm alertando para a realidade existente na maioria das empresas no tocante ao desconhecimento do saber existente em todas elas. Sobre o que eles alertavam?
   a) Sobre o processamento na nuvem.
   b) Sobre o crescente volume de dados, informações e conhecimentos sem controle.
   c) Sobre as altas taxas de *turn over* (demissões).
   d) Sobre as novas Tecnologias da Informação.
   e) Sobre a concorrência mundial por conta da globalização.

2. O que é conhecimento?
   a) O aprendizado continuado.
   b) A capacidade de guardar informações.
   c) O entendimento obtido por meio da inferência realizada no contato com dados e informações que traduzam a essência de qualquer elemento.
   d) O estudo do aprendizado.
   e) A informação adquirida constantemente.

3. O conhecimento pode ser:
   a) Tácito e explícito.
   b) Resumido e abrangente.
   c) Pouco e muito.
   d) Útil e inútil.
   e) Acadêmico e pessoal.

4. Tanto o conhecimento tácito quanto o explícito podem ter um dos seguintes usos:
   a) Estratégico, operacional, emocional.
   b) Operacional, emocional.
   c) Tácito, operacional, emocional.
   d) Explícito, estratégico, emocional.
   e) Estratégico, operacional, individual.

5. *Enterprise Content Management*, essa nova classe de ferramenta, eu divido quanto ao uso que se queira fazer. Assim, existem:
   a) *Softwares* livres. Ferramentas especialistas.
   b) Ferramentas proprietárias. Ferramentas genéricas.
   c) Ferramentas genéricas. Ferramentas especialistas.
   d) *Workflow. Business Process Management Systems.*
   e) Ferramentas de gestão de conteúdo. *Softwares* livres.

RESPOSTAS DOS EXERCÍCIOS

CAPÍTULO 1

1. a) O suporte que as Tecnologias da Informação (TI) fornecem às novas organizações. Ver seção 1.1.

2. b) Aprender algumas regras elementares de sobrevivência. Ver seção 1.2.

3. c) Cumprir com o prometido. Ver seção 1.6.

4. d) Da administração científica. Ver seção 1.11.1.

5. a) Ter introduzido uma nova variável no estudo das organizações: o componente social. Ver seção 1.13.

CAPÍTULO 2

1. a) Fluxo; Instrução; Tempos e custos; Disciplina. Ver seção 2.6.

2. e) *Setup* e movimentação de materiais; Uso de ferramentas e execução das operações de máquina; Qualidade; Manutenção. Ver *seção* 2.6.

3. d) São órgãos cuja existência define o *core business* de uma organização. Ver seção 2.7.

4. a) Não. Papel funcional está ligado a atividades e, consequentemente, a processos organizacionais. Já cargos estão ligados a estruturas e definem, entre outras coisas, as faixas salariais. Ver seção 2.7.

5. d) Agregação. Controle. Coordenação. Enquadramento. Processos. Ver seção 2.9.

CAPÍTULO 3

1. a) Guerra fria. Ver seção 3.1.

2. b) Blocos econômicos. Ver seção 3.1.

3. d) Pessoas, Processos e Tecnologia de Informação. Ver seção 3.7.

4. a) Empresa virtual. Ver seção 3.8.

5. A resposta certa é a alternativa "e": Física. Lógica. Física e lógica. Parcial. Ver seção 3.10.

CAPÍTULO 4

1. a) Gerenciais e operacionais. Ver seção 4.2.

2. d) Largura. Altura. Profundidade. Tempo. Ver seção 4.2.

3. c) Resposta de Pronto Atendimento. Ver seção 4.2.

4. d) Dados cujas escala, diversidade e complexidade exigem nova arquitetura, novas técnicas, novos algoritmos e análises para gerenciá-las e extrair valor e conhecimento ocultos nelas. Ver seção 4.7.

5. a) *Software* por excelência para concretizar e operacionalizar o conceito Gerência de Conhecimento (KM). Ver seção 4.10.

CAPÍTULO 5

1. a) Fluxograma. Ver seção 5.1.

2. d) Entender. Levantar. Analisar. Desenvolver. Implantar. Ver seção 5.7.

3. c) Processar as entradas para produzir parte do produto de um processo, a fim de atender aos objetivos da sua função dentro da organização. Ver seção 5.10.

4. c) A qualitativa verbal e a qualitativa visual. Seção 5.20.5.

5. a) *Lean manufaturing*. Ver seção 1.11.2.

CAPÍTULO 6

1. a) "Qualidade é a adequação ao uso. É a conformidade às exigências. É cumprir com o prometido". Ver seção 6.2.

2. e) Indicadores de desempenho estratégicos. Indicadores de desempenho de processos. Ver seção 6.5.

3. d) Eficiência. Eficácia. Efetividade. Controle. Adaptabilidade. Ver seção 6.6.

4. b) Critério de auditoria. Evidência de auditoria. Constatações de auditoria. Conclusão de auditoria. Ver seção 6.12.

5. a) Uma técnica que consiste em acompanhar processos de organizações concorrentes, que sejam reconhecidas como representantes das melhores práticas administrativas. Ver seção 6.3.

CAPÍTULO 7

1. a) Possibilidade real ou potencial capaz de causar lesão e/ou morte, danos e/ou perdas patrimoniais, interrupção de processos de negócio e/ou de afetar a comunidade ou o meio ambiente. Ver seção 7.1.

2. b) ISO 9001 e ISO 14001. Ver seção 7.2.

3. c) Planejar. Desenvolver. Checar. Agir. Ver seção 7.2.

4. a) Identificação de perigos.
Análise e controle de riscos.
Controles operacionais.
Preparo para emergências.
Investigação de acidentes e incidentes no trabalho.
Ver seção 7.2.

5. a) Azul = risco físico. Vermelho = risco químico. Marrom = risco biológico. Verde = risco mecânico. Amarelo = risco ergonômico. Ver seção 7.4.

CAPÍTULO 8

1. b) Sobre o crescente volume de dados, informações e conhecimentos sem controle. Ver seção 8.2.

2. c) O entendimento obtido por meio da inferência realizada no contato com dados e informações que traduzam a essência de qualquer elemento. Ver seção 8.3.

3. a) Tácito e explícito. Ver seção 8.4.

4. a) Estratégico, operacional, emocional. Ver seção 8.5.

5. b) Ferramentas proprietárias. Ferramentas genéricas. Ver seção 8.7.

REFERÊNCIAS

ABNT. *Coletânea de normas de sistemas da qualidade*. Rio de Janeiro: ABNT, 2015.

ADIZES, I. *Como resolver crises de antigerência*. São Paulo: Pioneira, 1987.

ACKOFF, R. *The democratic corporation*. Oxford: Oxford University Press, 1994.

AKAO, Y. *Hoshin Kanri*. Oregon: Productivity, 1991.

AKTOUF, O. *A administração entre a tradição e a renovação*. São Paulo: Atlas, 1996.

ALBERT, S. Knowledge Management: living up to the hype? *Midrange Systems*, v. 11, n. 13, 7 Sept. 1998.

AMATO NETO, J (Org.). *Redes entre organizações*: domínio do conhecimento e da eficácia operacional. São Paulo: Atlas, 2005.

AMOR, D. *The e-business (R)evolution*. Upper Saddle River: HP Professional Books, 2000.

ANGEL, D.; HESLOP, B. *The internet business companion*. Reading: Addison Wesley, 1995.

ANSOFF, H. I. *Corporate strategy*. New York: McGraw-Hill, 1965.

ANSOFF, H. I. *A nova estratégia empresarial*. São Paulo: Atlas, 1990.

ANTHES, G. H. A step beyond a database. *Computerworld*, v. 25, n. 9, 1991.

APPLEGATE, L.; CASH, J.; MILLS, D. Q. *Revolution in real time:* managing information technology in the 1990s. Boston: Harvard Business School Press, 1988.

APPLEGATE, L.; CASH, J.; MILLS, D. Q. Information technology and tomorrow's manager. In: McGOWAN, W. G. (ed.). *Revolution in real time:* managing Information Technology in the 1990s. Boston: Harvard Business School Press, 1988.

ARGYRIS, C. *Enfrentando defesas empresariais*. Rio de Janeiro: Campus, 1992.

ARGYRIS, C. Good communication that blocks learning, *Harvard Business Review*, July/Aug. 1994.

ARTHUR, W. B. Increasing returns and the new world of business. *Harvard Business Review*, July/Aug. 1996.

BATEMAN, T. S. *Administração*: construindo vantagem competitiva. São Paulo: Atlas, 1998.

BATISTA, E. O. *Sistemas de informação*. São Paulo: Saraiva, 2008.

BENNIS, W.; MISCHE, M. *The 21st century organization*. San Diego: Pfeiffer, 1995.

BERGER, M. I. *Perspectivas sociológicas*. Petrópolis: Vozes, 1995.

BERTALANFFY, L. V. *Teoria geral dos sistemas*. Fundamentos, desenvolvimento e aplicações. Petrópolis: Vozes, 2008.

BONO, E. *O pensamento criativo*. Petrópolis: Vozes, 1967.

BONO, E. *Seis sombreros para pensar*. Buenos Aires: Vergara, 1991.

BROWN, S. A. *Customer relationship management*. New York: John Willey & Sons, 2000.

BYHAM, W. C. *ZAPP!* O poder da energização. Rio de Janeiro: Campus, 1994.

CAMP, R. C. *Benchmarking*: the search for industry best practices that lead to superior performance. Boston: ASQC Quality Press, 1989.

CAMP, R. C. *Benchmarking*: o caminho da qualidade. São Paulo: Pioneira, 1993.

CARRUBBA, E. R.; SNYDER, M. E. *A consumer's guide to product quality and total customer satisfaction*. Milwaukee: ASQC, 1993.

CASAROTTO FILHO, N.; PIRES, L. H. *Redes de pequenas e médias empresas e desenvolvimento local*. São Paulo: Atlas, 2001.

CASAROTTO FILHO, H. et al. *Redes de pequenas e médias empresas e desenvolvimento local*. São Paulo: Atlas, 2001.

CHAMPY, J. *Reengineering management*. New York: Harper, 1995.

CLELAND, I.; KING, W. R. *Análise de sistemas e administração de projetos*. São Paulo: Pioneira, 1968.

COUND, D. M. *A leader's journey to quality*. Milwaukee: ASQC, 1993.

CREMO, M. A.; THOMPSON, R. L. *A história secreta da raça humana*. São Paulo: Aleph, 1996.

CRUZ, T. *Manual de planejamento estratégico*. São Paulo: Atlas, 2016.

CRUZ, T. *Manual para gerenciamento de processos de negócio* – metodologia DOMP™. São Paulo: Atlas, 2015.

CRUZ, T. O espaço profundo e as nossas deficiências cotidianas. Disponível em: https://tadeucrux.wixsite.com/blogtadeucruz/post/o-espa%C3%A7o-profundo-e-as-nossas-defici%C3%AAncias-cotidianas. Acesso em: 02 mar 2020.

CRUZ, T. *Sistemas de informações gerenciais e operacionais*. São Paulo: Atlas, 2019.

CRUZ, T. *Sistemas, métodos & processos*. 2. ed. São Paulo: Atlas, 2003.

DAVENPORT, T. H. *Process innovation*. Boston: HBS, 1993.

DAVENPORT, T. H.; PRUSAK, L. *Conhecimento empresarial*: como as organizações gerenciam o seu capital intelectual. Rio de Janeiro: Campus, 1998.

DAVENPORT, T. H.; PRUSAK, L. *Working knowledge:* how organizations manage what they know. Boston: HBS, 1998.

DAVIDOW, W. H.; MALONE. M. S. *The virtual corporation*. New York: Harper Collins, 1992.

DEMING, W. E. *The Deming management method*. New York: Perigee Books, 1986.

DERTOUZOS, M. *A revolução inacabada*. São Paulo: Futura, 2002.

DRUCKER, P. F. *The theory of business*. Boston: HBR, 1994.

DRUCKER, P. F. *Administrando em tempos de grandes mudanças*. São Paulo: Pioneira, 1995.

ETZIONI, A. *Organizações complexas*. São Paulo: Pioneira, 1975.

ETZIONI, A. *Organizações modernas*. São Paulo: Pioneira, 1972.

FAYOL, H. *Administração industrial e geral*. São Paulo: Atlas, 1986.

REFERÊNCIAS 229

FISCHER, L. *Excellence in practice*. Lighthouse Point: Future Strategies, 1997.

FISCHER, L.*Workflow Handbook 2006*. Lighthouse Point: Future Strategies, 2006.

FLICK, U. *Uma introdução à pesquisa qualitativa*. Porto Alegre: Bookman, 2004.

FOLLER, M. P. *Profeta do Gerenciamento*. Rio de Janeiro: Qualitymark, 1996.

FORD, N. From information to knowledge management. *Journal of Information Science Principles & Practice*, 15(4,5), 1989.

FREIBERGER, P.; McNEILL, D. *Fuzzy logic:* the discovery of a revolutionary computer technology and how it is changing our world. New York: Touchstone, 1993.

FUREN, L. et al. A generic structure for business process modeling. *Business Process Management Journal*, 2002, 8, 1; ABI/INFORM Global, p. 19.

GREENPEACE. *O que o navio Esperanza, do Greenpeace, está fazendo?* Blog Proteja a Natureza. 24 out. 2019.

GHOSHAL, S.; BARTLETT, C. A. Rebuilding behavioral context: a blueprint for corporate Renewal. *Sloan Management Review*, Winter 1996.

HARMON, P. *Business process change*: a manager's guide to improving, redesigning, and automating processes. Tampa: Morgan Kaufmann, 2002.

HICKS, D. T. *Activity-based costing for small and mid-sized businesses*. New York: John Wiley. 1992.

HOUAISS, A. *Dicionário Houaiss da Língua Portuguesa*. Rio de Janeiro: Objetiva, 2000.

HOUAISS, A. *Dicionário Eletrônico Houaiss da Língua Portuguesa*. Rio de Janeiro: Objetiva, 2001.

INSTITUTO INFORMATION MANAGEMENT. *Tecnologia RPA deve alcançar US$ 1,2 Bilhão no setor bancário até 2023*. São Paulo: IIM, 2019.

KHAN, R. *Business process management*: a practical guide. Tampa: Morgan Kaufmann, 2003.

KHOSHAFIAN, S.; BUCKIEWICZ, M. *Introduction to groupware, workflow and workgroup computing*. New York: John Wiley, 1995.

KOBIELUS, J. G. *Workflow strategies*. Foster City: IDG Books, 1997.

LAUDON K. C.; LAUDON, J. P. Sistemas de informação gerenciais: administrando a empresa digital. 5. ed. Pearson-Prentice Hall, 2004.

LÉVY, P. *As tecnologias da inteligência*. São Paulo: Editora 34, 1993.

MATURANA, H. R.; VARELA, F. G. *De maquinas y seres vivos*: autopoiesis: la organizacion de lo vivo. Catanduva: Lumen Editorial, 2005.

MAY, M. *Business process management*: integration in a web-enabled environment. London: Prentice Hall, 2003.

MIERS, D.; HARMON, P. *The 2005 BPM Suites R*eport. Philadelphia; Business Process Trends, 2005.

MORGAN, G. *Imagens da organização*. São Paulo: Atlas, 1996.

MORRIS, R.; COOK, J. *O frigorífico que produz carne de frango sem matar uma ave*. São Francisco: BBC News, 2018.

MORRIS, C. W. *Foundations of the theory of signs*. Chicago: University of Chicago Press, 1938.

NADLER, D. A. et al. *Discontinuous change*: leading organizational transformation. San Francisco: Jossey-Bass, 1995.

230 PROCESSOS ORGANIZACIONAIS & MÉTODOS | CRUZ

OULD, M. A. *Business process management*: a rigorous approach. Tampa: Morgan Kaufmann, 2005.

PRESTHUS, R. *The organizational society*. New York: Knopf, 1962.

RAMBO, J. A.; RUPPENTAL, J. E. *As redes de cooperação no contexto do desenvolvimento local e regional*. In: XXIV Encontro Nacional de Engenharia de Produção, 2004, Florianópolis.

RICHARDSON, R. J. et al. *Pesquisa social, métodos e técnicas*. São Paulo: Atlas, 1999.

RIEMP, G. *Wide area workflow management*. Creating Partnership for the 21st Century. London: Springer-Verlag, 1998.

SCHÖN, D. A. *The reflective practitioner*: how professionals think in action. New York: Basic Books, 1983.

SHINGO, S. *O Sistema Toyota de produção do ponto de vista da engenharia de produção*. Porto Alegre: Bookman, 1996.

STERNBERG, R. J. *Successful intelligence*. New York: Simon & Schuster, 1996.

STEWART, T. A. *Intellectual capital*: the new wealth of organizations. New York: Doubleday, 1994; Boston: HBR, 1994.

THOMAS, W.; MALONE, K. *Organizing business knowledge*: the MIT Process handbook. Boston: The MIT Press, 2003.

TICOLL, D. et al. *Blueprint for the digital economy*. New York: McGraw-Hill, 1998.

VALLE, R. et al. *O conhecimento em ação*: novas competências para o trabalho no contexto da reestruturação produtiva. Rio de Janeiro: Relume Dumará, 2003.

VALLE, R. et al. *Gerenciamento de processos de negócio*. São Paulo: Érica, 2007.

WFMC. *InterWorkflow application model*: the design of cross-organizational workflow processes and distributed operations management. Disponível em: www.wfmc.org/standards/docs/Jsa2102.pdf. Acesso em: 8 maio 2005.

WHITE, T. et al. *The workflow paradigm*. Alameda: Future Strategies, 1994.

WILLIAMSON, O. E. *Markets and hierarchies*. New York: Free Press, 1975.

WILLIAMSON, O. E. *The economic institutions of capitalism*: firms, markets and relational contracting. New York: Free Press, 1985.

YOON, K. P.; NAADIMUTHU, G. A make-or-buy decision analysis involving imprecise data. *International Journal of Operations & Production Management*, v. 14. n. 2, p. 62-69, 1994.

WOOD JR., T. Fordismo, toyotismo e volvismo: os caminhos da indústria em busca do tempo perdido. *Revista de Administração de Empresas*, v. 4, 32, p. 6-18, 1992.

ÍNDICE ALFABÉTICO

A

ABNT (Associação Brasileira de Normas Técnicas), 186, 190

Abordagem
- baseada em processos, 183
- das contingências, 25
- de processo, 184
- factual para tomada de decisão, 184
- sistêmica para a gestão, 184

Ação
- administrativa, 21
- corretiva, 184
- preventiva, 184

Acordo de nível de serviço (SLA), 72

Adaptabilidade, 153

Administração de Fayol, 18

Agregação, 42

Altura, 82

American Society of Mechanical Engineers (ASME), 114

Análise
- do valor, 143
- essencial das estruturas em rede (AEER), 81
- inicial, 123
- multidimensional, 95

Arranjo Produtivo Local (APL), 80

Arriortúa, José López, 65

Arte, 14

Assessoria, 41

Atividade, 120
- gerencial, 120
- operacional, 120

Auditoria(s), 187
- do sistema de gestão da qualidade, 156

Automatização do trabalho no quadro de funcionários, 86

Autopoiesis, 26

Autoridade, 18

Avaliação, 126

B

Balanced Scorecard (BSC), 178
- quatro perspectivas, 179

Benchmarking, 164-166
- competitivo, 166
- funcional, 166
- genérico, 167
- interno, 167
- metodologia DOMP™ para, 165
- processo de, 165
- tipos de, 166

Benefícios mútuos nas relações com os fornecedores, 184

Big Data, 91, 94

Black & Decker, 73

Bots, 87

Breakthrough, 144

Business
- *intelligence*, 94
- *Process Management Systems* (BPMS), 70
- *Process Modeling Notation* (BPMN), 115
- *Process Outsourcing* (BPO), 66, 68

C

Captura de documentos e relatórios, 99

CCQ (Círculos de Controle de Qualidade), 144

Centralização, 19

China, 10

Ciência, 14

Civilização grega, 12
Clientes, 122, 184
   externos, 123
   internos, 123
Colaboração recíproca, 22
Comunicabilidade, 85
Conclusão de auditoria, 156
Conformação, 84
Conformidade, 11, 184
   à NBR ISO 9001, 185
Conhecimento, 214
   emocional, 216
   estratégico, 215
   operacional, 215
   quanto ao uso, 215
Consórcio, 75
   modular, 64
Constatações de auditoria, 156
Contato direto, 21
Controle, 42, 153
   da qualidade, 150
   Estatístico de Processos (CEP), 180
Coordenação, 42
Critério de auditoria, 156

D

Dados, 122, 126
Data
   mining, 95
   Warehouse, 93, 94
Década de 1990, 50
Deming, William Edwards, 181
Departamentalização, 42
Descoberta do fogo e da cerâmica, 9
Design thinking, 168-170
Desorganização Informacional (DoI), 72
Diagrama
   de causa e efeito (Ishikawa), 170
   de Pareto, 177
Diferenciação, 25
Dimensão
   da tendência, 172
   gerência
      de processos de negócio, 169
      de projetos, 169
   inovação, 169
   planejamento estratégico, 168
Disciplina, 18
Distribuição de relatórios, 99
Divisões do trabalho, 9, 18, 34

Documentação
   de processos, 124, 125
      e suas atividades, 134
   do sistema de gestão da qualidade, 155
Drucker, Peter, 27, 39

E

Efetividade, 153
Eficácia, 153, 184
Eficiência, 153, 184
Empresa
   terceirizada, 65
   virtual, 57
      eletrônica, 59
Encerramento, 169
Engajamento de pessoas, 183
Enquadramento, 42
Enterprise Content Management (ECM), 95, 216
   tipos, 217
Entidades cíclicas, 25
Entrada(s)
   de informação, 25
   e saídas das atividades do processo, 138
Entrevista, 128
   importância da, 129
   pontos negativos inerentes à, 129
   pontos positivos inerentes à, 128
   stress em, 129
Entropia, 25
Envolvimento de pessoas, 184
Equidade, 19
Equifinalidade, 25
Escola
   Clássica, 14
   de Relações Humanas, 20, 21
   Estruturalista, 23
   Sistêmica, 24
Espacialidade, 85
Estabilidade, 25
   do pessoal, 19
Estratégia empresarial, 178
Estrutura(s)
   baseada em comissões, 43
   circular ou radial, 44
   colegiada, 43
   departamentalizadas, 42
   em célula, 45
   em rede, 27, 80, 82
      princípios das, 84
   física e lógica orientada a processo, 63

ÍNDICE ALFABÉTICO **233**

formais, 36, 37
informais, 36
lógica orientada a processo, 63
matricial, 43
orientada a processo, 60
orientada a processo parcial, 63
Etzioni, Amitai, 23
Eventograma, 138
Evidência de auditoria, 156
Execução, 169
Existir, 119
Explosão dos dados, 91

F

Fábrica
de Hawthorne, 21
sem fábrica, 73
evolução da, 74
Fator, 122
Fayol, Henri, 14, 18
Ferramentas
de controle e gestão de processos, 170
de suporte, 156, 190
para levantar e documentar processos, 125
Flextronics, 74
Fluxograma, 108
de bloco, 113
simples, 112
sintético, 112
vertical, 114
Foco no cliente, 183, 184
Foller, Mary Parker, 21
Fonte(s)
ativa, 131
complementar, 132
de pesquisa, 130, 131
original, 132
passiva, 131
primárias, 131
secundárias, 132
Formulário
de não conformidade/ação corretiva, 189
identificação das atividades, 137
para auditoria, 188
Fornecedor, 184
Funções, 39

G

Galbraith, Jay, 43
Garantia da qualidade, 150

García, Francisco Javier Varela, 26
Geração de relatórios, 99
Gerência
de conhecimento, 96
de serviços, 178
do conhecimento, 217
do conteúdo, 217
do negócio, 178
Gerenciador
de conteúdo, 96
de documentos, 98
de mídias, 100
de pesquisas, 97
de portal, 97
de relacionamento, 98
Gerenciamento do conteúdo organizacional, 96
Gestão
da qualidade, 150, 184, 178
de relacionamento, 183
de risco, 207
Globalização contemporânea, 51
efeitos negativos da, 53
efeitos positivos da, 52
Gráfico(s)
de controle, 175
de dispersão, 173
de tendência, 171
Grupos de interesse, 75

H

Harmonograma, 108
Hierarquia, 19
Histograma, 174
Homeostase dinâmica, 25

I

Implantação
de um sistema da qualidade, 191
dos processos de negócio, 124
tipos básicos de, 145
Importação de energia, 24
Incerteza, 198
Indicadores
de capacidade, 153
de competitividade, 154
de desempenho, 152
de processos, 152
estratégicos, 152
de lucratividade, 154
de *performance*, 153

234 PROCESSOS ORGANIZACIONAIS & MÉTODOS | CRUZ

de produtividade, 153
de qualidade, 154
de rentabilidade, 154
de valor, 154
Informações, 122
Iniciativa, 19, 169
Inspeções de segurança, 209
Instruções, 120
Insumos, 122
International Standardization Organization
    (ISO), 150
IoT (Internet of Things, internet das coisas), 87
Israel, 12

J

Japanese Union of Scientists and Engineers
    (JUSE), 181
JIT (*Just in Time*), 144
Juran, Joseph Moses, 182

K

Kahn, Robert, 24
Kaizen, 144
Katz, Daniel, 24
Key Performance Indicators (KPI), 152
Knowledge
    Management (KM), 96, 214
    Process Outsourcing (KPO), 66, 68, 70

L

Largura, 82
Lei Geral de Proteção de Dados Pessoais
    (LGPD), 100
Liderança, 183, 184
LO (*Learning Organizations*), 144
Ludditas, 35

M

Manual
    da qualidade, 155
    de política da qualidade, 182
    de processos, 155
Mapas de riscos, 201
Mapeamento dos processos de negócio, 123
    primeira fase do, 125
Mapear, 125
Máquinas autopoiéticas, 26
Maturana, Humberto, 26
McGregor, Douglas, 22
Mecânica, 84
Media Asset Management, 100

Melhoria
    contínua, 183, 184
    de processos, 159
    e soluções, 143
Metas, 122, 126, 152
Metodologia
    de Análise e Solução de Problemas (MASP),
        160, 161
        etapas do, 161
    de implantação, 166
    DOMP™, 124, 125, 134, 167, 169
        mapas de riscos, 201
        quatro dimensões da, 167
        para *benchmarking*, 165
    para gerenciamento, 159
Métodos de avaliação de riscos, 207
    a posteriori, 208
    proativos ou *a priori*, 208
Métricas, 152
Modelagem
    dos processos de negócio, 124
    multidimensional, 95
Modelo, 126
    de relacionamento cíclico, 56
Monitoramento e controle, 169
Morfologia, 84
Motivação, 23

N

Nasa, 91
NBR ISO
    9000, 187
    9001, 185, 187
    9004, 187
    10015, 190
    14000, 192
    14001, 193
    14004, 193
    14006, 193
    14064-1, 193
    19011, 187
Norma(s)
    da qualidade, 180, 183
    OHSAS 18000, 199
Novas
    estruturas organizacionais, 55
    terceirizações, 67

O

O'Shaughnessy, John, 22
Objetivos, 152
   de O&M, 110
Observação em campo, 133
Ocorrer, 119
Online Analytical Processing (OLAP), 93
   híbrido (HOLAP), 95
   multidimensional (MOLAP), 95
   relacional (ROLAP), 95
Operacionalização, 145
   automatizada, 145
   manual, 145
   semiautomatizada/semimanual, 145
Oportunidade, 155
Ordem, 19
Organização(ões)
   departamentalizadas, 41
   & métodos, 28
   em linha, 37, 41
   funcional, 38
   Mundial do Comércio (OMC), 54
Outsourcing, 67-68

P

Padronização
   de procedimentos, 151
   e metrologia na antiga China, 11
Papel do 5S, 163
   funcional, 121
Perda, 198
Pesquisa
   qualitativa
      verbal, 130
      visual, 130
   salarial, 40
Plan, do, check, act (PDCA), 159
   passos, 160
   roteiro para a criação de, 160
Planejamento, 22, 169
Planilha 5W2H, 163
Plano
   da qualidade, 150
   estratégico, 218
Política da qualidade, 184
Polti, 73
Pré-história, 6
Presthus, Robert, 28
Princípio de Pareto, 178
Prioridades, definição de, 154
Procedimentos, 121, 140, 185

   formais, 121
   informais, 121
   Operacionais Padrão (POP), 157
Processo(s), 42, 117, 185
   analisar o, 141
   contínuo de coordenação, 22
   de negócio, 27, 117, 118
   em operação
      descontinuidade parcial do, 145
      descontinuidade total do, 145
      em paralelo com o, 145
      sobreposição ao, 145
Processograma, 140
Produtividade, 95
Produto, 185
Profundidade, 82
Proteína animal "fabricada" por máquinas, 89

Q

Qualidade, 150, 182, 185
   no estilo japonês, 163
   princípios da, 150, 183
   total, 180
Questionário, 132
   pontos negativos inerentes ao, 133
   pontos positivos inerentes ao, 132

R

Recursos, 121
Reengenharia, 143, 144
Relógio Atômico do Espaço Profundo (DSAC), 91
Remuneração do pessoal, 19
Requisito, 185
Resiliência, 85
Responsabilidade, 18
Revisão, 126
Revolução
   4.0, 80
   Industrial, 34
Riscos, 205
   associados à circulação de pessoas
      e máquinas, 209
   biológicos, 206
   causas e efeitos, 198
   de incêndio, 209
   do ambiente de trabalho, 209
   elétricos, 209
   ergonômicos, 207
   físicos, 205
   ligados à armazenagem, 209
   ligados às atividades de manutenção, 209

mecânicos, 206
químicos, 206
Robotic Process Automation (RPAs), 87-88
Roteiro para listar e agrupar as atividades, 137
Rotinas, 109
   etapas para o estudo das, 111
   sequência para analisar as, 111

S

Saída, 25
Satisfação de clientes, 185
Segurança do trabalho, 210
Selective outsourcing, 67
Service Level
   Agreement (SLA), 72
   Management (SLM), 69, 72
Serviço contratado de terceiros (SLA), 69
Simplificação/racionalização, 143
Sintropia, 25
Sistema(s)
   abertos, 24
   da qualidade, sugestões para implantar um, 191
   de gestão
      ambiental, 192
      da qualidade (SGQ), 155, 185
      de riscos, 207
   ECM, 96
Smith, Adam, 34
Solectron, 74
Subordinação do interesse particular ao interesse geral, 19
Subprocessos, 118
SWOT, técnica, 142

T

Tabarrok, Alexander Taghi, 35
Tabela Nacional de Cargos, 40

Taylor, Frederick Winslow, 14
Técnicas
   de suporte, 156
   tradicionais de análise de O&M, 108
Tecnologias, 121
Templo de Salomão, 12
Tempo, 82, 122
Temporalidade, 85
Tendência, 171, 172
Teoria
   da administração, 13
   da contingência, 25
   X, 22
   Y, 22
Terceirização
   do conhecimento do processo de negócio e/ou do negócio (KPO), 70
   dos processos de negócio (BPO), 70
Tomada de decisão baseada em evidências, 183
Total Quality Control (TQC), 144, 163
Total Quality Management (TQM), 144
Transformação, 25

U

União do pessoal, 19
Unidade
   de comando, 19
   de direção, 19
   de Resposta Audível (URAs), 87
   de trabalho, 120

V

Volvo, 16

W

Wayback Machine, 92